房地產叢書73

不動產經紀法規要論

曾文龍　博士◎編著

自序

沛然莫之能禦

不動產經紀法規乃包括不動產經紀業管理條例、公平交易法、消費者保護法、公寓大廈管理條例等四大主題，範圍不可謂不廣。

90年代以來，台灣如何在立法上維護消費者的權益、保障交易者權益、確保公平競爭、提昇國民消費生活品質，乃成沛然莫之能禦的趨勢與潮流。

因而，公平交易法於民國80年2月4日公布，消費者保護法於83年1月11日公布，公寓大廈管理條例於84年6月28日公布，以及不動產經紀業管理條例於88年2月3日公布，已然更公平化、更透明化、更秩序化了經濟環境、企業經營者、消費者等之關係，誠爲可喜的現象！

如以70～80年代，層出不窮的交易相對人間之廣告不實糾紛，除了公平法交易第二十一條規定，事業不得在商品或其廣告上，或以其他使公眾得知之方法，對於商品之價格、數量、品質、內容、製造方法、製造日期、有效期限、使用方法、用途、原產地、製造者、製造地、加工者、加工地等，爲虛僞不實或引人錯誤之表示或表徵外，消費者保護法第二十二條亦規定「企業經營者應確保廣告內容之眞實，其對消費者所負之義務不得低於廣告之內容」！

而民國88年公布的不動產經紀業管理條例對於不動產的買賣亦有類似的規定「經紀業與委託人簽訂委託契約書後，方得刊登廣告及銷售。前項廣告及銷售內容，應與事實相符，並註明經紀業名稱。廣告及銷售內容與事實不符者，應負損害賠償責任。」亦可大大的降低了廣告不實的糾紛。不動產仲介公司或代銷公司違反本條例，將有新台幣六萬元以上三十萬元以下之罰鍰。

買房子常是消費者傾其一生最大的一筆消費及美夢，在有法可依下，如何不斷提昇產業與消費者的良性互動，建立公平、公開、公正、優質的市場秩序，乃是文明社會的重大表徵之一！

不動產經紀法規亦是各行業參加考試院「不動產經紀人」普考之必考專業科目之一。其中除了不動產經紀業管理條例乃不動產從業人員的直接管理法規外，其他三法的某些法條亦對不動產從業人員的交易與服務有非常重要的關連與規範，就算非爲考試，平常在專業上亦須有嫻熟的瞭解與研究，以免傷害了消費者的權益並因而受罰。

該四大法，其中尤以公寓大廈管理條例於民國92年12月31日所修正公布的63條，其中變動與修改的幅度最大！而且從84年6月28日以來，亦產生了大量的函釋、法院判例、裁判……，殊值吾人研究與參酌。亦顯示現代都市人絕大部份居住於「公寓大廈」，其間之紛爭、衝突、對簿公堂，正是每天大量的上演！

徒法不足以自行，顯然道德與公民教育正是當前台灣不甚重視卻影響最深的一環！

104年2月4日公平交易法作了大幅度的修正，消費者保護法在104年6月17日亦作了小幅度的修正，請讀者與考生須特別注意與研析。

曾文龍

大日不動產研究中心　主任

國立台北科技大學　不動產估價師學分班　主任

如何花一個半月
一次考上不動產經紀人

曾文龍教授您好：

我是109年桃園估價師班的學員蘇宏澤，在曾教授的勉勵下，我在109年以第264名低空飛過，考上不動產經紀人。首先，我覺得我當時候考上運氣成份很高，希望讀者們可以選取可用的經驗加以改進，而不要 目用這樣的方式準備國家考試，不然應該很容易直接+365！但是也請記得考證照不是做學問，做學問的事情等考上證照進入那個行業，需要做一輩子。

記得當初報考不動產經紀人的時候，我連不動產經紀人要考那些科目都不曉得。有次課堂上曾教授問有哪些同學有報考當年度不動產經紀人我才舉手。而當時候距離考試日期已經剩下不到50天的時間了。讓我最印象深刻的是，曾教授問我考試準備的怎麼樣？我回答教授說，「準備要開始讀書了！」我想大部分的老師聽到學生這樣回答，內心都是直接OS「這學生應該沒救了」，頂多是表面安慰下學生說「沒關係，當考個經驗，明年再努力！」但是曾教授當時告訴我的是說：「沒關係，現在還有五十天來得及，你去買大日出社出版的『不動產經紀人選擇題100分』。然後把題目做好好的做三次，雖然不會考高分，但是還是有機會考上不動產經紀人！」

在受了曾教授的鼓舞後，開始了我瘋狂BD的模式，因爲還是要上班，並且家裡有兩個幼兒。所以我選擇每天下班後留在辦公室，從晚上9點開始看書到凌晨3點才離開辦公室，持續到考完試當天才結束！

讀書的方式先分章節看過法條，再去做『不動產經紀人選擇題100分』。如果有答錯，就會在法條上特別註記。如此反覆三次後，最後做『歷屆考題』的選擇題。確保歷屆選擇題都可以拿到45分以上。因爲我的讀書策略就是盡可能在選擇題最少拿到42分的成績，剩下的20分就由申論題上拿下。因爲不動產經紀人有選擇題，所以得分不像純申論題一樣難以預測，因此專業科目平均62–65分，國文40–50之間是我在步入考場前就打定要拿到的分數。當然最後成績也挺符合預期目標！如果你已經下定決心這次就要考上，我還是會建議從申論題開始下手，不然成績還是要靠佛祖顯靈才會上榜。

當時若不是曾文龍教授叫我不要放棄，並且提供我可行性方案，我100%沒機會在當年度考取不動產經紀人。大日出版社出版的『不動產經紀人選擇題100分』，是我準備不動產經紀人唯一購買的一本書。我也會推薦給想要輕鬆考上不動產經紀人的各位！

蘇宏澤 敬上 110年3月21日

歷年不動產經紀人考試錄取率

	報考人數	到考人數	到考率	錄取人數	錄取率（%）	備註
113年普考	11571	6394	55.25	1157	18.10	選擇／申論
112年普考	10342	5678	54.90	329	5.79	選擇／申論
111年普考	10302	5434	52.75	1158	21.31	選擇／申論
110年普考	7,360	3,897	52.95	384	9.85	選擇／申論
109年普考	6,591	3,522	53.43	285	8.09	選擇／申論
108年普考	5,599	2,937	52.46	637	21.69	選擇／申論
107年普考	5390	2838	52.65	563	19.84	選擇／申論
106年普考	5476	2993	54.65	204	6.82	選擇／申論
105年普考	6302	3710	58.87	1051	28.33	選擇／申論
104年普考	8667	5039	58.14	587	11.65	選擇／申論
103年普考	10991	6586	59.92	695	10.55	選擇／申論
102年普考	10798	5803	53.74	944	16.27	選擇／申論
101年普考	9821	4817	49.05	1221	25.35	選擇／申論
100年普考	10707	5433	49.91	502	9.39	選擇／申論
99年普考	10180	4944	48.57	497	10.05	選擇／申論
98年普考	7604	3769	49.57	1129	29.95	選擇／申論
97年普考㈠	6974	3725	54.83	436	11.70	選擇／申論
97年普考㈡	8124	3972	48.89	853	21.48	選擇／申論
96年普考㈠	9985	5168	51.76	980	18.96	選擇／申論
96年普考㈡	11662	5645	48.41	1050	18.60	選擇／申論
95年普考	11361	5854	51.15	676	11.55	選擇／申論
94年普考	4624	1922	41.57	35	1.82	申論題
93年普考	3881	1620	41.74	110	6.79	申論題
92年普考	3815	1582	41.47	78	4.93	申論題
92年特考	1938	1363	70.33	347	25.45	選擇／申論
91年普考	4799	2069	43.11	110	5.32	申論題

專門職業及技術人員普通考試不動產經紀人考試命題大綱

中華民國105年7月27日考選部選專二字第1053301347號公告修正

（修正「土地法與土地相關稅法概要」科目命題大綱）

<table>
<tr><th colspan="2">專業科目數</th><th>共計4科目</th></tr>
<tr><td colspan="2">業務範圍及核心能力</td><td>一、辦理不動產買賣、互易、租賃之居間或代理業務。
二、受起造人或建築業之委託，負責企劃並代理銷售不動產之業務。</td></tr>
<tr><th>編號</th><th>科目名稱</th><th>命題大綱</th></tr>
<tr><td>一</td><td>民法概要</td><td>一、民法總則編及民法債編
㈠民法總則編
㈡民法債編
1. 債之發生、標的、效力、移轉、消滅、多數債務人及債權人
2. 買賣、互易、贈與、租賃、借貸、僱傭、委任、居間、合夥
二、民法物權編
不動產所有權、共有、地上權、不動產役權、農育權、抵押權、典權、占有
三、民法親屬編及民法繼承編
㈠民法親屬編－夫妻財產制
㈡民法繼承編－遺產繼承</td></tr>
<tr><td>二</td><td>不動產估價概要</td><td>一、影響不動產價格之因素及原則
二、不動產價格、租金之評估方法及其運用要領</td></tr>
<tr><td>三</td><td>土地法與土地相關稅法概要</td><td>一、土地法（第一編總則、第二編地籍、第三編土地使用）、平均地權條例及其施行細則、土地徵收條例、非都市土地使用管制規則、區域計畫法、都市計畫法（第一章總則、第二章都市計畫之擬定、變更、發布及實施、第三章土地使用分區管制、第四章公共設施用地）
二、土地稅法及其施行細則、契稅條例、房屋稅條例、所得稅法及其施行細則（不動產交易部分）</td></tr>
<tr><td>四</td><td>不動產經紀相關法規概要</td><td>一、不動產經紀業管理條例及其施行細則，並包括不動產說明書及相關契約書之應記載及不得記載事項
二、公平交易法
三、消費者保護法
四、公寓大廈管理條例</td></tr>
<tr><td colspan="2">備註</td><td>表列各應試科目命題大綱爲考試命題範圍之例示，惟實際試題並不完全以此爲限，仍可命擬相關之綜合性試題。</td></tr>
</table>

如何事半功倍的考上「不動產經紀人」

筆者承中華民國不動產仲介經紀公會全國聯合會之邀，於八十八年六月以來，即在全國許多縣市爲公會會員開辦了「不動產經紀人」考照班，以因應考試院全新的不動產經紀人特考、普考情勢。

並蒙風聞而至的建築業、代銷業、跑單業……等業務人員的「共襄盛舉」，雖然筆者從事不動產的相關教學已三十五年，撰寫不動產的相關著作更達四十年，爲了捍衛從業人員的工作權，仍更以如臨深淵、如履薄冰的心情，盡全力以赴，並不斷研發與調整教學方法、策略、教材等，希望學員們能在最經濟的時間，換得最豐碩的效果！而歷經兩次的特考（八十八年十一月六、七日，八十九年二月二十六、二十七日）、一次普考（八十八年十二月二十五、二十六日），能夠排除萬難（如白天業績的壓力及年紀較長、記憶力不佳的壓力），大部份能按時出席上課的學員們，皆能順利考上（有些班甚至錄取率能高達九成以上！），實在令人雀躍及與有榮焉！

筆者以爲，如何事半功倍，必須打一場智慧型的戰爭。以下拙見，謹供學員們參考：

1. 心理建設：體認上課乃是充電、終身學習的另一型式，而非全爲考試而上課讀書，否則壓力太大，痛苦必大！
2. 短短的時間要準備六科，時間必須有全程的規劃，如同蓋房子有施工進度表，按表施工，一步一腳印，終底於成，不至於半路分歧、左顧右盼，竟爾走失。
3. 年紀大的，善用理解力；年紀輕的，善用記憶力。各有優點。
4. 有方法、有步驟、有重點。
5. 莫死背題庫，枯燥乏味，痛苦不堪。
6. 讀書讀出興趣，快樂讀書，順便考上。
7. 平常心，務實的準備，以免失常。
8. 生活作息正常，早睡早起，保持身體健康，頭腦冷靜。否則容易緊張，腦袋空白，茫然一片。

國家考試，當然難度較高，然而天下之事，莫不是先付出，方能有收穫。而且因是資格考，而非取固定名額，早日準備，循規蹈矩，忍耐一陣，享受永恆的喜悅，而爲人人皆能之事！

曾文龍
2001年6月

輔導全台
「不動產經紀人」考生25年！

自從「不動產經紀業管理條例」於民國88年2月3日公布以來，不動產經紀人國家考試也已歷經23個年頭了。

因緣際會，本人在88年即在全台各主要縣市（台北、桃園、苗栗、台中、花蓮……）及許多知名大公司的特別內訓班，輔導相關從業人員「不動產經紀人考照」的培訓。89年並增加了新竹、高雄、嘉義、台東、宜蘭……等縣市，迄今悠悠長河，竟已邁入第二十五個年頭了。因爲口碑遠傳，錄取率各縣市咸覺滿意，得使各縣市皆香火不墜！雖然跑全台灣非常辛苦，但是學員錄取的成就與歡欣即是對老師最好的回報與欣慰！在台灣不動產經紀人考照的歷史，我想沒有人有我如此廣大的經驗，既深且廣、遍地開花！

不動產經紀人爲國家普考，其考試題型爲一半申論題、一半選擇題，在本人廣闊與深入的教學經驗下，我常說「肯聽我話的人，幾乎皆是一次考上！若太緊張而失常，務必續考第2次，則成績通常還會名列前茅呢！」

本書爲歷年考古題解析，甚爲緊要，爲考試之利器！須做完2遍，第3遍則作常錯的即可。若能如此等同「身經百戰」，考生進入考場則能輕鬆應考，舉一反三遊刃有餘！

祝天下有心人，皆能金榜題名，而能年年享受投報率最高的成果！

曾文龍

大日不動產研究中心 主任

國立台北科技大學 不動產估價師學分班 主任

目　錄

第參篇

消費者保護法

第肆篇

公寓大廈管理條例

附錄一

四種法規條文

附錄二

不動產經紀相關法規最新國家考題解析

附錄三

不動產契約範本

附錄四

第壹篇

不動產經紀業管理條例

不動產經紀業管理條例

第一章　總則

一、立法目的

本條例第一條規定：「爲**管理不動產經紀業**（以下簡稱經紀業），**建立不動產交易秩序，保障交易者權益，促進不動產交易市場健全發展**，特制定本條例。」

不動產經紀業管理條例於民國八十八年二月由總統公布，距離其草案於七十九年九月二十日行政院函請立法院審議，歲月飄逝，亦十餘年了。

自從民國六十年代台灣建築業、代銷業的興盛，以及民國七十年代房屋仲介業的繁榮以來，購屋糾紛即頻傳，常躍居各類消費申訴與民事訴訟案之首，不但嚴重影響了購屋人的權益 ，對於不動產業界亦有負面的不良印象，誠非雙方之福。

因此本條例之立法宗旨，乃在於管理不動產經紀業，提昇從業人員專業素養與社會地位，而能對購屋人提供公正與良好的服務，以建立不動產的交易秩序，保障交易雙方的權益，促進不動產交易市場的健全發展。

二、主管機關

中央主管機關爲內政部地政司。

試依不動產經紀業管理條例之規定，說明何謂「預售屋」及「成屋」？又該條例對於不動產說明書如何規範之？（十五分）（89年經紀人）

地方主管機關在直轄市爲直轄市政府地政處，在縣（市）爲縣（市）政府地政科（局）。

三、用辭定義

依本條例第四條，有關用辭定義如下：

㈠**不動產**：指土地、土地定著物或房屋及其可移轉之權利；房屋指成屋、預售屋及其可移轉之權利。

㈡**成屋**：指領有使用執照，或於實施建築管理前建造完成之建築物。

㈢**預售屋**：指領有建築執照尚未建造完成而以將來完成之建築物爲交易標的之物。

㈣**經紀業**：指依本條例規定經營仲介或代銷業務之公司或商號。

㈤**仲介業務**：指從事不動產買賣、互易、租賃之居間或代理業務。

㈥**代銷業務**：指受起造人或建築業之委託，負責企劃並代理銷售不動產之業務。

㈦**經紀人員**：指經紀人或經紀營業員。經紀人之職務爲執行仲介或代銷業務；經紀營業員之職務爲協助經紀人執行仲介或代銷業務。

㈧**加盟經營者**：經紀業之一方以契約約定使用他方所

發展之服務、營運方式、商標或服務標章等，並受其規範或監督。

㈨**差價**：係指實際買賣交易價格與委託銷售價格之差額。

㈩**營業處所**：指經紀業經營仲介或代銷業務之店面、辦公室或非常態性之固定場所。

●民法第六十六條規定：「稱不動產者，謂土地及其定著物。不動產之出產物，尚未分離者，爲該不動產之部分。」不動產經紀業管理條例第四條第一款對於不動產定義，則擴大許多。所謂「及其可移轉之權利」乃指地上權、典權、不動產役權、農育權等用益物權。

●實施建築管理前建造完成之建築物（第四條第二款），無使用執照者，其合法建物之認定，土地登記規則第七十條第二項規定，應提出主管建築機關或鄉（鎮、市、區）公所之證明文件或實施建築管理前有關該建物之下列文件之一：

⑴繳納房屋稅憑證。

⑵繳納水費憑證。

⑶繳納電費憑證。

⑷門牌編訂證明。

⑸曾於該建物設籍之戶籍謄本。

●仲介業務（第四條第五款）

⑴**買賣**：當事人約定一方移轉財產於他方，他方支付價金之契約。

⑵**互易**：當事人雙方約定互相移轉金錢以外之財產

權。

⑶**租賃**：當事人約定，一方以物租與他方使用、收益，他方支付租金之契約。

⑷**居間**：當事人約定，一方爲他方報告訂約之機會，或爲訂約之媒介，他方給付報酬之契約。

⑸**代理**：代理人於代理權限內，以本人名義所爲之意思表示。

●第四條第十款「非常態性之固定場所」，乃指「工地接待中心」、「工地工程場所」等。

第二章　經紀業

不動產經紀業管理條例於八十八年二月三日公布後，使得不動產經紀業（即原來之房屋代銷業與房屋仲介業）進入了新的時代。

根據本條例第三十六條之規定，本條例公布施行前已經營仲介或代銷業務者，應於本條例施行後，三年內依本條例規定領得經紀業證照後始得繼續營業。

違反前項規定繼續營業者，依第三十二條處理。

亦即「非經紀業而經營仲介或代銷業務者，主管機關應禁止其營業，亦處公司負責人、商號負責人或行爲人新台幣十萬元以上三十萬元以下罰鍰。」

公司負責人、商號負責人或行爲人經主管機關依前項規定爲禁止營業處分後，仍繼續營業者，**處一年以下有期徒刑**、拘役或科或併科新台幣**十萬元以上、三十萬元以下**

罰金。

一、須申請許可

凡是經營經紀業者，皆須向主管機關申請許可後，才能依法辦理公司或商業登記；其經營國外不動產仲介或代銷業務者，應以公司型態組織依法辦理登記爲限。

經紀業分設營業處所，應向直轄市或縣（市）政府申請備查。（本條例第五條）

二、公司或商號負責人之消極資格

本條例第六條規定，有下列各類情形之一者，不得申請經營經紀業，其經許可者，撤銷其許可。

㈠無行爲能力或限制行爲能力者。

㈡受破產之宣告尚未復權者。

㈢犯詐欺、背信、侵占罪、性侵害犯罪防治法第二條所定之罪、組織犯罪防制條例第三條第一項、第二項、第六條、第九條之罪，經受有期徒刑一年以上刑之宣告確定，尚未執行完畢或執行完畢或赦免後未滿三年者。但受緩刑宣告者，不在此限。

㈣受感訓處分之裁定確定，尚未執行完畢或執行完畢後未滿三年者。

㈤曾經營經紀業，經主管機關撤銷許可，自撤銷之日起未滿五年者。但依第七條第一項逾期未開始營業或第三十條自行停止業務者，不在此限。

㈥受第二十九條之停止營業處分，尚未執行完畢者。

㈦受第三十一條停止執行業務處分尚未執行完畢，或撤銷經紀人證書處分未滿五年者。

經紀業經公司登記或商業登記後，其公司負責人、董事、監察人、經理人或商號負責人、經理人有前項各款情形之一者，由主管機關命其限期改善，逾期未改善者，撤銷其許可，並通知其公司或商業登記主管機關撤銷其登記。

1.**詐欺罪**：意圖爲自己或第三人不法之所有，以詐術使人將本人或第三人之物交付者，處五年下有期徒刑、拘役或科或併科一千元以下罰金（刑法第三百三十九條）

2.**背信罪**：爲他人處理事務，意圖爲自己或第三人不法之利益，或損害本人之利益，而爲違背其任務之行爲，致生損害於本人之財產或其他利益者，處五年以下有期徒刑、拘役或科或併科一千元以下罰金。前項之未遂犯罰之（刑法第三百四十二條）。

3.**侵占罪**：意圖爲自己或第三人不法之所有，而侵占自己持有他人之物者，處五年以下有期徒刑，拘役或科或併科一千元以下罰金。

前項之未遂犯罰之（刑法第三百三十五條）

4.**性侵害犯罪防治法**第二條所定之罪：指刑法第二百二十一條至第二百二十九條及第二百二十三條之犯罪，如強姦罪、共同輪姦罪、強姦殺人罪、強制猥褻罪、乘機姦淫猥褻罪、強姦強制猥褻罪、姦淫幼女罪、利用權勢姦淫猥褻罪、詐術姦淫罪及引誘未滿十六歲男女與人姦淫猥褻罪等。

5.**組織犯罪防制條例**第三條第一項、第二項，第六條、第九條所定之罪：

何謂經紀業？依不動產經紀業管理條例規定，經紀業應有之法律義務與責任爲何？（25分）（94年經紀人）

如第三條第第一項「發起、主持、操縱或指揮犯罪組織者，處三年以上十年以下有期徒刑，得併科新台幣一億元以下罰金；參與者，處六月以上五年以下有期徒刑，得併科新台幣一千萬元以下罰金。」

第二項「犯前項之罪，受刑之執行完畢或赦免後，再犯該項之罪，其發起、主持、操縱或指揮者，處五年以上有期徒刑，得併科新台弊二億元以下罰金；參與者，處一年以上七年以下有期徒刑，得併科新台幣二千萬元以下罰金。」

第六條「非犯罪組織之成員而協助犯罪組織者，處六月以上五年以下有期徒刑，得併科新台幣一千萬元以下罰金。」

第九條「公務員或經選舉產生之公職人員明知爲犯罪組織有據予以包庇者，處五年以上十二以下有期徒刑。」

三、須加入公會

經紀業經主管機關之許可，辦妥公司登記或商業登記，並加入登記所在地之同業公會後方得營業，並應於六個月內開始營業；逾期未開始營業者，由主管機關撤銷其許可。但有正當理由者，得申請展延，其期限以三個月爲限。

前項經紀業得視業務性質並經主管機關核准後，分別組織仲介經紀業或代銷經紀業同業公會或其全國聯合會。（本條例第七條）

因為業必歸會，故本條例第十條規定：直轄市、縣（市）同業公會應將會員入會、停權、退會情形報請所在地主管機關層轉中央主管機關備查。

四、繳納營業保證金

㈠營業保證金

經紀業在辦妥公司登記或商業登記後，應依中央主管機關規定繳存營業保證金。

經紀業應繳存之營業保證金，超過一定金額者，得就超過部分以金融機構提供保證函擔保之。

經紀業除了依規定繳存營業保證金外，並得向仲介經紀業或代銷經紀業同業公會全國聯合會申請增加金額繳存或以金融機構提供保證函擔保之。

營業保證金，除本條例另有規定外，非有依第二十六條第四項之情形，不得動支。

經紀業分別繳存之營業保證金，若低於第七條第三項（即應繳之營業保證金及繳存或提供擔保之辦法，由中央主管定之）規定之額度時，中華民國不動產仲介經紀業或代銷經紀業同業公會全國聯合會應通知經紀業者於一個月內補足。

㈡管理委員會負責保管

營業保證金由中華民國不動產仲介經紀業或代銷經紀業同業公會全國聯合會統一於指定之金融機構設置營業保

證基金專戶儲存，並組成管理委員會負責保管；基金之孳息部分，得運用於健全不動產經紀制度。

㈢營業保證金獨立

營業保證金獨立於經紀業及經紀人員之外，除本條例另有規定外，不因經紀業及經紀人員之債務債權關係而為讓與、扣押、抵銷或設定負擔。

㈣移轉

經紀業因合併、變更組織時對其所繳存之營業保證金之權利應隨之移轉。

㈤退還

依不動產經紀業管理條例規定，經紀業應於辦妥公司登記或商業登記後，繳存營業保證金，試問經紀業得於何時請求退還原繳之營業保證金？請求退還營業保證金時應檢附之文件為何？（二十五分）（91年經紀人）

其因申請解散者，得自核准註銷營業之日滿一年後二年內，請求退還原繳存之營業保證金。但不包括營業保證金之孳息。

㈥賠償

因可歸責於經紀業之事由不能履行委託契約，致委託人受損害時，由該經紀業負賠償責任。

經紀業因經紀人員執行仲介或代銷業務之故意或過失致交易當事人受損害者，該經紀業應與經紀人員負連帶賠償責任。

前二項受害人向中華民國不動產仲介經紀業或代銷經紀業同業公會全國聯合會請求代為賠償時，視為已向基金管理委員會申請調處，基金管理委員會應即進行調處。

受害人取得對經紀業或經紀人員之**執行名義，經仲裁成立或基金管理委員會之決議支付**後，得於該經紀業繳存營業保證金及提供擔保總額內，向中華民國不動產仲介經紀業或代銷經紀業同業公會全國聯合會請求代為賠償；經代為賠償後，即應依第八條第四項規定，通知經紀業限期補繳。

五、須僱用不動產經紀人

依條例第十一條規定，經紀業設立之營業處所至少應置經紀人一人。但非常態營業處所，其所銷售總金額達新台幣**六億元**以上，該處所**至少應置專業經紀人一人**。

營業所經紀營業員數**每逾二十名時，應增設經紀人一人**。

因此，經紀業應於經紀人到職之日起**十五日**內，造具名冊報請所在地主管機關層報中央主機關備查，異動時，亦同。

第三章　經紀人員

一、不動產經紀人與不動產經紀營業員

中華民國國民經不動產經紀人考試及格並依本條例領有不動產經紀人證書者，得充不動產經紀人。

中華民國國民經不動產經紀人考試及格並依本條例領有不動產經紀人證書者，得充不動產經紀人。

經中央主管機關或其認可之機構、團體舉辦不動產經紀營業員訓練合格或不動產經紀人考試及格，並向中央主管機關指定之機構、團體登錄（即中華民國不動產仲介經紀公會全國聯合會）及領有不動產經紀營業員證明者，得充任不動產經紀營業員。

前項經紀營業員訓練不得少於**三十個小時**，其證明有效期限為**四年**，期滿時，經紀營業員應檢附完成訓練**二十個小時**以上之證明文件，向中央主管機關指定之機構、團體重新辦理登錄。

前二項登錄及發證費用，由中央主管機關定之。

第二項訓練機構、團體之認可資格、程序、廢止認可條件、經紀營業員之訓練資格、課程、收費費額及其他應遵行事項之辦法，由中央主管機關定之。

二、請領不動產經紀人證書

經過不動產經紀人考試及格者，應具備**一年以上**經紀營業員經驗，始得向直轄市或縣（市）政府請領經紀人證書。

前項經紀營業員經驗，依下列情形之一認定：

㈠取得經紀營業員資格並附有仲介或代銷業務所得扣繳資料證明者。

㈡本條例施行前已實際從事仲介或代銷業務有所得扣繳資料證明者。

試述不動產經紀人與經紀營業員之執業資格爲何？
（二十五分）（92年經紀人）

有第六條第一項第一款至第四款或第七款情形之一者，不得充任經紀人員。已充任者，應撤銷其證書。

三、經紀人證書期滿換證

爲了督促不動產經紀人能不斷的充實新知，以對社會大眾作更專業有效的服務，特於本條例第十五條規定不動產經紀人證書有效期限爲**四年**。期滿時，經紀人應檢附其於四年內在中央主管機關認可之機構、團體完成專業訓練**三十個小時**以上的證明文件，才能向直轄市或縣（市）政府辦理換證。

四、從業人員之過渡緩衝期

㈠在本條例公布施行前，已在經營仲介或代銷業務者，須在本條例施行後，三年之內依照本條例規定領得經紀業證照後，才能繼續營業。

違反前項規定繼續營業者，依第三十二條處理。

●第三十二條非經紀業而經營仲介或代銷業務者，主管機關應禁止其營業，並處公司負責人、商號負責人或行爲人新台幣十萬元以上三十元萬以下罰鍰。

公司負責人、商號負責人或行爲人經主管機關依前項規定爲禁止營業處分後，仍繼續營業者，處一年以下有期徒刑、拘役或科或併科新台幣十萬元以上三十萬元以下罰金。

㈡在本條例公布施行前，已經從事不動產經紀業的人員，得自本條例公布施行之日起繼續執業三年；三年期滿後尚未取得經紀人員資格者，不得繼續執行業務。

請問依據「不動產經紀業管理條例」，對於不動產經紀人員之報酬及簽章有何規定？（十五分）（88年經紀人）

本條例公布施行前已從事不動產仲介或代銷業務滿二年，有該項執行業務或薪資所得扣繳資料證明，經中央主管機關審查合格者，得自本條例公布施行之日起繼續執業三年；並得應不動產經紀人特種考試。

前項特種考試，於本條例公布施行後五年內至少應辦理五次。

五、外國人之應試

依本條例第三十八條規定，外國人得依中華民國法律應不動產經紀人考試或營業員測定。

前項領有及格證書或測定合格之外國人，應經中央主管機關許可，並遵守中華民國一切法令，始得受僱於經紀業為經紀人員。

外國人經許可在中華民國充任經紀人員者，其有關業務上所為之文件、圖說，應以中華民國文字為之。

六、專任

經紀人員應專任一經紀業，並不得為自己或他經紀業執行仲介或代銷業務。但經所屬經紀業同意為他經紀業執行業務者，不在此限。

經紀業不得僱用未具備經紀人員資格者從事仲介或代銷業務。

第四章　業務及責任

一、相關證照揭示於明顯之處

不動產經紀業應將其仲介或代銷相關證照及許可文件連同經紀人證書揭示於營業處所明顯之處；其為加盟經營者，應併標明之。

而且，經營仲介業務者，應將報酬標準及收取方式，揭示於營業處所明顯之處。

二、不得收取差價或其他報酬

經紀業或經紀人員不得收取差價或其他報酬，其經營仲介業務者，並應依實際成交價金或租金按中央主管機關規定之報酬標準計收。

違反前項規定者，其已收取之差價或其他報酬，應於加計利息後加倍返還支付人。

而且，主管機關可予六個月以上三年以下之停止執行業務處分。

三、刊登廣告及銷售

經紀業與委託人簽訂委託契約書後，方得刊登廣告及銷售。

前項廣告及銷售內容，應與事實相符，並註明經紀業名稱。

試依不動產經紀業管理條例之規定，說明不動產經紀人員之法律責任。（十五分）（88年經紀人）

依據「不動產經紀業管理條例」第四條之規定，經紀人之職務爲何？該條例第二十二條規定那些文件，應由經紀業指派經紀人簽章？（十五分）（90年經紀人）

廣告及銷售內容與事實不符者，應負損害賠償責任。

四、不動產說明書

經紀人員在執行業務過程中，應以不動產說明書向與委託人交易之相對人解說。

前項說明書於提供解說前，應經委託人簽章。

雙方當事人簽訂租賃或買賣契約書時，經紀人應將不動產說明書交付與委託人交易之相對人，並由相對人在不動產說明書上簽章。

前項不動產說明書視爲租賃或買賣契約書之一部分。

五、不動產經紀人簽章之文件

下列文件應由經紀業指派經紀人簽章：

(一)不動產出租、出售委託契約書。

(二)不動產承租、承購要約書。

(三)定金收據。

(四)不動產廣告稿。

(五)不動產說明書。

㈥不動產租賃、買賣契約書 。

前項第一款及第二款之規定，於經營代銷業務者不適用之。

第一項第五款之不動產說明書應記載及不得記載事項，由中央主管機關定之。

> 試依不動產經紀業管理條例之規定，說明「不動產經紀人」於執行業務時之規範。（93年經紀人）

六、不得洩密

不動產經紀人對於因業務知悉或持有之他人秘密，不得無故洩漏，以尊重交易當事人之隱私權。

違反規定，則可予申誡。

七、賠償責任

因可歸責於經紀業之事由不能履行委託契約，致委託人受損害時，由該經紀業負賠償責任。

經紀業因經紀人員執行仲介或代銷業務之故意或過失致交易當事人受損害者，該經紀業應與經紀人員負連帶賠償責任。

前二項受害人向中華民國不動產仲介經紀業或代銷經紀業同業公會全國聯合會請求代爲賠償時，視爲已向基金管理委員會申請調處，基金管理委員會應即進行調處。

受害人取得對經紀業或經紀人員之執行名義、經仲裁成立或基金管理委員會之決議支付後，得於該經紀業繳存營業保證金及提供擔保總額內，向中華民國不動產仲介經紀業或代銷經紀業同業公會全國聯合會請求代為賠償；經代為賠償後，即應依第八條第四項規定，通知經紀業限期補繳。

試依不動產經紀業管理條例之規定，彙整說明其關於不動產說明書之規範內容。（二十五分）（92年經紀人）

八、要約書與斡旋金

房地產仲介業所常運用之「斡旋金」，因亦常成為糾紛來源，行政院公平交易委員會乃於八十六年二月十九日第二七七次委員會決議：「自八十六年九月一日以後，房屋仲介業者如果提出斡旋金要求，應同時告知消費者亦可選擇採用內政部所擬定之『要約書』，如消費者選擇約定交付『斡旋金』，則仲介業者應以書面明定交付斡旋金之目的，明確告知消費者之權利義務，仲介業者若未遵行而有欺罔或顯失公平情事，則認定其違反公平法第二十五條」。

若違反公平交易法第二十五條，則依該法第四十一條處罰。

●公平交易法第二十五條

公平交易法第二十五條規定：「除本法另有規定者外，事業亦不得為其他足以影響交易秩序之欺罔或顯失公平之行為。」

●公平交易法第四十二條

C5 大台北　　95.1.10　　聯合報

消費申訴 購屋居首位

景氣復甦 透過仲介買中古屋的糾紛最多 銀行業務、電信通訊網路分居二、三名

【記者朱若蘭／台北報導】消基會統計去年十大申訴排行榜，購屋類申訴案位居第一名，分析發現，透過仲介購買中古屋的申訴糾紛最多，賣屋者與仲介業者的爭議則有攀升趨勢。

消基會去年接獲申訴案共9105件，申訴類型排行榜的一至十名分別為：購屋、銀行業務、電信通訊網路、壽險、汽車、美容、休閒、書報文具、一般食品及旅遊。去年該會為消費者爭取賠償金額達九千兩百多萬元。

消基會指出，從十大申訴排行榜可看出社會結構的轉變，十幾年前居排行第一、二位的食品、旅遊逐漸退位，民國81至89年，房地產業興起，購屋申訴量奪冠，後來房地產不景氣，消費性產品崛起，過去四年「電信類」申訴量暴增，取代「購屋類」而名列第一。去年房地產景氣復甦，購屋類再度登上申訴排行第一名。

消基會申訴義工鄭兆茹指出，購屋類申訴案中有六成是透過仲介交易的中古屋，多數是賣方說屋況沒問題，買方住進後才發現漏水等瑕疵，找仲介賠償，仲介又將責任推給賣方，產生賣方與仲介糾紛。

鄭兆茹也接過一個預售屋申訴案，買方購買停車位價格比同住戶貴了60萬，建商辯稱他買屋時不是「停車位優惠期」。

汽車申訴去年暴增，鄭兆茹說，很多年輕人逛車展，被36期零利率廣告吸引，付下5至15萬不等訂金，事後分期繳款，銀行告知沒有零利率，如不付款就沒收訂金。還有新車保固期內瑕疵不斷、車商堅持不換貨等，也占汽車申訴近三成。

至於壽險類申訴案，多以未依保單約定理賠所占比率最高。消基會建議，消費者收到保單條款時，應靜心詳閱保單內容，尤其是保單的除外條款（不理賠範圍），當發現保單內容與投保時陳述不符，應善用保險的契約撤銷權，在收到保單的隔天起10日內，以存證信函向保險公司撤銷契約，保險公司應無條件退還保費且不能收取任何利息。

第四十二條規定：「主管機關對於違反本法規定之事業，得限期命其停止、改正其行爲或採取必要更正措施，並得處新臺幣五萬元以上二千五百萬元以下罰鍰；屆期仍不停止、改正其行爲或採取必要更正措施者，得繼續限期命其停止、改正其行爲或採取必要更正措施，並按次連續處新臺幣十萬元以上五千萬元以下罰鍰；至停止、改正其行爲或採取必要更正措施爲止。」

●不動產實價登錄制度

不動產交易實價資訊之登錄（第二十四條之一）

（一）經營仲介業務者，對於居間或代理成交之租賃案件，應於**簽訂租賃契約書之日起三十日內**，向直轄市、縣（市）主管機關申報登錄成交案件實際資訊（以下簡稱申報登錄資訊）。

（二）經營代銷業務，受起造人或建築業委託代銷預售屋者，應於**簽訂、變更或終止委託代銷契約之日起三十日內**，將委託代銷契約相關書件報請所在地直轄市、縣（市）主管機關備查；並應於**簽訂買賣契約書之日起三十日內**，向直轄市、縣（市）主管機關申報登錄資訊。

（三）前二項申報登錄資訊，除涉及個人資料外，得提供查詢。

已登錄之不動產交易價格資訊，在相關配套措施完全建立並完成立法後，始得為課稅依據。

（四）第一項、第二項申報登錄資訊類別、內容與第三項提供之內容、方式、收費費額及其他應遵行事項之辦法，由中央主管機關定之。

（五）直轄市、縣（市）主管機關為查核申報登錄資訊，得向交易當事人或不動產經紀業要求查詢、取閱有關文件或提出說明；中央主管機關為查核疑有不實之申報登錄價格資訊，得向相關機關或金融機構查詢、取閱價格資訊有關文件。受查核者不得規避、妨礙或拒絕。

前項查核，不得逾確保申報登錄資訊正確性目的之必要範圍。

（六）第一項、第二項受理及第六項查核申報登錄資訊，直轄市、縣（市）主管機關得委任所屬機關辦理。本條例中華民國一百零九年十二月三十日修正之條文施行前，以區段化、去識別化方式提供查詢之申報登錄資訊，於修正施行後，應依第三項規定重新提供查詢。

依平均地權條例規定，政府爲建立並提供正常不動產交易價格資訊，要求權利人於不動產所有權移轉時，應申報移轉現值及登錄成交案件實際資訊，其規範要求爲何？請闡述之。（101年經紀人土地法規）

●**當事人書面同意及委託人保障（第二十四條之二）**

經營仲介業務者經買賣或租賃雙方當事人之書面同意，得同時接受雙方之委託，並依下列規定辦理：

（一）公平提供雙方當事人類似不動產之交易價格。

（二）公平提供雙方當事人有關契約內容規範之說明。

（三）提供買受人或承租人關於不動產必要之資訊。

（四）告知買受人或承租人依仲介專業應查知之不動產之瑕疵。

（五）協定買受人或承租人對不動產進行必要之檢查。

（六）其他經中央主管機關為保護買賣或租賃當事人所為之規定。

（七）違反本條規定者，處新臺幣三萬元以上十五萬以下罰鍰。

第五章　行政監督與獎懲

一、獎勵

經紀業或經紀人有下列情事之一者，主管機關得予以獎勵；其在直轄市者，由直轄市主管機關為之；特別優異者，得層報中央主管機關獎勵之：

㈠增進不動產交易安全、公平，促進不動產經紀業健全發展，有優異表現者。

㈡維護消費者權益成績卓著者。

㈢對於不動產經紀相關法規之研究或建議有重大貢獻

者。

㈣其他特殊事蹟經主管機關認定應予獎勵者。

前項獎勵辦法由中央主管機關另定之

二、經紀業之處罰（第二十九條）

經紀業違反本條例者，依下列規定處罰之：

（一）違反第七條第六項、第十一條、第十七條、第十九條第一項、第二十一條第一項、第二項或第二十二條第一項規定，由直轄市、縣（市）主管機關處**新臺幣六萬元以上三十萬元以下**罰鍰。

（二）違反第二十四條之一第二項規定，未依限申報登錄資訊或申報登錄價格、交易面積資訊不實，由直轄市、縣（市）主管機關按戶（棟）處**新臺幣三萬元以上十五萬元以下**罰鍰，並令其限期改正；屆期未改正者，按次處罰。經處罰二次仍未改正者，**按次處新臺幣三十萬元以上一百萬元以下**罰鍰。

（三）違反第二十四條之一第二項規定，未依限將委託代銷契約相關書件報備查，或違反第二十四條之一第六項規定，規避、妨礙或拒絕查核，或違反第二十四條之二規定，由主管機關處**新臺幣三萬元以上十五萬元以下罰鍰**。

（四）違反第十二條、第十八條、第二十條或第二十七條規定，直轄市、縣（市）主管機關應令其限期改正；屆期未改正，處**新臺幣三萬元以上十五萬元以下罰鍰**。

（五）違反第二十四條之一第一項規定，未依限申報登錄資訊、申報登錄租金或面積資訊不實，由直轄市、縣（市）主管機關處**新臺幣一萬元以上五萬元以下**罰鍰。

（六）違反第二十四條之一第一項或第二項規定，申報登錄租金、價格及面積以外資訊不實，直轄市、縣（市）主管機關應令其限期改正；屆期未改正，處**新臺幣六千元以上三萬元以下**罰鍰。

（七）違反第七條第三項、第四項或第八條第四項規定，直轄市、縣（市）主管機關應予停止營業處分，其期間至補足營業保證金爲止。**但停止營業期間達一年者，應廢止其許可**。

（八）經紀業經依前項第一款、第三款至第六款處罰鍰者，主管機關並應令其限期改正；屆期未改正者，**按次處罰**。

（九）金融機構、交易當事人違反第二十四條之一第六項規定，規避、妨礙或拒絕查核者，由主管機關處**新臺幣三萬元以上十五萬元以下**罰鍰，並令其限期改正；屆期未改正者，按次處罰。

三、經紀人員之懲戒

㈠違反下列規定，應予申誡

1.經紀人員應于任一經紀業，並不得爲自己或他經紀業行仲介或代銷業務。但經所屬經紀業同意爲他經紀業執行業務者，不在此限。

2.下列文件應由經紀業指派經紀人簽章：

⑴不動產出租、出售委託契約書。

⑵不動產承租、承購要約書。

⑶定金收據。

⑷不動產廣告稿。

⑸不動產說明書。

⑹不動產租賃、買賣契約書。

上述之⑴,⑵款之規定，於經營代銷業務者不適用之。

3.經紀人員在執行業務過程中，應以不動產說明書向委託人交易之相對人解說。本說明書經提供解說前，應經委託人簽章。

4.經紀人員對於因業務知悉或持有之他人秘密，不得無故洩密。

㈡**違反下列規定，應予六個月以上三年以下之停止執行業務處分**。

經紀業或經紀人員不得收取差價或其他報酬，其經營仲介業務者，並應依實際成交價金或租金按中央主管機關定報酬標準計收。（第19條第1項）

另經紀人員受申誡處分三次者，應另予六個月以上三年以下之停止執行業務處分。

㈢**應予撤銷證書**

經紀人員受停止執行業務處分累計達五年以上者，撤銷其經紀人員證書。

●經紀人員有以上名稱情事之一時，利害關係人、各級主管機關或其同業公會得列舉事實，提出證據報請直轄市或縣（市）主管機關交付懲戒。

直轄市或縣（市）主管機關對於經紀人員獎懲事項，

應設置獎懲委員會處理之。

前項獎懲委員會之組織，由中央主管機關定之。

●獎懲委員會受理懲戒事項，應通知檢舉或移送之經紀人員，於二十日內提出答辯或到場陳述；逾期未提出答辯或到場陳述時，得逕行決定。

1.無照營業之處罰

非經紀業而經營仲介或代銷業務者，主管機關應禁止其營業，並處公司負責人、商號負責人或行為人新台幣十萬元以上三十萬元以下罰鍰。

公司負責人、商號負責人或行為人經主管機關依前項規定為禁止營業處分後，仍繼續營業者，處一年以下有期徒刑、拘役或科或併新台幣十萬元以上三十萬元以下罰金。

2.刑事責任：

本條例課予刑事責任者，僅限於非經紀業而經營仲介或代銷業務之公司負責人、商號負責人或行為人，依本條例第三十二條規定「非經紀業而經營仲介或代銷業務者，主管機關應禁止其營業，並處公司負責人、商號負責人或行為人新台幣十萬元以上三十萬元以下罰鍰。公司負責人、商號負責人或行為人經主管機關依前項規定為禁止營業處分後，仍繼續營業者，處一年以下有期徒刑、拘役或科或併新台幣十萬元以上三十萬元以下罰金。

3.民事責任：

⑴因可歸責於經紀業之事由不能履行委託契約，致委託人受損害時，由該經紀業負賠償責任（第26條第1項）。

⑵經紀業因經紀人員執行仲介或代銷業務之故意或過

失致交易當事人受損者，該經紀業應與經紀人員負連帶賠償責任（第26項第2項）。

⑶廣告及銷售內容與事實不符者，應負損害賠償責任（第21條第3項）。

●補充資料

壹、不動產仲介經紀業倫理規範

依據102年9月25日中華民國不動產仲介經紀商業同業公會全國聯合會第6屆第3次會員代表大會修正通過並經內政部102年11月01日內授中辦地字第1026039900號准予備查

第一章　總則

第一條　不動產經紀業（以下簡稱經紀業）爲建立不動產交易秩序，保障消費者權益，促進不動產交易市場健全發展，特依不動產經紀業管理條例第7條第6項規定訂定本倫理規範（以下簡稱本規範）。

第二條　經紀業應堅持公平交易及誠實信用。

第三條　經紀業於執行業務時，應恪遵法令及本規範。

第二章　不動產經紀業

第四條　經紀業應全力協助政府健全不動產交易制度。

第五條　經紀業應秉持誠信精神並注重服務品質。

第六條　經紀業應尊重同業之智慧財產與營業秘密，維護交易市場紀律，共同塑造良好經營環境。

第七條　刪除。

第八條　經紀業經消費者通知停止使用其個人資料者，經紀業應即停止使用。

第九條　經紀業之間應相互尊重，維護同業之正當權益，不得違反法令惡性競爭，或使委託人終止對其他經紀業之委託。

第十條　經紀業應依法令規定對消費者揭露不動產說明書應記載之內容，不得有蓄意矇蔽欺罔之行爲。

第十一條　經紀業不得與經紀人員通謀，使其未親自執行業務而假藉其名義對外執行業務。

第十二條　經紀業應負責督導經紀人員不得有違法或不當之行爲。

第三章　不動產經紀人員

第十三條　經紀人員應掌握市場資訊，參與專業訓練，增進專業能力。

第十四條　經紀人員應謹言愼行，兼顧消費者合法權益及社會共同利益。

第十五條　經紀人員執行業務時，應維護消費者及經紀業之權益，不得營私舞弊。

第十六條　經紀人員不得不當利用土地登記及地價電子資料謄本之住址資料，侵擾所有權人。

第十七條　不動產之買賣、互易、租賃或代理銷售，如委由經紀業仲介業務者，於簽訂各項不動產交易契約，經紀人不得於空白契約上簽章。

第十八條　（刪除）。

第十九條　經紀業執行業務過程中，不動產說明書應落實由不動產經紀人員向不動產交易相對人解說，其解說人應於不動產說明書簽章。

第二十條　不動產仲介業者及不動產經紀人員，開發案源或居間或代理時，不得以不當或有不法行爲騷擾當事人。

第二十一條　不動產仲介業及不動產經紀人員不得在夜間九點以後開發案源。但經當事人同意或業務尚在執行中，不在此限。

第二十二條　不動產經紀人員不得利用仲介買賣契約機會賺取差價。

第二十三條　不動產經紀人員不得以自己或第三人名義冒充買受人或出賣人誘使出賣人、買受人以低價或高價簽訂買賣契約。

第四章　附則

第二十四條　經紀業及所屬經紀人員於執行業務時，應詳細審查不動產買賣委託人之身分，並影印保存該身分證明文件及交易憑證，如發現疑似洗錢之交易行爲時，應向經紀業所在地同業公會通報。

第二十五條　經紀業違反本規範者，由所在地同業公會審議處理後，如涉及處罰事項者，該公會應列舉事實，提出證據，報請經紀業所在地直轄市或縣（市）主管機關處理。

第二十六條　本規範經中華民國不動產仲介經紀商業同業公會全國聯合會會員代表大會通過報請中央主管機關備查實施，修正時亦同。

貳、內政部解釋函

一、經營仲介或代銷業務者未加入同業公會即非屬「經紀業」

內政部八十九年九月十八日台（八九）內中地字第八九八〇四〇九號函

按不動產經紀業管理條例（以下簡稱本條例）第七條第一項及其施行細則第四條規定：「經紀業經主管機關之許可，辦妥公司登記或商業登記，並加入登記所在地之同業公會後方得營業，並應於六個月內開始營業……」、「經紀業經主管機關許可後，應於六個月內依本條例第七條第一項、第三項規定辦妥公司登記或商業登記、繳存營業保證金及加入登記所在地之同業公會。」；又所謂「經紀業」，按本條例第四條第四款規定係指依本條例規定經營仲介或代銷業務之公司或商號。故擬經營經紀業者，如未依本條例第七條第一項規定加入同業公會後而營業，即難謂爲本條例所稱之「經紀業」，自得依本條例第三十二條規定：「非經紀業而經營仲介或代銷業務者，主管機關應禁止其營業，並處公司負責人、商號負責人或行爲人新臺幣十萬元以上三十萬元以下罰鍰。公司負責人、商號負責人、或行爲人經主管機關依前項規定爲禁止營業處分後，仍繼續營業者，處一年以下有期徒刑、拘役或科或併科新臺幣十萬元以上三十萬元以下罰金。」辦理；如該業者未開始營業，即無本條例第三十二條之適用。本案貴轄內未加入同業公會之經紀業者是否有營業行爲，涉及事實認定問題，請本諸權責依規核處之。

二、經紀業設立之常態營業處所至少應置經紀人一人，或經紀營業員數每逾二十名應增設之經紀人一人，應為專任

內政部九十年五月二十四日台（九十）內中地字第九〇八二三一五號函

按不動產經紀業管理條例（以下簡稱本條例）第十一條及第十六條分別規定：「經紀業設立之營業處所至少應置經紀人一人。但非常態營業處所，其所銷售總金額達新臺幣六億元以上，該處所至少應置專業經紀人一人。營業處所經紀營業員數每逾二十名時，應增設經紀人一人。」、經紀人員應專任一經紀業，並不得爲自己或他經紀業執行仲介或代銷業務。但經所屬經紀業同意爲他經紀業執行業務者，不在此限。」。本案經紀人員除有本條例第十六條但書規定之情形外，其應專任一經紀業，殆無疑義。又經紀業分設之營業處所，包括常態及非常態營業處所，後者銷售總金額達新臺幣六億元以上，依本條例第十一條第一項但書規定，至少應置專業（專任）經紀人一人；倘銷售總金額未達新臺幣六億元者，得由經紀業者自行決定置專任或非專任（兼任）經紀人；至同一經紀業設立之常態營業處所應置之經紀人一人，或經紀營業員數每逾二十名時，應增設之經紀人一人，究應爲專任或兼任，本條例第十一條固無明文規定，惟就本條例第十一條立法精神觀之，爲提升經紀業者之服務品質、確實保障交易者權益，及兼顧業務責任之履行，所置或增設之經紀人一人應爲專任。

三、未具不動產經紀人資格者以不動產仲介為其特定業務項目，固未向買賣雙方收取服務報酬，仍應受不動產經紀業管理條例之規範

內政部九十年八月三十一日台（九十）內中地字第九〇八三六二四號函

案經本部於本（九十）年八月七日邀集行政院公平交易委員會、經濟部、臺北市政府地政處、高雄市政府地政處（未派員）及部分縣（市）政府等機關研商，獲致結論如次：按不動產經紀業管理條例（以下稱本條例）第四條第四款及第五款、第五條、第三十二條分別規定『經紀業：指依本條例規定經營仲介或代銷業務之公司或商號；仲介業務：指從事不動產買賣、互易、租賃之居間或代理業務。』、『經營經紀業者，應向主管機關申請許可後，依法辦理公司或商業登記……』、『非經紀業而經營仲介或代銷業務者，主管機關應禁止其營業，並處公司負責人、商號負責人或行爲人新臺幣十萬元以上三十萬元以下罰鍰……』，亦即經營仲介或代銷業務者，應爲本條例所謂『經紀業』，違者，主管機關自應依本條例第三十二條規定予以處罰。本案未具不動產經紀人資格者從事不動產仲介買賣行爲，固未向買賣雙方收取服務報酬，惟本條例所稱『仲介業務』尚非以收取服務報酬爲其必要條件，倘該仲介行爲屬其特定業務項目，則可謂爲本條例所稱『經營仲介業務者』而應受本條例之規定；至『經營業務』觀念乃於社會生活上爲同性質事務繼續反覆實施之行爲。本案請依上述原則本諸事實認定之。」，請依會商結論辦理。

四、不動產仲介經紀業報酬計收標準規定

內政部八十九年五月二日台（八九）內中地字第八九七九〇八七號函訂定

內政部八十九年七月十日台（八九）內中地字第八九七九五一七號函修正

一、案經本部邀集專家學者、民間團體暨相關機關等會商後，規定如下：

㈠不動產經紀業或經紀人員經營仲介業務者，其向買賣或租賃之一方或雙方收取報酬之總額合計不得超過該不動產實際成交價金百分之六或一個半月之租金。

㈡前述報酬標準爲收費之最高上限，並非主管機關規定之固定收費比率，經紀業或經紀人員仍應本於自由市場公平競爭原則個別訂定明確之收費標準，且不得有聯合壟斷、欺罔或顯失公平之行爲。

㈢本項報酬標準應提供仲介服務之項目，不得少於內政部頒「不動產說明書應記載事項」所訂之範圍，不包括「租賃」案件。

㈣經紀業或經紀人員應將所欲收取報酬標準及買賣或租賃一方或雙方之比率，記載於房地產委託銷售契約書、要約書，或租賃委託契約書、要約書，俾使買賣或租賃雙方事先充分瞭解。

二、前項規定自本（八十九）年七月一日實施。

第貳篇

公平交易法

公平交易法

第一章　總則

一、立法緣由與宗旨

公平交易法經過十多年的立法過程，終於在民國八十年二月四日公布，而於一年後（八十一年二月四日）施行。

公平交易法的制定乃在「**維護交易秩序與消費者利益，確保自由與公平競爭，促進經濟之安定與繁榮**」（公平法第一條）。

公平交易法在規範所有市場交易的經濟行爲，即藉法律的規範、專責行政機關及合法的處理程序，來促進市場的公平競爭，促進經濟體系的安定與繁榮！

因此，亦有被稱之爲「經濟憲法」，或「經濟行爲法」。

二、主管機關

本法所稱主管機關爲公平交易委員會。

本法規定事項，涉及其他部會之職掌者，由主管機關商同各該部會辦理之。

三、重要名詞定義

㈠事業

1.公司。

以營利爲目的，依公司法成立的社團法人。如有限公司、股份有限公司、無限公司等。

2.獨資或合夥之工商行號。

依商業登記法及工廠設立登記規則所成立的獨資或合夥事業。

3.其他提供商品或服務從事交易之人或團體。

如不動產經紀人、地政士、不動產估價師等。

㈡交易相對人

係指與事業進行或成立交易之供給者或需求者。

㈢獨占

謂事業在相關市場處於無競爭狀態，或具有壓倒性地位，可排除競爭之能力者。

㈣視為獨占

二以上事業，實際上不爲價格之競爭，而其全體之對外關係，具有前項規定之情形者。

㈤相關市場

係指事業就一定之商品或服務，從事競爭之區域或範圍。

㈥結合

謂事業有下列情形之一者：

1.與他事業合併者。

2.持有或取得他事業之股份或出資額，達到他事業有表決權股份總數或資本總額三分之一以上者。

3.受讓或承租他事業全部或主要部分之營業或財產者。

4.與他事業經常共同經營或受他事業委託經營者。

5. 直接或間接控制他事業之業務經營或人事任免者。

計算前項第二款之股份或出資額時，應將與該事業具有控制與從屬關係之事業及與該事業受同一事業或數事業控制之從屬關係事業所持有或取得他事業之股份或出資額一併計入。

(七)**聯合行為**

指具競爭關係之同一產銷階段事業，以契約、協議或其他方式之合意，共同決定商品或服務之價格、數量、技術、產品、設備、交易對象、交易地區或其他相互約束事業活動之行爲，而足以影響生產、商品交易或服務供需之市場功能者。

前項所稱其他方式之合意，指契約、協議以外之意思聯絡，不問有無法律拘束力，事實上可導致共同行爲者。

聯合行爲之合意，得依市場狀況、商品或服務特性、成本及利潤考量、事業行爲之經濟合理性等相當依據之因素推定之。

第二條第二項之同業公會或其他團體藉章程或會員大會、理、監事會議決議或其他方法所爲約束事業活動之行爲，亦爲本法之聯合行爲。

第二章　限制競爭

一、獨占

經濟學理論認爲「獨占」乃指整個市場已有一自家廠商，而且其所生產的產品沒有類似的代替品存在。

因此只要是獨門生意，即是「獨占」，而非謂其規模一定非常大。

而公平交易法第七條規定「本法所稱獨占，謂事業在相關市場處於無競爭狀態，或具有壓倒性地位，可排除競爭之能力者」，其對獨占的涵義更廣。

同條第二項規定「二以上事業，實際上不爲價格之競爭，而其全體之對外關係，具有前項規定之情形者，視爲獨占。」少數廠商壟斷了市場，即經濟學上之所謂「寡占」，在此，被「視爲獨占」。所謂非價格競爭，諸如提高品質、提供售後服務、提供贈品等以吸引顧客。

台灣的鐵路局、郵局、電信局、中油……皆爲獨占的顯例。

二、獨占事業的認定

依公平法施行細則第三條，本法所稱獨占，應審酌下列事項認定之：

㈠事業在特定市場之占有率。

㈡考量時間、空間等因素下，商品或服務在特定市場變化中之替代可能性。

㈢事業影響特定市場價格之能力。

㈣他事業加入特定市場有無不易克服之困難。

㈤商品或服務之輸入、輸出情形。

事業沒有下列各款情事者，不列入前條獨占事業認定之範圍：

㈠一事業在相關市場之占有率達**二分之一**。

㈡二事業全體在相關市場之占有率達**三分之二**。

㈢三事業全體在相關市場之占有率達**四分之三**。

> 在公平交易法中，對於「獨占」、「獨占事業」如何界定？試說明之。（二十五分）（91年經紀人）

有前項各款情形之一，其個別事業在該相關市場占有率未達**十分之一**或上一會計年度事業總銷售金額未達主管機關所公告之金額者，該事業不列入獨占事業之認定範圍。

事業之設立或事業所提供之商品或服務進入相關市場，受法令、技術之限制或有其他足以影響市場供需可排除競爭能力之情事者，雖有前二項不列入認定範圍之情形，主管機關仍得認定其為獨占事業。

三、獨占事業不得為之行為

㈠以不公平之方法，直接或間接阻礙他事業參與競爭

例如獨占廠商限制上游產業的供應者，不得供應原料或機器設備給其競爭者；或約束下游經銷商，不得銷售其競爭對手之競爭性商品，斷絕了競爭者的行銷通路；或要求廣告等服務業不得找其競爭者提供服務等。

㈡對商品價格或服務報酬，為不當之決定、維持或變更

1.抬高價格

如獨占事業藉產量的控制，而提高商品價格或服務報酬。

2.降低價格

如獨占事業為阻止他事業加入市場而降低價格，造成他事業加入的障礙，使其不堪虧損而退出市場；降價雖使

何謂獨占？獨占事業不得有那些行爲？試述之。（十分）（89年經紀人）

消費者蒙短期之利，但長期而言，沒有其他競爭者進入市場，消費者將蒙更大之害。

㈢**無正當理由，使交易相對人給予特別優惠**

獨占廠商，常具有雙邊獨占的地位。

一面爲特定產品之獨買者，如獨買廠商以其優勢要求給予特別優惠的價格，或特別優惠的付款方式。

一面爲獨賣者，而要求下游廠商須搭售其他商品爲苛刻條件，皆爲違法的行爲。

㈣**其他濫用市場之行為**

如降低服務品質而傷害了消費者，或隨意增減產量而影響了下游廠商的權益等行爲。

四、獨占行為之罰則

獨占事業，違反了不得爲之行爲，經主管機關依第四十條第一項規定，限期令停止、改正其行爲或採取必要更正措施，而屆期未停止、改正其行爲或未採取必要更正措施，或停止後再爲相同違反行爲者，處行爲人三年以下有期徒刑、拘役或併科新臺幣一億元以下罰金。

●第四十條

主管機關對於違反第九條、第十五條、第十九條及第二十條規定之事業，得限期令停止、改正其行爲或採取必要更正措施，並得處新臺弊十萬元以上五千萬元以下罰鍰；屆期仍不停止、改正其行爲或未採取必要更正措施者，得繼續限期令停止、改正其行爲或採取必要更正措施，並按次處新臺幣二十萬元以上一億元以下罰鍰，至停止、改正其行爲或採取必要更正措施爲止。

事業違反第九條、第十五條，經主管機關認定有情節重大者，得處該事業上一會計年度銷售金額百分之十以下罰鍰，不受前項罰鍰金額限制。

前項事業上一會計年度銷售金額之計算、情節重大之認定、罰鍰計算之辦法，由主管機關定之。

五、結合之類型

依公平交易法第十條，結合之定義，有以下五種類型：

㈠**與他事業合併者**。

合併，即兩家或以上之事業結合成爲一家事業。

如水平合併爲生產同類商品或服務之事業的結合。

垂直合併爲供應商與顧客或產業關連上下游廠商之結合。

㈡**持有或取得他事業之股份或出資額，達到他事業有表決權股份總數或資本總額三分之一以上**。

即俗稱之「控股」（Holding company），而被控股之事業仍擁有其法人之主體地位。

計算事業之股份或出資額時，應將該事業具有控制與從屬關係之事業所持有或取得他事業之股份或出資額一併計入。

㈢**受讓或承租他事業全部或主要部份之營業或財產者**。

受讓，係指當事人之一方，基於契約關係而取得他方所讓與之權利或標的物之權利而言。

承租，則指當事人約定，一方以物出租與他方使用、收益，並由他方支付租金之契約而言。

㈣與他事業經常共同經營或受他事業委託經營者。

共同經營，為兩家或以上事業共同經營管理某一事業。

委託經營（agency），為接受他事業的委託，以善良管理之立場代其經營。

㈤直接或間接控制他事業之事業經營或人事任免者。

直接控制，如A公司直接控制B公司。

間接控制，如A公司直接經由B來控制C公司。

計算前項第二款之股份或出資額時，應將與該事業具有控制與從屬關係之事業及與該事業受同一事業或數事業控制之從屬關係事業所持有或取得他事業之股份或出資額一併計入。

六、應申請許可之結合情形

事業結合，可能損害了市場的競爭性，甚至進而操縱市場，導致獨占的可能。

因此，公平交易法對於事業的結合行為，採取「原則開放，例外許可」的態度。對於達到一定標準之市場占有率或銷售金額之較大型事業，在結合前須申請許可（公平法第11條）：

㈠事業因結合而使其市場占有率達三分之一者。

計算事業之市場占有率時，應先審酌該事業及該特定市場之生產、銷售、存貨、輸入及輸出值（量）之資料。

計算市場占有率所需之資料，得以中央主管機關調查所得資料或其他政府機關記載資料爲基準。

㈡**參與結合之一事業，其市場占有率達四分之一者**。

㈢**參與結合之事業，其上一會計年度之銷售金額，超過主管機關所公告之金額者**。

前項第三款之銷售金額，應將與參與結合之事業具有控制與從屬關係之事業及與參與結合之事業受同一事業或數事業控制之從屬關係事業之銷售金額一併計入，其計算方法由主管機關公告之。

對事業具有控制性持股之人或團體，視爲本法有關結合規定之事業。

前項所稱**控制性持股**，指前項之人或團體及其關係人持有他事業有表決權之股份或出資額，超過他事業已發行有表決權之股份總數或資本總額半數者。

前項所稱**關係人**，其範圍如下：

1.同一自然人與其配偶及二親等以內血親。

2.前款之人持有已發行有表決權股份總數或資本總額超過半數之事業。

3.第一款之人擔任董事長、總經理或過半數董事之事業。

4.同一團體與其代表人、管理人或其他有代表權之人及配偶與二親等以內血親。

5.同一團體及前款之自然人持有已發行有表決權股份總數或資本總額超過半數之事業。

第一項第三款之銷售金額，得由主管機關擇定行業分別公告之。

事業自主管機關受理其提出完整申報資料之日起算三十工作日內，不得為結合。但主管機關認為必要時，得將該期間縮短或延長，並以書面通知申報事業。

主管機關依前項但書延長之期間，不得逾六十工作日；對於延長期間之申報案件，應依第十三條規定作成決定。

主管機關屆期未為第七項但書之延長通知或前項之決定者，事業得逕行結合。但有下列情形之一者，不得逕行結合：

1.經申報之事業同意再延長時間。

2.事業之申報事項有虛偽不實。

第十一條第一項之規定，於下列情形不適用之：

1.參與結合之一事業或其百分之百持有之子公司，已持有他事業達百分之五十以上之有表決權股份或出資額，再與該他事業結合者。

2.同一事業所持有有表決權股份或出資額達百分之五十以上之事業間結合者。

3.事業將其全部或主要部分之營業、財產或可獨立營運之全部或一部營業，讓與其獨自新設之他事業者。

4.事業依公司法第一百六十七條第一項但書或證券交易法第二十八條之二規定收回股東所持有之股份，致其原有股東符合第十條第一項第二款之情形者。

5.單一事業轉投資成立並持有百分之百股份或出資額之子公司者。

6.其他經主管機關公告之類型。

七、事業申請結合的審核

㈠審核標準

公平交易委員會對於事業結合的申請，如其「對整體經濟的利益大於限制競爭的不利益」，則得予許可。

㈡審核期限

公平交易委員會在收受事業的結合申請後，應於二個月內爲核駁的決定。如所提資料不符規定或記載不完備者，得敘明理由通知補正；屆期不補正或補正後所提資料仍不齊者，不受理其申報者。

公平交易委員會對於事業結合的許可，必要時，得刊載政府公報。

八、結合行為之罰則

㈠違法結合，或事業對結合申報事項有虛偽不實

1.正進行結合者，禁止其結合。

2.已與他事業合併者，限期令其分設事業。

3.持有或取得他事業股份者，處分全部或部份股份。

4.受讓他事業之營業或財產者，限期令其分設事業。

5.直接或間接控制他事業人事任免者，免除擔任之職務。

6.其他必要之處分。

㈡罰緩（第三十九條）

1.事業違反第十一條第一項、第七項規定而爲結合，或申報後經主管機關禁止其結合而爲結合，或未履行第十三條第二項對於結合所附加之負擔者，得處新台幣二十萬元以上五千萬元以下罰緩。

2.事業對結合申報事項有虛僞不時而結合之情形者，

公平交易法規範事業不得為聯合行為，但有那些情形，因有益於整體經濟與公共利益，經申請中央主管機關許可者，不在此限？（二十五分）（93年經紀人）

得處新台幣十萬元以上一百萬元以下罰鍰。

㈢解散、勒令歇業、停止營業

事業違反主管機關依第三十九條第一、二項所為之處分者主管機關得命令解散、勒令歇業或停止營業。其所處停止營業之期間，每次以六個月為限。

九、聯合行為

聯合行為的定義，指具競爭關係之同一產銷階段事業，以契約、協議或其他方式之合意，共同決定商品或服務之價格，數量、技術、產品、設備、交易對象、交易地區，或其他相互約束事業活動之行為，而足以影響生產、商品交易或服務供需之市場功能者。

依此定義，其目的乃在統一定價、限制產量、分割市場……等。而其聯合的對象「有競爭之他事業」，為水平之聯合，不包括垂直的聯合。

本法第十四條之其他方式之合意，指契約、協議以外之意思聯絡，不問有無法律約束力，事實上可導致共同行為者。

聯合行為之合意，得依市場狀況、商品或服務特性、成本及利潤考量、事業行為之經濟合理性等相當依據之因素推定之。

第二條第二項之同業公會或其他團體藉章程或會員大會、理、監事會議決議或其他方法所爲約束事業活動之行爲，亦爲本法之聯合行爲。

十、聯合行為之禁止及例外

公平交易法第十五條，對事業禁止爲聯合行爲，但如果有益於整體經濟與公共利益，經申請主管機關許可者，不在此限。

㈠統一規格或型式之聯合

爲降低成本，改良品質或增進效率，而統一商品或服務之規格或型式者。

㈡合理化之聯合

爲提高技術、改良品質、降低成本或增進效率，而共同研究開發商品、服務或市場者。

㈢專業化之聯合

爲促進事業合理經營，而分別作專業發展者。

㈣輸出之聯合

爲確保或促進輸出，而專就國外市場之競爭予以約定者。

㈤輸入之聯合

爲加強貿易效能，而就國外商品之輸入採取共同行爲者。

㈥不景氣之聯合

經濟不景氣期間，致同一行業之事業，難以繼續維持或生產過剩，爲有計劃適應需求而限制產銷數量、設備或價格之共同行爲者。

(七)**中小企業聯合**

為增進中小企業之經營效率，或加強其競爭能力所爲之共同行爲者。

(八)**促進產業發展**

其他爲促進產業發展、技術創新或經營效率所必要之共同行爲。

主管機關收受前項之申請，應於三個月內爲決定，必要時得延長一次。

●許可聯合行為之附款

公平交易委員會對聯合行爲之許可，得附加條件或負擔。

許可應附期限，其期限長不得**逾五年**；事業如有正當理由，得於期限屆滿前**三個月至六個月**期間內，以書面向主管機關申請延展，其延展期限，每次不得逾五年。

●得撤銷聯合行為許可等之情形

聯合行爲經許可後，因許可事由消滅、經濟情況變更、事業逾越許可範圍，或違反主管機關依第十六條第一項所附加之條件或負擔者，主管主管機關得廢止許可、變更許可內容、令停止、改正其行爲或採取必要更正措施。

十一、聯合行為之罰則

(一)**處三年以下有期徒刑、新台幣一億以下罰金**

違反第十五條，聯合行爲之禁止及其例外，經中央主管機關依第四十條第一項規定限期命其停止、改正其行爲或採取必要更正措施，而屆期未停止、改正其行爲或未採

中油 台塑 聯合漲價 各罰650萬

兩業者均表示「不能接受」打算申訴

曹以會、楊穆郁／台北報導

行政院公平會經過2年多的主動調查，今天對中油和台塑開罰，認為兩大供油公司每次都同時同幅調整油價，屬於聯合行為的「一致性行為」，決定各罰650萬。

公平會表示，這兩大供油公司經過長時間調查證明其一致性行為違反公平交易法，於是今天的委員會中一致決議，兩家公司各處650萬元的罰鍰，並命兩家公司停止這項違法的「一致性行為」。

被公平交易委員會認為和同業間有聯合調整價格行動，而被做出罰款處分的中國石油公司與台塑石化，在聽到公平會的處罰後，都表示「不能接受」，在接到公平會正式公文後會提出申訴。

公平會指出，該會從民國91年開始主動調查中油與台塑調整油價的行為。公平會指出，從91年至今，兩家公司先後有20次的一致性行為，都是「同時」、「同幅」的調整（調升或調降）油價。

經過公平會2年多的調查，中油與台塑的作法及事證調查完畢後，有關是否要處分中油與台塑公司一事，則交由公平會委員會議來認定。公平會在8月27日的委員會議曾經討論過這個問題，不過當時並未做成決定，但是已經引起社會各界對這個問題的重視。公平會主委黃宗樂上星期一在立法院詢答時並承諾：是否要處罰中油及台塑，將在3周內決定，結果今天委員會做出這項結論。

中油表示，中油是公營企業，不會知法犯法，油價策略向來是根據對下游業者的供油合約處理，因此，在接到被公平會處罰的正式公文後，將會依法提出申訴。

中油副處長廖滄龍表示，中油絕對沒有和台塑石化有事先協商或協定等聯合行為，致於中油供油價格會和台塑相同，主要是市場價格競爭、加上資訊流通太快的結果，在沒有人願意比對方貴的情形下，就無可避免的產生相同調整價格的情形。

而台塑石化也強調，中油與台塑在市場上的競爭相當激烈，且各自所屬的加油站遍布全台。任何一家如把油價訂得較對方高，市佔率一定下滑。如果有那一家因國際油價因素而不得不調漲油價，也一定是忍到最後才調，因此在外界感覺是兩家一起調漲，但事實上卻是市場與成本壓力所致，絕無聯合行為。

93 10 14 中時

【違反公平交易法第18條案例】

證基會測驗用書售價違反公平法

91.5.6自由時報

〔記者陳怡伶／台北報導〕證券暨期貨市場發展基金會日前被檢舉，在銷售證券暨期貨從業人員資格測驗考試用書時，要求書商必須依照基金會訂定的單冊價格或全套折扣價，否則將不再以特惠價格委託書商銷售，公平交易委員會表示，基金會的作法已經違反公平交易法第18條規定，除命令其立即停止該行爲，並裁處20萬元罰鍰。

公平會指出，證券暨期貨從業人員考試是由財政部證券暨期貨管理委員會授權上述基金會辦理，而該基金會也出版相關測驗用書，供欲參加考試者 買、使用，而基金會也委託6家書商銷售。

不過，根據檢舉案內容，公平會發現，由基金會自行印製並出版的「學習指南與題庫叢書」測驗用書，在委託承銷書商時，基金會要求6家承銷書商必須簽訂切結書，若是單本出售，須依照基金會訂定的原價出售，若是全套出售，也必須依照基金會訂定的折扣價格，如果書商沒有依約定轉售價格出售用書，基金會將不再供應該承銷書商書籍。

經公平會調查後發現，基金會確實有約定轉售價格的行爲，而在6家書商中，除了1家沒有銷售行爲外，其他5家也提不出證據證明沒有依約定轉售測驗用書，公平會表示，基於證券暨期貨市場發展基金會的行爲已經違反公平法第18條規定，除命令該基金會立刻停止約定轉售行爲，並裁處20萬元罰鍰。

取必要更正措施，或停止後，再為相同違反行為者，處行為人三年以下有期徒刑，拘役或科或併科新臺幣一億元以下罰金。

㈡限期停止、改正、更正

主管機關對於違反本法規定之事業，得限期令停止、改正其行為或採取必要更正措施，並得處新台幣十萬元以上五千萬元以下罰鍰；屆期仍不停止、改正其行為或未採取必要更正措施者，得繼續限期命其停止、改正其行為或採取必要更正措施，並按次處新臺幣二十萬元以上一億元以下罰鍰，至停止、改正其行為或採取必要更正措施為止。（公平40）

㈢從重處罰：

事業違反第九條、第十五條，經主管機關認定有情節重大者，得處該事業上一會計年度銷售金額百分之十以下罰鍰，不受前項罰鍰金額限制。

前項事業上一會計年度銷售金額之計算、情節重大之認定、罰鍰計算之辦法，由主管機關定之。

第三章　不公平競爭

一、限制轉售價格

公平法第十九條規定「事業不得限制其交易相對人，就供給之商品轉售與第三人或第三人再轉售時之價格。但有正當理由者，不在此限。此規定於事業之服務準用之。」

上游廠商（如汽車、電器製造商），為了避免下游經銷商間的惡性競爭，維持批發市場或零售市場的交易秩序，常令在供應契約上規定其轉售的價格，否則將停止供應商品。

公平法視之為不公平之競爭行為，因此若違反自由而約定價格，則其約定價格無效。

二、妨礙公平競爭之行為

公平法第二十條，以下各款行為之一，而有限制競爭之虞者，事業不得為之。

㈠杯葛（boycott）：

以損害特定事業為目的，促使他事業對該特定事業斷絕供給、購買或其他交易之行為。

如某上游廠商為打擊同業，要求其下游廠商不得向該同業批售貨品。

㈡差別待遇

無正當理由，對他事業給予差別待遇之行為。

依公平法施行細則第二十六條，所謂「正當理由」，應審酌下列情形認定之：

1.市場供需情況。（如出清存貨）

2.成本差異。

3.交易數額。（如大量採購）

4.信用風險。

5.其他合理之事由。

㈢低價利誘

以低價利誘或其他不正當方法，阻礙競爭者參與或從事競爭之行爲。

㈣迫使參與限制競爭行為

以脅迫、利誘或其他不正當方法，使他事業不爲價格之競爭、參與結合、聯合或爲垂直限制競爭之行爲。

㈤限制條件之交易行為

以不正當限制交易相對人之事業活動爲條件，而與其交易之行爲。

例如限制下游經銷商僅能經銷某幾種商品，否則即不與其交易。

依公平法施行細則第二十七條「本法第二十條第五款所稱限制，指搭售、獨家交易、地域、顧客或使用之限制及其他限制事業活動之情形。前項限制是否不正當，應綜合當事人之意圖、目的、市場地位、所屬市場結構、商品特性及履行情況對市場競爭之影響等加以判斷。」

三、妨礙公平競爭之罰則

㈠限期停止、改正、更正

主管機關對於違反本法規定之事業，得限期命其停止、改正其行爲或採取必要更正措施，並得處新台幣十萬元以上、五千萬元以下罰鍰；屆期仍不停止、改正其行爲或未採取必要更正措施者，得繼續限期命其停止、改正其行爲或採取必要更正措施，並按次處新臺幣二十萬元以上，一億萬元以下罰鍰，至停止、改正其行爲或採取必要更正措施爲止。

㈡二年以下有期徒刑，五千萬以下罰金

違反第十九條或第二十條規定，經主管機關依第四十

條第一項規定限期命其停止、改正其行爲或採取必要更正措施，而屆期未停止、改正其行爲或未採取必要更正措施，或停止後再爲相同或類似違反行爲者，處行爲人二年以下有期徒刑、拘役或科或併科新臺幣五千萬元以下罰金。

四、仿冒行為之禁止

公平法第二十二條規定，事業就其營業所提供之商品或服務，不得有仿冒行爲：

㈠商品的仿冒

以著名之他人姓名、商號或公司名稱、商標、商品容器、包裝、外觀或其他顯示他人商品之表徵，於同一或類似之商品，爲相同或近似之使用，致與他人商品混淆，或販賣、運送、輸出或輸入使用該項表徵之商品者。

姓名仿冒，如「王永慶塑膠公司」。

公司仿冒，如「金石堂出版社」。

外觀仿冒，如「仿冒某百科全書之封面」。

㈡營業或服務之仿冒

以著名之他人姓名、商號或公司名稱、標章或其他表示他人營業、服務之表徵，於同一或類似之服務爲相同或近似之使用，致與他人營業或服務之設施或活動混淆者。

前項姓名、商號或公司名稱、商標、商品容器、包裝、外觀或其他顯示他人商品或服務之表徵，依法註冊取得商標者，不適用之。

㈢除外規定（不適用仿冒行為）

前項之不得仿冒，有三個除外規定，即下列各款行爲不適用之：

1.以普通使用方法，使用商品或服務習慣上所通用之名稱，或交易上同類商品或服務之其他表徵，或販賣、運送、輸出或輸入使用該名稱或表徵之商品或服務者。

2.善意使用自己姓名之行為，或販賣、運送、輸出或輸入使用該姓名之商品或服務者。

如同名同姓之「施振榮」，可將其公司命名為「施振榮電腦公司」。但宏碁公司若認為「施振榮電腦公司」可能對其營業、商品、設施或活動有受損害或混淆之虞時，得請求他事業附加適當表徵。

3.對於前項第一款或第二款之表徵，在未著名前，善意為相同或相似使用，或其表徵之使用係自該善意使用人連同其營業一併繼受而使用，或販賣、運送、輸出或輸入使用該表徵之商品或服務者。

事業因他事業為前項第二款或第三款之行為，致其商品或服務來源有混淆之虞者，得請求他事業附加適當之區別標示。但對僅為運送商品者，不適用之。

五、不實廣告或引人錯誤之表示

公平法第二十一條

㈠事業不得在商品或廣告上，或以其他使公眾得知之方法，對於與商品相關而足以影響交易決定之事項，為虛偽不實或引人錯誤之表示或表徵。

㈡前項所定與商品相關而足以影響交易決定之事項，包括商品之價格、數量、品質、內容、製造方法、製造日期、有效期限、使用方法、用途、原產地、製造者、製造地、加工者、加工地，及其他具有招徠效果之相關事項。

㈢事業對於載有前項虛僞不實或引人錯誤表示之商品，不得販賣、運送、輸出或輸入。

㈣前三項規定，於事業之服務準用之。

㈤廣告代理業在明知或可得而知情形下，仍製作或設計有引人錯誤之廣告，與廣告主負連帶損害賠償責任。廣告媒體業在明知或可得而知其所傳播或刊載之廣告有引人錯誤之虞，仍予傳播或刊載，亦與廣告主負連帶損害賠償責任。廣告薦證者明知或可得而知其所從事之薦證有引人錯誤之虞，而仍爲薦證者，與廣告主負連帶損害賠償責任。但廣告薦證者非屬知名公衆人物、專業人士或機構，僅於受廣告主報酬十倍之範圍內，與廣告主負連帶損害賠償責任。

㈥前項所稱廣告薦證者，指廣告主以外，於廣告中反映其對商品或服務之意見、信賴、發現或親身體驗結果之人或機構。

試依公平交易法之規定，回答下列問題：

㈠何謂「事業」？（三分）

㈡公平交易委員會對於刊登虛僞不實廣告之事業得如何處置？（七分）（88年經紀人）

公平交易法禁止事業爲虛僞、不實廣告標示、表徵有何具體規範？又對於虛僞不實廣告之廣告代理業或廣告媒體業者，課以那些責任？請列舉說明之。（25分）（94年經紀人）

附錄(1)

行政院公平交易委員會處理**有關不動產之表示或表徵**，涉及違反**公平交易法第二十一條所稱虛偽不實或引人錯誤類型**：

一、工業住宅：

㈠廣告未對建築基地使用限制爲「工業區」或「丁種建築用地」之表示。

㈡廣告雖已載明基地使用限制爲「工業區」或「丁種建築用地」，但標註較廣告中其他說明顯然有所不足

㈢廣告未對建築物係供與工業有關之使用明確加以表示。

㈣廣告使用一般住宅配備爲圖示，或文字說明暗示其建築物適合供住宅使用。

㈤廣告中有關「建築物用途」之宣傳，與建築或使用執照不同。

二、國民住宅公告：

㈠未經主管機關核准即以國民住宅名義爲售屋廣告。

㈡建商於獎勵投資興建國民住宅廣告中，使人誤認政府機關爲主、協辦單位。

㈢廣告中引人誤認未限制承購資格即可辦理國民住宅優惠貸款。

㈣僅部分建物經核准興建國民住宅，廣告使人誤認全部建物均屬國民住宅。

㈤建商以「公告」型式爲國民住宅廣告，而廣告中隱匿廣告主體，或所載內容不足以辨明交易主體，或足以引人誤認爲政府機關直接興建銷售之國民住宅所爲之「公

告」。

三、建物坐落地點：

廣告上標示建物坐落地點與實際不符，而差異難為一般大衆所接受程度者。

四、建物面積：

㈠建商於廣告中以「使用面積」、「公共面積」、「室內面積」、「受益面積」、「公共設施」、「受益憑證」等非法定名詞為建築物面積之表示或表徵，未於廣告中明顯處，以相當比例之字體註明其包括範圍，而有引人誤認面積數量者。

㈡建商使用法定用語（如「建築面積」、「基地面積」、「主建物面積」、「附屬建物面積」、「共同使用部分面積」）作為建物面積之表示時，而面積表示之數量與法定用語所應有或登記之面積不符，其差距難為一般消費大衆所接受者。

五、建物外觀、設計、格局配置雖與廣告海報相符，惟與施工平面圖或竣工圖不符，且經建築管理單位認定係屬違法者。

六、建材設備：

廣告上對建築物建材所為之表示或表徵，與實際不符，且其差距難為一般消費大衆接受者。

㈠廣告對建築物環境（如休閒步道、戲水池、健身房、花園、游泳池、涼亭等）、公有公共設施（如學校、公園、運動場、政府機關等），與實際不符，且其差距難為一般消費大衆接受者。

㈡建築物之銷售廣告上以未完成之公有公共設施及交通道路爲表示或表徵，使人誤認已完成者。

㈢設施不屬於給付或附隨給付之內容，而有被誤爲屬於之虞者。

㈣廣告對交通狀況距離之表示，未以通常得使用之道路爲計算標準。

七、建物顛知與實際環境、公共設施及交通不符：

㈠廣告對建築物環境（如休閒步道、戲水池、健身房、花園、游泳池、涼亭等）、公有公共設施（如學校、公園、運動場、政府機關等），與實際不符，且其差距難爲一般消費大衆接受者。

㈡建築物之銷售廣告上以未完成之公有公共設施及交通道路爲表示或表徵，使人誤認已完成者。

㈢設施不屬於給付或附隨給付之內容，而有被誤爲屬於之虞者。

㈣廣告對交通狀況距離之表示，未以通常得使用之道路爲計算標準。

八、房屋仲介加盟店標示：

未於廣告、市招、名片上明顯加註「加盟店」字樣，使人誤以爲係該仲介直營店之行爲者。

九、建造執照

建造執照尚未核發引人誤認已取得建照。

十、納骨塔廣告

大納骨塔廣告使人誤認業經核准啓用、開發等。

十一、建築物用途

廣告表示建築物之用途與建造執照（或使用執照）所載不符，且依都市計畫或建築管理法規不得變更使用者。

十二、夾層屋：

廣告表示系爭房屋為挑高空間，並以文字、照（圖）片、裝潢參考圖、平面配置圖、立面剖視圖或樣品屋表示有夾層設計或較建物原設計更多之使用面積，且有下例情形之一者：

㈠廣告平面圖與施（竣）工平面圖不符者。

㈡廣告未明示建築法規對施作夾層之限制（樓層、面積、材質、容積率管制……等）者。

㈢經建築管理機關確認為違建者。

十三、建築物視野、景觀與廣告所表示不符，且其差距難為一般消費大眾接受者。

十四、停車位：

廣告與施（竣）工圖不符，經營建主管機關認定違法者。

縱建商嗣後實際交付之停車位與廣告相符，亦同。

十五、仲介業之「看板廣告面積表示」導正

一、房屋仲介業刊登看板廣告時，其面積之標示，應以法定用語標示建物登記謄本所登載之面積。

二、若權狀與建物登記謄本所載面積不同時，應明示其資料來源為權狀或建物登記謄本，並依該資料來源明白標示其面積為「權狀○○平方公尺或○○坪」或「登記○○平方公尺或○○坪」。

違反本條規定，依公平法規定，並無刑事責任。

但可依公平法第四十一條處罰：

公平交易委員會對於違反本法規之事業，得限期命其停止、改正其行爲或採取必要更正措施，並得處新台幣五萬元以上、二千五百萬元以下罰鍰。

逾期仍不停止、改正其行爲或未採取必要更正措施者，得繼續限期命其停止、改正其行爲或採取必要更正措施，並按次連續處新台幣十萬元以上、五千萬元以下罰鍰，至停止、改正其行爲或採取必要更正措施爲止。

附錄(2)

不動產涉及公平交易法第二十五條影響交易秩序之欺罔或顯失公平之行為案例類型

◆契約審閱

一、建商於簽約前應給予購屋人充分審閱契約之機會。

二、建商銷售預售屋時，有左列行爲之一者，即可能構成公平交易法第二十四條顯失公平：

㈠要求客戶須給付定金始提供契約書。

㈡收受定金或簽約前，未提供客戶充分之契約審閱期間。審閱期間至少五天。

◆隱瞞重要交易資訊

建築業者未告知下列重要交易資訊遭本會處分：

一、土地重劃區：依法重劃土地所有人須受土地重劃用地限制、負擔重劃費用。

二、立體停車塔產權：於臨時路外停車場廣告上刊登「永久產權」，復隱匿車位有一定之使用期限。

三、高速鐵路線經過建物土地，買受人須無條件接受政府徵收。

◆土地增值稅轉嫁

一、建築業者應於八十四年十月一日以後簽約之契約中明定土地移轉年度或日期。

二、其他表達方式，如以「簽約後三個月內」或「使用執照核發後六個月內」（○○年度）辦理所有權移轉登記完畢」表達，均可予接受。

◆公共設施分攤

一、建築業者應依下列決議辦理：

㈠契約中應說明共用部分（公共設施）所含部分。

㈡契約中應表明公共設施分攤之計算方式。

㈢各戶持分總表應明確列示，並由業者自行決定採行提供公眾閱讀、分送或自由取閱等方式。

㈣導正期限訂爲八十五年元月底止。

㈤基於不溯及既往原則，本導正計畫實施前已簽訂之房地產買賣契約，不予適用。

二、前開決議補充解釋：

㈠簽定買賣契約當時買賣標的之不動產已成產權登記並有所有權狀可資瞭解公共設施分配狀態者，得不適用之。

㈡公共設施所含項目應採列舉方式。但得約定其他不可歸責於建商而須增減事項及其處理條款。

㈢持分總表應足以顯示全區公共設施分攤之計算結

果，至少應列出各戶各項目之持分佔總公共設施之比例。

㈣如依法申請變更，致各公共設施比例或項目有所調整，應由當事人再行約定。惟新約意旨不得違反原導正內容。

㈤依「公寓大廈管理條例」第四十一條規定，透天獨棟房屋組成集居地區相關設施之使用與管理，如具有整體不可分性者，即屬「共同設施」，故有本導正原則之適用。

◆建商指定貸款銀行

購屋人如欲自行選定貸款銀行，應於與建商簽訂房屋買賣契約時予以明示，否則於交屋辦理貸款時，因其個別事由擬自行辦理貸款，而請求建商提供權狀遭拒，該建商是否違反公平交易法第二十四條規定，尚須視具體情況而定。

◆對預售屋未售出部分逕自變更設計，增加戶數銷售

自八十四年元月一日起，業者不得未知會原買受人，即逕行變更廣告所載之設計，使原買受人無從選擇。

◆建商要求客戶繳回契約

自八十三年七月一日起，無論簽約日在公平交易法施行前或後，建商均不得要求客戶繳回契約書。

仲介公司欺罔行為

一、房屋仲介業違法賺取差價。

二、房屋仲介業違法賺取多次服務費。

◆仲介業「斡旋金」行業導正

一、自八十六年九月一日起，房屋仲介業者應告知購屋人可選擇交付「斡旋金」或採用「要約書」以進行房屋議價；如購屋人選擇交付斡旋金，則應以書面明定交付斡旋金之目的，明確告知購屋人之權利及義務。

二、仲介業者如以書面告知購屋人可選擇「要約書」時，請另以一份書面文件供購屋人就「內政部版要約書」或「斡旋金」任選其一簽署爲宜。

◆損害他人營業信譽

公平法禁止營業誹謗。

事業不得爲競爭之目的，而陳述或散佈足以損害他人營業信譽之不實情事。（公平法第二十四條）

如有違反，依第三十七條規定，可處行爲人二年以下有期徒刑、拘役或科或併科新台幣五千萬元以下罰金。

前項之罰，須告訴乃論。

信譽乃企業之生命，而且其形成乃是一點一滴、經年累月的結果，然而亦可因同業之造謠而毀於一旦，並因而傷害到消費者的選擇權利，故有以上之規定及罰則。

◆影響交易秩序之欺罔或顯失公平行為之禁止

依公平法第二十五條規定，除本法另有規定者外，事業亦不得爲其他足以影響交易秩序之欺罔或顯失公平之行爲。

第四章　調查及裁處程序

一、調查權與調查程序

主管機關對於違反本法規定，危害公共利益之情事，

公平交易法第二十七條規定，依據該法爲調查時，公平交易委員會得依何程序進行？（十分）（89年經紀人）

得依檢舉或職權調查處理。

主管機關依本法爲調查時，得依下列程序進行。

㈠通知當事人及關係人到場陳述意見。

㈡通知當事人及關係人提出帳冊、文件及其他必要之資料或證物。

㈢派員前往有關團體或事業之事務所、營業所或其他場所爲必要之資料或調查。

依前項調查所得可爲證據之物，主管機關得扣留之；其扣留範圍之期間，以供調查、檢驗、鑑定或其他爲保全證據之目的所必要者爲限。

受調查者對於主管機關依第一項規定所爲之調查，無正當理由不得規避、妨礙或拒絕。

執行調查之人員依法執行公務時，應出示有關執行職務之證明文件；其未出示者，受調查者得拒絕之。（公平法第二十七條）

二、中止調查及恢復調查之決定

主管機關對於事業涉有違反本法規定之行爲進行調查時，事業承諾在主管機關所定期限內，採取具體措施停止並改正涉有違法之行爲者，主管機關得中止調查。

前項情形，主管機關應對事業有無履行其承諾進行監

請問依據「公平交易法」事業違法損害他人權益時，有關損害賠償之規定為何？（十分）（88年經紀人）

督。

事業已履行其承諾，採取具體措施停止並改正涉有違法之行為者，主管機關得決定終止該案之調查。但有下列情形之一者，應恢復調查：

㈠事業未履行其承諾。

㈡作成中止調查之決定所依據之事實發生重大變化。

㈢作成中止調查之決定係基於事業提供不完整或不眞實之資訊。

第一項情形，裁處權時效自中止調查之日起，停止進行。主管機關恢復調查者，裁處權時效自恢復調查之翌日起，與停止前已經過之期間一併計算。

三、受調者違反規定之罰則

主管機關依第二十七條規定進行調查時，受調查者違反第二十七條第三項規定，得處新臺幣五萬元以上五十萬元以下罰鍰；受調查者再經通知，無正當理由規避、妨礙或拒絕者，主管機關得繼續通知調查，並按次處新臺幣十萬元以上一百萬元以下罰鍰，至接受調查、到場陳述意見或提出有關帳冊、文件等資料或證物為止。

第五章　損害賠償

一、請求權

事業違反本法之規定，致侵害他人權益者，被害人得請求除去之；有侵害之虞者，並得請求防止之。

二、損害賠償責任

事業違反本法之規定，致侵害他人權益者，應負損害賠償責任。

三、賠償額

法院因前條被害人之請求，如為事業之故意行為，得依侵害情節，酌定損害額以上之賠償。但不得超過已證明損害額之三倍。

侵害人如因侵害行為受有利益，被害人得請求專依該項利益計算損害額。

四、消滅時效

本章所定之請求權，自請求權人知有行為及賠償義務人時起，二年間不行使而消滅；自有行為時起，逾十年者亦同。

五、判決書登載新聞紙

被害人依本法之規定，向法院起訴時，得請求由侵害人負擔費用，將判決書內容登載新聞紙。

濫用獨占
公平會罰台塑台化

記者譚淑珍／台北報導

台塑企業與台化公司因為拒絕供料給合一實業公司，被公平會認定為是濫用獨占市場的地位，並因此分別處以台化公司300萬、台塑企業200萬，共計500萬元罰鍰。

這也是公平會首次引用公平法中有關獨占市場的條例。

台塑與台化所生的芒硝及燒鹼化工原料的市占率都超過50%，在市場上是有別於「人為獨占」的「自然獨占」情形，雖然，具有市場獨占地位，不表示沒有拒絕交易的自由。

不過，公平會從台塑、台化與合一實業間的交易期間、數額及頻率等因素，認定台化與台塑拒絕交易的理由，「不正當」。

台化與台塑拒絕供料的時間分別為去年7月與10月，拒絕的理由，台化指因為產能調整，難以供貨給合一實業；台塑則稱合一實業提貨不正常，且沒有提足原先預定量，造成台塑困擾，進而拒絕供料。

但是，公平會調查發現，台化的生產數量都大於前一年度，顯然並沒有因產能調整而難以供料的情形，而且，除了合一實業外，台化依然繼續供料給其他業者，所以，台化斷絕供給合一實業，公平會說，是很明顯的「沒有正當的商業理由」。

至於台塑說，合一實業沒有足量提領約定數量，進因而決定停止銷售，公平會也發現，沒有足量提領的業者也有別家業者，合一實業不是唯一，台塑卻只對合一實業斷料。

而且，公平會說，如果合一實業沒有足量提領約定的量，按一般商業行為，可依合約要求依約定數量提領，甚至要求賠償所造成的損失等，台塑不但不循正常商業模式的途徑，反而採取驟然斷料的劇烈手段。

公平會還說，「其手段也有顯失公平之嫌」，而且，沒有正當的商業理由。

103.8.2. 工商 上

中華民國一〇〇年一月七日．星期五　聯合報　話題 A6

罰建商 破紀錄

「契約欺瞞住戶」 瓏山林罰1200萬

內湖藝術館隱匿「車道」屬公設資訊 交屋時要全體住戶補1億5千萬元差額 管委會：盼建商拿誠意彌補

【記者羅介妤、何醒邦／台北報導】知名建商瓏山林建設預售台北市內湖「瓏山林藝術館」建案時，隱匿「車道」屬於公共設施的資訊，交屋時才向全體住戶收取一億五千萬元「公設」差額。公平會昨天決議，重處一千兩百萬元罰鍰，創建商挨罰史上最高金額。

「瓏山林藝術館」住戶向公平會檢舉，瓏山林建設二〇〇六年預售時，合約銷售總坪數為九千九百二十九餘坪，但權狀登記總坪數多達一萬零三百九十二餘坪，住戶必須多負擔原契約內未約定的四百六十三坪車道面積。

公平會指出，當時契約規定，預售屋交屋時的面積誤差若在百分之一以內，可向住戶退補差額。

依照二〇〇六年的預售價格計算，瓏山林收取車道差額可獲一點五億元；住戶依購買坪數大小比例分攤車道的差額，每戶平均要分攤卅八萬多元。

公平會副主委施惠芬說，住戶可與瓏山林建設交涉，若交涉結果不滿意，也可以提出民事訴訟。

一位「瓏山林藝術館」的社區管理委員會住戶無奈表示，「我覺得建商愧對我們、欠我們一個道歉」，但現在房子已經蓋好，大家也都住進來了，只能希望建商用誠意來彌補，與住戶共同尋求解決之道。

公平會表示，瓏山林原本規畫，停車車道只由購買車位的住戶分擔；但後來又認為，所有住戶都可能會使用到位於地下室的停車場空間，所以將車道面積依照比例，改由全數三百九十戶共同承擔。

公平會指出，瓏山林公司最初表示，多出面積為「施工中所產生之誤差」，後來又改稱是因公共設施變更設計造成，前後說法不一致。

施惠芬說，瓏山林建設違反公平交易法「交易資訊不對等」，涉及欺瞞及隱匿消費者重要交易資訊。

公平會提醒消費者，購買預售屋時，應詳細檢閱買賣契約書載明的各項建物坪數、公共設施等項目，是否與原訂契約內容相符；特別是建商要求給付契約外之價金時，更應釐清增列款項。

瓏山林：無法接受裁罰 將提行政救濟

【記者何醒邦／台北報導】瓏山林企業昨天發布新聞稿指出，公平會對整起事件調查過程不夠深入詳盡，瓏山林對於裁罰結果「完全無法接受」，將在收到處分書後，提起行政救濟。

瓏山林表示，「瓏山林藝術館」的建案契約是依照當時內政部頒布的「預售屋買賣契約書範本」，已有共同使用部分應記載事項及「差額找補」約定，並非瓏山林企業自行創設；交屋後，因所有住戶都可能行經或使用到車道部分，而給予持分登記；業界登記實務多有此方式，也獲地政機關核准。

● 一封爸爸的來信

● 兒子、女兒一起考上不動產經紀人！

曾老師，您好：

我的兒子、女兒讀桃園中壢班，

這不動產經紀人放榜了

很高興我兒子王國彥、女兒王慧瑜都錄取了

謝謝你及大日的老師們

感恩你們用心的教授

無限感激，

在此特別謝謝你

我也是你的學生

我目前在桃園新屋開設一家私人房仲公司—冠仲房屋

開立了六年

在此也謝謝您當初幫我介紹經紀人證照，

讓我中年轉變，賺到我一生的財富

永遠謝謝你，感恩你

冠仲房屋總經理　王添錄　敬上2014/2/7

● 分享來源：大日不動產研究中心、大日出版社

www.bigsum.com.tw　02-27219527

狂賀!!恭喜考上
估價師第二名!!

報告曾老師：

今天估價師考試放榜，學生有幸考取估價師第二名，回顧過往學生也曾懷疑是否該繼續堅持這條路，感謝老師一路的鼓勵與提攜，學生終於在今日達成三張證照的目標，對於老師的關懷不勝感激。

學生張庭華敬上

2011.11.8

第參篇

消費者保護法

消費者保護法

第一章　總則

一、立法目的及緣由

爲了「**保護消費者權益，促進國民消費生活安全，提升國民消費生活品質**」，立法院依據行政院於民國七十七年函送的「消費者保護法草案」，會同中華民國消費者文教基金會等民間團體所擬的「消費者保護法草案」，歷經五年的討論審查，於民國八十三年一月十一日三讀通過及公布，於八十三年一月十三日生效。

消費者保護法施行細則，由行政院於八十三年十一月二日發布施行。

二、名詞定義

㈠**消費者**：指以消費爲目的而爲交易、使用商品或接受服務者。

㈡**企業經營者**：指以設計、生產、製造、輸入、經銷商品或提供服務爲營業者。

㈢**消費關係**：指消費者與企業經營者間就商品或服務所發生之法律關係。

㈣**消費爭議**：指消費者與企業經營者間因商品或服務所生之爭議。

㈤**消費訴訟**：指因消費關係而向法院提起之訴訟。

解釋名詞：（每小題五分，共二十五分）（90年經紀人）
㈠定型化契約　㈡分期付款　㈢聯合行為　㈣專有部分　㈤共用部分

㈥**消費者保護團體**：指以保護消費者為目的而依法設立登記之法人。

㈦**定型化契約條款**：指企業經營者為與多數消費者訂立同類契約之用，所提出預先擬定之契約條款。定型化契約條款不限於書面，其以放映字幕、張貼、牌示、網際網路、或其他方法表示者，亦屬之。

㈧**個別磋商條款**：指契約當事人個別磋商而合意之契約條款。

㈨**定型化契約**：指以企業經營者提出之定型化契約條款作為契約內容之全部或一部而訂定之契約。

㈩**通訊交易**：指企業經營者以廣播、電視、電話、傳眞、型錄、報紙、雜誌、網際網路、傳單或其他類似之方法，消費者於未能檢視商品或服務下而與企業經營者所訂立之契約。

⑾**訪問交易**：指企業經營者未經邀約而與消費者在其住居所、工作場所、公共場所或其他場所所訂立之契約。

⑿**分期付款**：指買賣契約約定消費者支付頭期款，餘款分期支付，而企業經營者於收受頭期款時，交付標的物予消費者之交易型態。

三、政府實施消費者保護措施

政府爲達成本法目的，應實施下列措施，並應就與下列事項有關之法規及其執行情形，定期檢討、協調改進之：

1.維護商品或服務之品質與安全衛生。

2.防止商品或服務損害消費者之生命、身體、健康、財產或其他權益。

3.確保商品或服務之標示，符合法令規定。

4.確保商品或服務之廣告，符合法令規定。

5.確保商品或服務之度量衡，符合法令規定。

6.促進商品或服務維持合理價格。

7.促進商品之合理包裝。

8.促進商品或服務之公平交易。

9.扶植、獎助消費者保護團體。

10.協調處理消費爭議。

11.推行消費者教育。

12.辦理消費者諮詢服務。

13.其他依消費生活之發展所必要之消費者保護措施。

四、主管機關

消費者保護法第六條規定：「本法所稱主管機關：中央爲目的事業主管機關；直轄市爲直轄市政府；縣〔市〕爲縣〔市〕政府。」

中央主管機關，非由專一機關單獨辦理，而是以企業經營者之目的事業機關爲其中央主管機關。例如有關醫療、化妝品等由行政院衛生署主管；不動產交易相關契約由內政部主管；而有關交通運輸則由交通部主管等。

第二章　消費者權益

第一節　健康與安全保障

企業經營者對於其提供之商品或服務，應重視消費者之健康與安全。

並向消費者說明商品或服務之使用方法，維護交易之公平，提供消費者充分與正確之資訊，及實施其他必要之消費者保護措施。

一、企業經營者責任

㈠從事設計、生產、製造商品或提供服務之企業經營者，應確保其提供商品或服務，無安全或衛生上之危險。

㈡商品或服務具有危害消費者生命、身體、健康、財產之可能者，應於明顯處爲警告標示及緊急處理危險之方法。

企業經營者違反前二項規定，致生損害於消費者或第三人時，應負連帶賠償責任。但企業經營者**能證明其無過失者，法院得減輕其賠償責任**。

●所稱「安全或衛生上之危險」，依消保法施行細則規定，乃指「商品於其流通進入市場，或服務於其提供時，未具通常可合理期待之安全性者。但商品或服務已符合當時科技或專業水準者，不在此限。」

未具通常可合理期待之安全性者，應就下列情事認定之：

1.商品或服務之標示說明。

2.商品或服務可期待之合理使用或接受。

3.商品或服務流通進入市場或提供之時期。

商品或服務不得僅因其後有較佳之商品或服務，而被視為有安全或衛生上之危險。

●本法第七條所稱「商品」，指交易實體之不動產或動產，包括最終產品、半成品，原料或零組件。

二、符合當時科技或專業水準之舉證

企業經營者主張其商品於流通進入市場，或其服務於提供時，符合當時科技或專業水準可合理期待之安全性者，就其主張之事實負舉證責任。

商品或服務不得僅因其後有較佳之商品或服務，而被視為不符合前條第一項之安全性。

三、經銷者責任

從事經銷之企業經營者，就商品或服務所生之損害，與設計、生產、製造商品或提供服務之企業經營者連帶賠償責任。但其對於損害防免已盡相當之注意，或縱加以相當之注意而仍不免發生損害者，不在此限。

前項之企業經營者，改裝、分裝商品或變更服務內容者，視為第七條之企業經營者。

●所稱「改裝」，指變更、減少或增加商品原設計、生產或製造之內容或包裝。

四、輸入者責任

何謂定型化契約條款？何謂定型化契約？建商出售預售屋所使用之定型化契約條款，依法在何種情形下無效？請依消費者保護法之規定說明之。（二十五分）（97年經紀人）

輸入商品或服務之企業經營者，視爲該商品之設計、生產、製造者或服務之提供者，負本法第七條之製造者責任。〔消保法第九條〕。

五、回收商品

企業經營者於有事實足認其提供之商品或服務有危害消費者安全與健康之虞時，應即回收該批商品或停止其服務。但企業經營者所爲必要之處理，足以除去其危害者，不在此限。

商品或服務有危害消費者生命、身體、健康或財產之虞，而未於明顯處爲標告標示，並附載危險之緊急處理方法者，準用前項規定。

六、預先約定限制或免除之禁止

本節所定企業經營者對消費者或第三人之損害賠償責任，不得預先約定限制或免除。

第二節　定型化契約

所謂「定型化契約」，依消保法第二條第九款規定，指以企業經營者提出之定型化契約條款作爲契約內容之全部或部分訂定之契約。

何謂「定型化契約」？又定型化契約之一般條款牴觸非一般條款之約定時，該一般條款及契約之效力各爲何？試依消費者保護法之規定，分述之。（十分）（89年經紀人）

因此由不動產業單方所擬定的「預售屋買賣契約」、「房屋仲介委託契約」、「不動產買賣契約」等皆是。

由於單方預先擬定，致常有加重消費者負擔、限制或剝奪消費者權利，以及減免企業經營者責任，對消費者至爲不公平，故有必要對「定型化契約」加以合理規範。

一、平等互惠原則

企業經濟者在定型化契約中所用之條款，應本平等互惠之原則。

定型化契約條款必有疑義，應爲有利於消費者解釋。〔消保法第十一條〕

所謂「違反平等互惠原則」，依消保法施行細則第十四條規定，指下列情事之一者：

1.當事人間之給付與對待給付顯不相當者。

2.消費者應負擔非其所能控制之危險者。

3.消費者違約時，應負擔不相當之賠償責任者。

4.其他顯有不利於消費者之情事者。

二、審閱期間

企業經營者與消費者訂立定型化契約前，應有三十日以內之合理期間，供消費者審閱全部條款內容。

> 依據「消費者保護法」規定，定型化契約於那些情形下，推定其顯失公平？（十分）（88年經紀人）

企業經營者以定型化契約條款使消費者拋棄前項權利者，無效。

違反第一項規定者，其條款不構成契約之內容。但消費者得主張該條款仍構成契約之內容。

中央主管機關得選擇特定行業，參酌定型化契約條款之重要性、涉及事項之多寡及複雜程度等事項，公告定型化契約之審閱期間。

三、誠實信用原則

定型化契約中之條款違反誠信原則，對消費者顯失公平者，無效。

定型化契約條款有下列情形之一者，推定其顯失公平：

1.違反平等互惠原則者。

2.條款與其所排除不予適用之任意規定立法意旨顯相矛盾者。

3.契約之主要權利或義務，因受條款之限制，致契約之目的難以達成者。〔消保法第十二條〕

如建設公司在其預售屋買賣契約書規定，房屋、土地坪數誤差在百分之二之內時，買賣雙方互不找補。然而，因為建商的專業，此種誤差常能避免。購屋人給付了買賣價金，卻不能取得與其價金相當之房屋坪數，其給付與對

> 何謂定型化契約？定型化契約應本何種原則訂定？其契約條款如有疑義時，應以對何人有利之解釋爲之？定型化契約中之條款有那些情形推定其顯失公平？（二十五分）（93年經紀人）

待給付間顯不相當，即違反了平等互惠原則。

一般而言，法律有強制規定與任意規定之區別。如建商在定型化買賣契約中規定，如買受人給付價款遲延時，出賣人得不經催告，逕行解除買賣契約。然民法第二百五十四條規定，契約當事人之一方遲延給付者，他方當事人得定相當期限，催告其履行，如於期限內不履行時，得解除其契約。依此規定，建商須先催告買受人限期繳款，如買受人不繳，建商才可解除契約。否則即與該條之立法意旨顯相矛盾，應推定其顯失公平。

四、內容之明示

企業經營者應向消費者明示定型化契約條款之內容；明示其內容顯有困難者，應以顯著之方式，公告其內容，並經消費者同意者，該條款即爲契約之內容。

企業經營者應給與消費者定型化契約書。但依其契約之性質致給與顯有困難者，不在此限。

定型化契約書經消費者簽名或蓋章者，企業經營者應給與消費者該定型化契約書正本。

五、排除構成契約之內容

定型化契約條款未經記載於定型化契約中而依正常情

形顯非消費者所得預見者，該條款不構成契約之內容。

六、牴觸個別磋商條款之約定

定型化契約中之定型化契約條款牴觸個別磋商條款之約定者，其牴觸部分無效。

七、一部無效

定型化契約中之定型化契約條款，全部或一部無效或不構成契約內容之一部者，除去該部分，契約亦可成立者，該契約之其他部分，仍爲有效。但對當事人之一方顯失公平者，該契約全部無效。

八、公告定型化契約記載事項

㈠中央主管機關爲預防消費糾紛，保護消費者權益，促進定型化契約之公平化，得選擇特定行業，擬訂其定型化契約應記載或不得記載事項，報請行政院核定後公告之。

㈡前項應記載事項，依契約之性質及目的，其內容得包括：

1.契約之重要權利義務事項。

2.違反契約之法律效果。

3.預付型交易之履約擔保。

4.契約之解除權、終止權及其法律效果。

5.其他與契約履行有關之事項。

㈢第一項不得記載事項，依契約之性質及目的，其內容得包括：

1.企業經營者保留契約內容或期限之變更權或解釋權。

2.限制或免除企業經營者之義務或責任。

3. 限制或剝奪消費者行使權利，加重消費者之義務或責任。

4.其他對消費者顯失公平事項。

㈣違反第一項公告之定型化契約，其定型化契約條款無效。該定型化契約之效力，依前條規定定之。

㈤中央主管機關公告應記載之事項，雖未記載於定型化契約，仍構成契約之內容。

企業經營者使用定型化契約者，主管機關得隨時派員查核。

九、負舉證責任

企業經營者與消費者訂立定型化契約，主張符合本節規定之事實者，就其事實負舉證責任。

第三節　特種交易

一、通訊交易

㈠**意義：**指企業經營者以郵寄或其他遞送方式，而爲商品買賣之交易型態。

所謂通訊交易之交易型態，依消保法第二條第十款規定，指企業經營者以廣播、電視、電話、傳眞、型錄、報紙、雜誌、網際網路、傳單或其他類似之方法，使消費者未能檢視商品或服務下而與企業經營者所訂立契約。

㈡**企業經營者告知之義務**

企業經營者以通訊交易或訪問交易方式訂立契約時，應將下列資訊以清楚易懂之文句記載於書面，提供消費者：

1. 企業經營者之名稱、代表人、事務所或營業所及電話或電子郵件等消費者得迅速有效聯絡之通訊資料。

2. 商品或服務之內容、對價、付款期日及方式、交付期日及方式。

3. 消費者依第十九條規定解除契約之行使期限及方式。

4. 商品或服務依第十九條第二項規定排除第十九條第一項解除權之適用。

5. 消費申訴之受理方式。

6. 其他中央主管機關公告之事項。

經由網際網路所為之通訊交易，前項應提供之資訊應以可供消費者完整查閱、儲存之電子方式為之。

企業經營者應於訂立郵購或訪問買賣契約時，告知消費者本法第十八條所定事項〔如前〕，及第十九條第一項之解除權，並取得消費者聲明已受告知之證明文件。〔消保法施行細則第十六條〕

㈢**解除權**

通訊交易或訪問交易之消費者，得於收受商品或接受服務後七日內，以退回商品或書面通知方式解除契約，無須說明理由及負擔任何費用或對價。但通訊交易有合理例外情事者，不在此限。

前項但書合理例外情事，由行政院定之。

企業經營者於消費者收受商品或接受服務時，未依前條第一項第三款規定提供消費者解除契約相關資訊者，第一項七日期間自提供之次日起算。但自第一項七日期間起算，已逾四個月者，解除權消滅。

消費者於第一項及第三項所定期間內，已交運商品或發出書面者，契約視為解除。

通訊交易或訪問交易違反本條規定所為之約定，其約定無效。（消費者保護法第19條）

㈣**回復原狀**

消費者依第十九條第一項或第三項規定，以書面通知解除契約者，除當事人另有個別磋商外，企業經營者應於收到通知之次日起十五日內，至原交付處所或約定處所取回商品。

企業經營者應於取回商品、收到消費者退回商品或解除服務契約通知之次日起十五日內，返還消費者已支付之對價。

契約經解除後，企業經營者與消費者間關於回復原狀之約定，對於消費者較民法第二百五十九條之規定不利者，無效

民法第二百五十九條規定如下：

契約解除時，當事人雙方回復原狀之義務，除法律另有規定，或契約另有訂定外，依左列之規定：

1.由他方所受領之給付物，應返還之。

2.受領之給付為金錢者，應附加自受領時起之利息償還之。

3.受領之給付為勞務或為物之使用者，應照受領時之價額，以金錢償還之。

4.受領之給付物生有孳息者，應返還之。

5.就返還之物，已支出必要或有益之費用，得於他方受返還時所得利之限度內，請求其返還。

6.應返還之物有毀損滅失，或因其他事由，致不能返還者，應償還其價額。

㈤**現物要約**

依消保法第二十條第一項規定：「未經消費者要約而對之郵局或投遞之商品，消費者不負保管義務。」乃有關現物要約之規定。

現物要約，不負擔保管義務，並得爲下列行爲：

1.消費者得定相當期限通知企業經營者取回其投寄之商品。

2.如企業經營者經消費者定相當期限通知取回而逾期未取回或無法通知者，視爲拋棄其寄投之商品。

3.雖然企業經營者未經消費者通知，但在寄送後一個月未經消費者表示承諾，而仍不取回其商品者，亦視爲拋棄其寄投之商品。

4.消費者得請求償還因寄送物品所受之損害，及處理寄送物所支出之必要費用。

因此對不請自來的商品〔如書刊〕，若企業經營者在信函中表示「如果消費者不在一定的時間內向企業經營者表示拒絕購買並退回商品，買賣契約視爲成立」，依消保法第二十條之規定，消費者自無遵守的義務！而且，合乎本條規定時，消費者尚可合法地據有該商品！民法第八百零二條規定：「以所有之意思，占有無主之動產者，除法

何謂「分期付款」？消費者保護法對於分期付款買賣之要式性有何規定？試說明之。（二十五分）（91年經紀人）

令另有規定外，取得其所有權。」

二、訪問交易

意義：指企業經營者未經邀約而與消費者在其住居所、工作場所、公共場所其他場所所訂立之契約。〔消保法第二條第十一款〕

一般之直銷、公共場所之推銷、到辦公室或經推銷等均有可能成爲訪問買賣。而且常在時間倉促及資訊有限下，無法作詳細的判斷或思考，而購買了不合意或不需要甚或價格過高的商品！因此，消費者保護法特別予以規範與保障。

至於企業者應告知之義務，消費者之猶豫期間〔收受商品七日內〕及解除權、回復原狀之規定，則與前述郵購買賣之規範相同。

三、分期付款買賣

㈠**意義**：指買賣契約消費者支付頭期款，餘款分期支付，而企業經營者於收頭期款時，交付標的物予消費者之交易型態。

㈡**要式契約**：企業經營者與消費者分期付款買賣應以書面爲之。

前項契約書應載下列事項：

1.頭期款

2.各期價款與其他附加費用合計之總款與現金交易價格差額。

3.利率。

企業經營者未依前項規定記載利率者，其利率按現金交易價格週年利率**百分之五**計算之。

企業經營者違反第二項第一款、第二款之規定者，消費者不負現金交易價格以外價款之給付義務。〔消費者保護法第二十一條〕

另依消保法施行細則第二十二條規定，本法第二十一條第二款所稱各期價款，指含利息之各期價款。

分期付款買賣契約書所載利率，應載明其計算方法及依此計算方法而得之利息數額。

分期付款買賣之附加費用，應明確記載，且不得併入各期價款計算利息；其經企業經營者同意延期清償或分期給付者，亦同。

第四節　消費資訊之規範

在現代社會，消費資訊與消費者購買行爲有密切直接的關係。然而有許多消費者在廣告吸引下，興匆匆的前往購買時，卻發現不是那麼一回事。如房屋廣告每坪六萬起，去時已無低價房屋。

因此消保法第二十二條，賦予企業經營者之責任爲「企業經營者應確保廣告內容之眞實，其對消費者所負之義務不得低於廣告之內容。企業經營者之商品或服務廣告內容，於契約成立後，應確實履行。」

㈠廣告涵義

依施行細則第二十三條之規定，廣告定義非常廣泛：

指利用電視廣播、影片、幻燈片、報紙、雜誌、傳眞、海報、招牌、牌坊、電話傳眞、電子視訊、電子語音或電腦或其他方法，可使不特定多數人知悉其宣傳內容之傳播。

㈡令企業經營者證明廣告之真實性

依施行細則第二十四條規定，主管機關認為企業經營者之廣告內容誇大不實，足以引人錯誤，有影響消費者權益之虞時，得通知企業經營者提出資料，證明該廣告之眞實性。

㈢媒體經營者負連帶責任

刊登或報導廣告之媒體經營者明知或可得而知廣告內容與事實不符者，就消費者因信賴該廣告所受之損害與企業經營者負連帶責任。

前項損害賠償責任，不得預先約定限制或拋棄。〔消保法第二十三條〕

㈣標示與說明

企業經營者應依商品標示法等法令為商品或服務之標示。

輸入之商品或服務，應附中文標示及說明書，其內容不得較原產地之標示及說明書簡略。

輸入之商品或服務在原產地附有警告標示者，準用前項之規定。〔消保法第二十四條〕

●依施行細則第二十五條規定，本法第二十四條規定之標示，應標示於適當位置，使消費者在交易前及使用時均得閱讀標示之內容。

㈤**品質保證**

1.書面保證：企業經營者對消費者保證商品或服務之品質時，應主動出具書面保證書。

前項保證書應載明下列事項：

⑴商品或服務之名稱、種類、數量，其有製造號碼或批號者，其製造號碼或批號。

⑵保證之內容。

⑶保證期間及其起算方法。

⑷製造商之名稱、地址。

⑸由經銷商售出者，經銷商之名稱、地址。

⑹交易日期。

2.口頭保證

企業經營者未依本法第二十五條規定出具書面保證書者。

㈥**必要包裝與誠實包裝**

企業經營者對於所提供之商品應按其性質及交易習慣，爲防震、防潮、防塵或其他保存商品所必要之包裝，以確保商品之品質與消費者之安全。但不得誇張其內容或爲過大之包裝。〔消保法第二十六條〕

第三章　消費者保護團體

一、意義

消費者保護團體，指以保護消費者爲目的而依法設立登記之法人。如消費者文教基金會、消費者保護協會、中華民國汽車消費者保護協會等。

其資格要件如下：

1.依法設立之法人：消費者保護團體以社團法人或財團法人爲限。〔消保法第二十七條〕

2.宗旨：消費者保護團體應以保護消費者權益，推行消費者教育爲宗旨。

3.爲社會團體：人民團體分爲職業團體、社會團體與政治團體三種。消費者保護團體屬於社會團體。

二、任務

消費者保護團之任務如下：

㈠商品或服務價格之調查、比較、研究、發表。

㈡商品或服務品質之調查、檢驗、研究、發表。

㈢商品標示及其內容之調查、比較、研究、發表。

㈣消費資訊之諮詢、介紹與報導。

㈤消費者保護刊物之編印發行。

㈥消費者意見之調查、分析、歸納。

㈦接受消費者申訴，調解消費爭議。

㈧處理消費爭議，提起消費訴訟。

㈨建議政府採取適當之消費者保護立法或行政措施。

㈩建議企業經營者採取適當之消費者保護措施。

㈦其他有關消費者權益之保護事項。

三、檢驗

㈠檢驗資格：消費者保護團體爲從事商品或服務檢驗，應設置與檢驗項目有關之檢驗設備或委託設有與檢驗項目有關之檢驗設備之機關、團體檢驗之。

㈡檢驗程序：執行檢驗人員應製作檢驗紀錄，記載取樣、儲存樣本之方式與環境、使用之檢驗設備、檢驗方法、經過及結果，提出於該消費者保護團體。

㈢公布檢驗過程：消費者保護團體發表前項檢驗結果後，應公布其取樣、儲存樣本之方式與環境、使用之檢驗設備、檢驗方法及經過，並通知相關企業經營者。

㈣更正錯誤：消費者保護團體發表第二項檢驗結果有錯誤時，應主動對外更正，並使相關企業經營者有澄清之機會。

四、獎助

㈠必要協助：消費者保護團體爲商品或服務之調查、檢驗時，得請求政府予以必要之協助〔第三十一條〕。政府於消費者保護團體依規定請求協助時，非有正當理由不得拒絕。

㈡財務獎助：消費者保護團體辦理消費者保護工作成績優良者，主管機關得予以財務上之獎助。〔第三十二條〕

㈢訴訟費優待：消費者保護團體提起之消費訴訟，裁判費予以優待。

第四章　行政監督

一、主管機關

消費者保護法之主管機關，中央為目的事業主管機關；直轄市為直轄市政府；縣〔市〕為縣〔市〕政府。

二、調查

直轄市或〔市〕政府認為企業經營者提供之商品或服務有損害消費者生命、身體、健康或財產之虞者，應即進行調查。於調查完成後，得公開其經過及結果。前項人員為調查時，應出示有關證件，其調查得依下列方式進行：

㈠向企業經營者或關係人查詢。

㈡通知企業經營者或關係人到場陳述意見。

㈢通知企業經營者提出資料證明該商品或服務對於消費者生命、身體、健康或財產無損害之虞。

㈣派員前往企業經營者之事務所、營業所或其他有關場所進行調查。

㈤必要時，得就地抽樣商品，加以檢驗。〔消保法第三十三條〕

三、扣押

直轄市或〔市〕政府於調查時，對於可為證據之物，得聲請檢察官扣押之。

前項扣押，準用刑事訴訟法關於扣押之規定。

四、檢驗

直轄市或縣（市）主管機關辦理檢驗，得委託設有與檢驗項目有關之檢驗設備之消費者保護團體、職業團體或

其他有關公私機構或團體辦理之。〔消保法第三十五條〕

五、處分

㈠限期改善回收銷毀等

直轄市或縣〔市〕政府對於企業經營者提供之商品或服務，經第三十三條之調查，認為確有損害消費者生命、身體、健康或財產，或確有損害之虞者，應命其限期改善、回收或銷毀，必要時並得命企業經營者立即停止該商品之設計、生產、製造、加工、輸入、經銷或服務之提供，或採取其他必要措施。〔消保法第三十六條〕

㈡媒體公告

直轄市或縣〔市〕政府對於企業經營者提供之商品或服務，對消費者已發生重大損害或有發生重大損害之虞，而情況危急時，除為前條之處置外，應即在大眾傳播媒體公告企業經營者之名稱、地址、商品、服務，或為其他必要之處置。〔消保法第三十七條〕

六、行政院職掌

㈠組織

行政院、直轄市、縣（市）政府應置消費者保護官若干名。 消費者保護官任用及職掌之辦法，由行政院定之。

行政院為監督與協調消費者保護事務，應定期邀集有關部會首長 、全國性消費者保護團體代表、全國性企業經營者代表及學者、專家 ，提供本法相關事項之諮詢。

㈡職掌

行政院為推動消費者保護事務，辦理下列事項：

1.消費者保護基本政策及措施之研擬及審議。

2.消費者保護計劃之研擬、修訂及執行成果檢討。

3.消費者保護方案之審議及其執行之推動、連繫與考核。

4.國內外消費者保護趨勢及其與經濟社會建設有關問題之研究。

5.消費者保護之教育宣導、消費資訊之蒐集及提供。

6.各部會局署關於消費者保護政策、措施及主管機關之協調事項。

7.監督消費者保護主管機關及指揮消費者保護官行使職權。

消費者保護之執行結果及有關資料，由行政院定期公告。

七、消費者保護官

行政院、直轄市、縣〔市〕政府應置消費者保護官若干名。消費者保護官之任用及職掌，由行政院訂定之。

依消保法第四十三條、四十五條、四十九條、及五十三條之規定，消費者保護官之法定職掌如下：

㈠**受理申訴**：消費者保護官可以受理消費者與企業經營者因商品或服務發生消費爭議時，消費者向企業經營者，消費者保護團體、消費者服務中心或分中心申訴，惟並未獲得妥適處理而轉向直轄市、縣（市）政府消費者保護官申訴〔第四十三條〕

㈡**辦理調解**：消費者保護官可以擔任消費爭議調解委員會主席，辦理有關消費爭議調解業務〔第四十五條〕

㈢**行使同意權**：消費者保護官對於消費者保護團體以自己之名義，提起消費者保護法第五十條消費者損害賠償訴訟或第五十三條不作爲訴訟時，可以行使同意權〔第四十九條〕。

㈣**行使不作為訴訟權**：消費者保護官對於企業經營者重大違反消費者保護法有關保護消費者規定之行爲，可以向法院訴請停止或禁止爲該行爲〔第五十三條〕。其中所稱企業經營者重大違反消費者保護法有關保護消費者規定之行爲，係指企業經營者違反消費者保護法有關保護消費者規定之行爲，確有損害消費者生命、身體、健康或財產或確有損害之虞的情形而言〔細則第四十條〕。

八、消費者服務中心

直轄市、縣〔市〕政府應設消費者服務中心，辦理消費者之諮詢服務、教育宣導、申訴等事項。

直轄市、縣〔市〕政府消費者服務中心得於轄區內設分中心。

聯合報 94.8.11 北市綜合 C4

飯店摔一跤 求償960萬元？

手臂骨折 母代女開價 消保官認金額太大 幾經斡旋和解 飯店不願透露賠償金

【記者李光儀／台北報導】台北市唐姓母女到某知名大飯店訪友，不料因地板濕滑，女兒跌倒致手臂骨折，唐母向飯店求償千萬。雙方幾經斡旋，在上個月達成和解；至於和解金額，該飯店不願透露。

據了解，這起意外發生在去年11月，唐姓母女到該飯店訪友，步出飯店時因爲大雨滂沱地面濕滑，女兒在大廳跌倒，導致左手骨折受傷，送醫治療。

意外發生後，唐母隨即向台北市消保官提出申訴。唐母說，她的女兒正準備出國讀書，手臂受傷可能會影響「出國心情」，甚至未來也有舊傷復發的可能，所以要向飯店求償新台幣1千多萬元。

不過台北市消保官認爲，這個數字實在太過龐大，而且唐女也順利出國，並未受到傷勢影響，建議唐母降低索賠金額，唐母才「勉爲其難」的把求償數字降到960萬元。

雙方從去年年底斡旋到上個月，唐母終於接受飯店提出的金額，雙方達成和解。不過該飯店公關人員表示，這個案子全權交由保險公司和律師依法處理，目前尙未結案，所以不能透露最後的理賠金額。公關人員透露，該飯店是跨國企業，全世界都不曾接到如此龐大的求償金額，因此處理起來也格外慎重。

台北市消保官黃鈺生表示，飯店大廳因爲「天雨濕滑」導致民衆受傷，民衆確實可以依據消保法的「無過失責任」求償，類似案例在國外也確實有獲得龐大賠償的先例。

如美國曾有位老婦邊喝咖啡邊開車而燙傷腿，最後以賣咖啡的未標示「咖啡很燙」爲由勝訴，拿到百萬美元賠償；同樣也是在美國，2002年有對情侶在一家餐廳吵架，女方憤而把飲料潑向男友，自己卻因此跌倒，結果餐廳卻被判賠11萬美金。

不過黃鈺生強調，這些都是國外的例子，而且十分誇張，不見得適用於台灣。消費者依據消保法索賠，還是得看消費者的「積極損失」和「精神賠償」，積極損失包括醫療費、看護費和工作失能損失等，因此一般來說，收入越高者獲得的賠償金也就越高。

因此除非情況非常特殊，類似案件在台灣以10萬到數十萬元之間和解的可能性比較高。黃鈺生說自己就曾經接過一個案子，消費者以「腳摔傷半年不能工作」要求50萬元的賠償，後來卻被業者查出消費者這半年間曾出國遊玩好幾次，最後雙方以30萬元和解金成交。

何謂消費爭議？消費爭議之處理方式有那幾種？試依消費者保護法說明之。（二十五分）（92年經紀人）

第五章　消費爭議之處理

第一節　申訴與調解

消費爭議指消費者與企業經營者因商品或服務所生之爭議。

一、申訴

消費者與企業經營者因商品或服務發生消費爭議時，消費者得向企業經營者、消費者保護團體或消費者服務中心或其分中心申訴。

企業經營者對於消費者之申訴，應於申訴之日起**十五日內**妥適處理之。

消費者依第一項申訴，未獲妥適處理時，得向直轄市或縣〔市〕政府消費者保護官申訴。

二、調解

消費者依前條申訴未能獲得妥適處理時，得向直轄市或縣〔市〕消費者爭議調解委員會申請調解。

●消費爭議調解委員會

直轄市、縣〔市〕政府應設消費爭議調解委員會，置委員七至二十一名。

前項委員以直轄市、縣〔市〕政府代表、消費者保護官、消費者保護團體代表、企業經營者所屬或相關職業團體代表、學者及專家充任之，以消費者保護官爲主席，其組織另定之。〔消保法第四十五條〕

三、調解程序及內容保密

調解程序，於直轄市、縣（市）政府或其他適當之處所行之，其程序得不公開。

調解委員、列席協同調解人及其他經辦調解事務之人，對於調解事件之內容，除已公開之事項外，應保守秘密。（消保法第四十五條之一）

四、解決事件之方案

關於消費爭議之調解，當事人不能合意但已甚接近者，調解委員得斟酌一切情形，求兩造利益之平衡，於不違反兩造當事人之主要意思範圍內，依職業提出解決事件之方案，並送達於當事人。

前項方案，應經參與調解委員過半數之同意，並記載第四十五條之三所定異議期間及未於法定期間提出異議之法律效果。（消保法第四十五條之二）

五、異議之效力

當事人對於前條所定之方案，得於送達後十日之不變期間內，提出異議。

於前項期間內提出異議者，視爲調解不成立；其未於前項期間內提出異議者，視爲已依該方案成立調解。

第一項之異議，消費爭議調解委員會應通知他方當事

人。（消保法第四十五條之三）

六、小額消費爭議

關於小額消費爭議，當事人之一方無正當理由，不於調解期日到場者，調解委員得審酌情形，依到場當事人一造之請求或依職權提出解決方案，並送達於當事人。

前項之方案，應經全體調解委員過半數之同意，並記載第四十五條之五所定異議期間及未於法定期間提出異議之法律效果。

第一項之送達，不適用公示送達之規定。

第一項小額消費爭議之額度，由行政院定之。（消保法第四十五條之四）

七、異議之效力

當事人對前條之方案，得於送達後十日之不變期間內，提出異議；未於異議期間內提出異議者，視為已依該方案成立調解。

當事人於異議期間提出異議，經調解委員另定調解期日，無正當理由不到場者，視為依該方案成立調解。

八、製作調解書

調解成立者應作成調解書。

前項調解書之作成及效力，準用鄉鎮市調解條例第二十五條至第二十九條之規定。

第二節　消費訴訟

消費訴訟，得由消費關係發生地之法院管轄。

高等法院以下各級法院及其分院得設立消費專庭或指

消費者保護團體得以自己之名義提起消費者損害賠償訴訟之要件為何？試依消費者保護法之規定說明之。（十分）（89年經紀人）

定專人審理消費訴訟事件。法院為企業經營者敗訴之判決時，得依職權宣告為減免擔保之假執行。〔消保法第四十八條〕

消費訴訟，消費者除以個人名義提起一般訴訟外，下列當事人亦得提起特別訴訟：

一、消費者保護團體

㈠損害賠償團體訴訟

消費者保護團體對於同一之原因事件，致使眾多消費者受害時，得受讓二十人以上消費者損害賠償請求權後，以自己之名義，提起訴訟。如某大樓發生輻射屋問題，由消費者保護基金會受讓二十戶以上損害賠償請求權後，以消基會名義提起訴訟，向建商請求損害賠償。

其具備要件如下：

1.資格要件：

⑴該消費者保護團體須許可設立二年以上。

⑵該消費者保護團體須置有消費者保護專門人員。

2.程序要件：

⑴須該消費者保護團體經申請行政院評定優良。

⑵消費者保護團體依前項規定提起訴訟者，應委任律師代理訴訟 。受委任之律師，就該訴訟，得請求預付或

償還必要費用。

⑶消費者保護團體關於其提起之第一項訴訟，有不法行爲者，許可設立之主管機關應廢止其許可。

⑷優良消費者保護團體之評定辦法，由行政院定之。

3.實質要件：

⑴須對於同一之原因事件，致使衆多消費者受害時。

⑵須受讓二十人以上消費者之損害賠償請求權。

⑶須以消費者保護團體自己名義提起損害賠償訴訟。

⑷須委任律師代理訴訟。

⑸不得向消費者請求報酬。

有關受讓消費者損害賠償請求權之範圍，時效利益，及賠償如下：

1.**範圍**：消費者保護團體受讓消費者損害賠償請求權，依照消費者保護法第五十條第二項規定，其範圍包括下列三種賠償：

⑴財產上的損害賠償：以財產上的實際損害爲準。

⑵民法第一百九十四條所定非財產上的損害賠償：對於不法侵害消費者致死者，消費者之父母、子女及配偶雖非財產上之損害，亦得請求賠償相當之金額。

⑶民法第一百九十五條第一項所定非財產上的損害賠償：對於不法侵害消費者之身體、健康、名譽或自由者，消費者雖非財產上之損害，亦得請求賠償相當之金額。

2.**時效計算**：消費者保護團體受讓消費者損害賠償請求權後，以自己的名義所提起的訴訟，依照消費者保護法第五十條第三項規定，其受讓的消費者損害賠償請求權有關時效利益問題，應依照讓與的各個消費者單獨個別計算其請求權的時效。

●**民法第一百九十二條**　不法侵害他人致死者，對於支出醫療及增加生活上需要之費用或殯葬費之人，亦應負損害賠償責任。

被害人對於第三人負有法定扶養義務者，加害人對於該第三人亦應負損害賠償責任。

第一百九十三條第二項之規定，於前項損害賠償適用之。

●**民法第一百九十五條**　不法侵害他人之身體、健康、名譽、自由、信用、隱私、貞操，或不法侵害其他人格法益而情節重大者，被害人雖非財產上之損害，亦得請求賠償相當之金額，其名譽被侵害者，並得請求回復名譽之適當處分。

前項請求權，不得讓與或繼承。但以金額賠償之請求權已依契約承諾，或已起訴者，不在此限。

前二項規定，於不法侵害他人基於父、母、子、女或配偶關係之身分法益而情節重大者，準用之。

●**民法第一百九十六條**　不法毀損他人之物者，被害人得請求賠償其物因毀損所減少之價額。

●**民法第二百十三條**　負損害賠償責任者，除法律另有規定或契約另有訂定外，應回復他方損害發生前之原狀。

因回復原狀而應給付金錢者，自損害發生時起，加給利息。

第一項情形，債權人得請求支付回復原狀所必要之費用，以代回復原狀。

㈡**不作為訴訟**

消費者保護官或消費者保護團體，就企業經營者重大違反本法有關保護消費者規定之行爲，得向法院訴請停止或禁止之。

前項訴訟免繳裁判費。

所謂企業經營者重大違反本法有關保護消費者規定之行爲，確有損害消費者生命、身體、健康或財產，或確有損害之虞者。

㈢**免繳裁判費**

1.團體訴訟超額，免繳裁判費

消費者保護團體以自己之名義提起第五十條訴訟，其標的價額超過新台幣**六十萬元**者，超過部分免繳裁判費。

2.不作爲訴訟，免繳裁判費

消費者保護團體以保護消費者爲目的，依照消費者保護法第五十三條規定。

二、消費者保護官

消費者保護官僅就不作爲訴訟提起。消費者保護官就企業經營者重大違反消費者保護法有關保護消費者規定之行爲，得向法院訴請停止或禁止之。前項訴訟免繳裁判費。

三、選定當事人

因同一消費關係而被害之多數人，依民事訴訟法第四十一條之規定，選定一人或數人起訴請求損害賠償者，法院得徵求原被選定人之同意後公告曉示，其他之被害人得於一定之期間內以書狀表明被害之事實、證據及應受判決事項之聲明，併案請求賠償。其請求之人，視為已依民事訴訟法第四十一條為選定。

前項併案請求之書狀，應以繕本送達於兩造。

第一項之期間，至少應有十日，公告應黏貼於法院牌示處，並登載新聞紙，其費用由國庫墊付。〔消保法第五十四條〕

四、懲罰性賠償金

依本法所提之訴訟，因企業經營者之故意所致之損害，消費者得請求損害額五倍以下之懲罰性賠償金；但因重大過失所致之損害 ，得請求三倍以下之懲罰性賠償金，因過失所致之損害，得請求損 害額一倍以下之懲罰性賠償金。

第六章　罰則

一、行政罰

㈠罰鍰

1.處新台幣**二萬元以上二十萬元**以下罰鍰。

違反第二十四條、第二十五條或第二十六條規定之一者，經主管機關通知改正而逾期不改正者，處新台幣二萬元以上二十萬元以下罰鍰〔第五十六條〕。

2. 企業經營者使用定型化契約，違反中央主管機關依第十七條第一項公告之應記載或不得記載事項者，除法律另有處罰規定外，經主管機關令其限期改正而屆期不改正者，處新臺幣三 萬元以上三十萬元以下罰鍰；經再次令其限期改正而屆期不改正者，處新臺幣五萬元以上五十萬元以下罰鍰，並得按次處罰〔第五十六條之一〕。

3. 企業經營者規避、妨礙或拒絕主管機關依第十七條第六項、第三十三條或第三十八條規定所爲之調查者，處新臺幣三萬元以上三 十萬元以下罰鍰，並得按次處罰。

4.企業經營者有第三十七條規定之情形者，主管機關除依該條及第三十六條之規定處置外，並得對其處新台幣**十五萬元以上一百五十萬元**以下罰鍰〔第五十九條〕

㈡罰緩（可以連續處罰）

企業經營者違反主管機關依第三十六條或第三十八條規定所爲之命令者，處新臺幣六萬元以上一百五十萬元以下罰鍰，並得按次處罰。

㈢停業處分

企業經營者違反本法規定，生產商品或提供服務具有危害消費者 生命、身體、健康之虞者，影響社會大衆經中央主管機關認定爲情節重大，中央主管機關或行政院得立即命令其停止營業，並儘速協請消費者保護團體以其名義，提起消費者損害賠償訴訟。

二、從重處罰

企業經營者依消費者保護法應予處罰者，而其他法律有較重處罰之規定時，應依較重處罰規定處罰〔第六十一條〕。

三、處罰及執行機關

本法所定之罰鍰，由主管機關處罰，經限期繳納後，屆期仍未繳納者，依法移送行政執行。

四、刑事責任

企業經營者除應依消費者保護法處罰外，如涉及刑事責任者，並應即移送偵查〔第六十一條〕。

❖房地產消費糾紛案例❖

一、契約審閱權

（一）案情說明

消費者向建商訂購預售屋一棟，在其未給予相當契約審閱期下，隨即於現場要求消費者簽訂房屋及土地預訂買賣契約書，並收取新台幣360,000元整之定金及簽約金，事後消費者發現合約書內載「本契約於簽約前業經買方攜回審閱5天以上」，與事實不符，請求解除契約並要求返還定金及簽約金。

●辦理情形及法令依據

本案消費者訴請台中市消費者爭議調解委員會調解成立，建商同意全額退還新台幣360,000元整之定金及簽約金，雙方當事人就本事件不得再有其他請求或主張。

●縣市別

台中市政府

（二）案情說明

消費者委託仲介業者購買成屋一棟，在未提供委託購買契約之審閱期間之下，於短時間內倉促成交（1個小時之內），並支付定金新台幣50,000元與37,000元仲介費，請求解除買賣契約並返還定金及仲介費。

●辦理情形及法令依據

本案經消費者訴請台中市消費者爭議調解委員會調解成立，仲介業者願意退回新台幣10,000元仲介費，雙方解除仲介契約。出賣人同意退還新台幣15,000元定金，買賣雙方解除買賣契約，並就同一事件拋棄其餘請求權。

●縣市別

台中市政府

（三）案情說明

消費者向建商購買成屋一戶並支付定金新台幣90,000元，於契約前建商未經契約審閱期間，而且簽約過程草率、服務態度欠佳，擔心日後交屋及售後服務有問題，經考慮後於訂屋3天內向建商主張解除買賣契約及定金返還遭拒，致生糾紛。

●辦理情形及法令依據

案經桃園縣政府依消保法第43條規定，函請建商於15日內妥處並逕復消費者，於期限內建商與消費者自行和解，由建商返還定金新台幣90,000元予消費者，雙方同意解除買賣契約。

●縣市別

桃園縣政府

（四）案情說明

消費者向建商支付定金新台幣100,000元訂購預售屋一戶，並於支付定金同時簽訂預售屋買賣契約，次日向建商主張契約審閱期間、定金返還及解除買賣契約遭拒，致生糾紛。

●辦理情形及法令依據

本案經消費者訴請桃園縣消費者爭議調解委員會調解成立，建商同意退還定金新台幣100,000元，買賣雙方解除買賣契約，並就同一事件拋棄其餘請求權。

●縣市別

桃園縣政府

二、隱瞞重要資訊

（一）案情說明

消費者委託仲介業者購買成屋一棟，因爲事前未善盡告知出入口有隔鄰住户部分圍籬阻礙，事後又未依契約之約定於產權登記後一年半內完全拆除，故要求解除買賣契約。

●辦理情形及法令依據

本案經消費者訴請台中市消費者爭議調解委員會調解成立，出賣人同意於圍籬拆除後始向消費者收取尾款新台幣200,000元，仲介業者願意承受出賣人未履行契約之責任，其餘部分均按原買賣契約履行。

●縣市別

台中市政府

（二）案情說明

消費者委託仲介業者購買成屋一户，價金爲新台幣1,000,000元，因爲事前未告知頂樓有民營電信業者之基地台，且擔保該屋非爲法拍屋，可擁有頂樓使用權等承諾與事實不符，要求仲介業者代爲銷售該房屋或給予合理解決。

●辦理情形及法令依據

本案經消費者訴請台中市消費者爭議調解委員會調解成立，仲介業者承諾自即日起於1個月內以新台幣1,000,000元之價格代售該房屋，並免收仲介費，如未能於1個月內代售完成，願以新台幣1,000,000元承受該房屋，雙方就同一事件拋棄其餘請求權。

●縣市別

台中市政府

三、「定金」返還

（一）案情說明

消費者與建商簽立「訂購房屋預約單」並刷卡支付新台幣100,000元，嗣後發現銷售人員在特約條款下備註：「本刷卡金爲訂房大訂，不予退還」字眼，當天返家後隨即要求退訂遭拒，致生糾紛。

●辦理情形及法令依據

本案經消費者訴請台中市消費者爭議調解委員會調解成立，建商同意退還定金新台幣100,000元予消費者，雙方就同一事件拋棄其餘主張。

●縣市別

台中市政府

（二）案情說明

消費者透過仲介業者購買成屋一棟，於簽下承買確認書（訂金收據）及支付定金新台幣100,000元之後，當日因家人反對，要求解約，業者表示，承買確認書約定屆時買方不買，買方定金沒收，所有權人不賣，所有權人應加倍返還定金，做爲違約金，業者要沒收定金做爲違約金賠償，致生糾紛。

●辦理情形及法令依據

本案經消費者訴請桃園縣消費者爭議調解委員會調解成立，由仲介業者退還定金新台幣25,000元予消費者及解除承買契約。

●縣市別

桃園縣政府

四、施工瑕疵

（一）案情說明

消費者於88年間向建商購買預售屋一棟，但在93年3月間消防局做消防檢查時發現消防水管遭截斷並封死，嗣後建商雖同意重新施作接通管路，但施工期間因施工不當造成消費者房屋陽台、客廳等設備毀損及漏水破壞家具等損失，要求賠償修復款及精神損失。

●辦理情形及法令依據

本案經消費者訴請台中市消費者爭議調解委員會調解成立，建商同意給付新台幣150,000元整作爲賠償，並贈送地下室一樓機械式立體橫式停車位一座予消費者，雙方就本事件不得再有其他主張或請求。

●縣市別

台中市政府

（二）案情說明

消費者申訴，預售屋點交時發現，牆壁、地磚裂損及出入處鍛造門電子開關未安裝，無法開啓出入等施工瑕疵，於交屋後50餘日尚未改善，致生糾紛。

●辦理情形及法令依據

案經桃園縣政府依消保法第43條規定，函請建商於15日內妥處並逕復消費者，於期限內建商已儘速修復，其修繕之處並由消費者完成勘驗，確定已完成修繕。

●縣市別

桃園縣政府

（三）案情說明

消費者向建商購買預售屋一棟，於點交時發現，因房屋施工不當，廚房排水管路漏水，要求建商負擔修繕費用（新台幣39,750元）遭拒，致生爭議。

●辦理情形及法令依據

案經台南市消費者爭議調解委員會調解成立，由建商支付新台幣39,750元修繕費用予消費者，雙方就同一事件拋棄其餘主張。

●縣市別

台南市政府

（四）案情說明

消費者向建商購買預售屋一棟，點交後，於保固期間，頂樓在雨天會漏水，天花板及家具受損，要求建商賠償或修繕遭拒，致生爭議。

●辦理情形及法令依據

案經台南市政府依消保法第43條規定，函請建商於15

日內妥處並逕復消費者，於期限內建商已同意支付修繕費用新台幣10,000元予消費者，雙方就同一事件拋棄其餘主張。

●縣市別

台南市政府

五、要約書之使用

●案情說明

消費者透過仲介業者購買土地一筆，但是該業者要求簽訂要約書及交付本票乙張（新台幣10萬元）予業者，土地所有權人亦允諾出賣該筆土地，惟消費者發現仲介業者有違要約書定型化契約應記載及不得記載事項（不得約定在契約成立前，受託人得向消費者收取斡旋金、訂金或其他任何名目之費用。），要求解除買賣契約及返還本票，致生爭議。

●辦理情形及法令依據

本案經消保官邀請消費者及仲介業者協調，由消費者支付新台幣35,000元予仲介業者，仲介業者返還本票，雙方解除買賣契約。

●縣市別

雲林縣政府

六、仲介「斡旋金」返還

（一）案情說明

消費者透過仲介業者購買成屋，於支付斡旋金新台幣

100,000元及簽訂委託議價書時，未提供及告知內政部版「要約書」及斡旋金契約與內政部版「要約書」之區別及其替代關係，違反公平交易法第24條的規定，遂主張斡旋金返還及解除委託議價契約遭拒，致生糾紛。

●辦理情形及法令依據

本案經消保官邀請消費者及仲介業者協調，由仲介業者退還斡旋金新台幣15,000元，雙方解除委託議價契約及其餘請求權均拋棄。

●縣市別

桃園縣政府

（二）案情說明

消費者支付斡旋金（保證金）新台幣300,000元委託仲介業者購買土地一筆，嗣後查證發現該業者對於該筆土地之建蔽率及容積率有欺罔行爲，遂主張斡旋金返還及解除委託議價契約遭拒，致生糾紛。

●辦理情形及法令依據

案經桃園縣政府函請仲介業者於15日內妥適處理見復，該業者於期限內函復，雙方已解除委託議價契約並退還新台幣300,000元斡旋金（保證金）予消費者。

●縣市別

桃園縣政府

（三）案情說明

消費者委託仲介業購買成屋一户，支付斡旋金新台幣25,000元斡旋成立，並由斡旋金轉成定金，事後發現該屋之貸款額度無法如約定金額，遂主張斡旋金返還及解除買賣契約遭拒，致生爭議。

●辦理情形及法令依據

案經台南市消費者爭議調解委員會調解成立，仲介業者退還斡旋金新台幣25,000元，雙方同意解除買賣契約。

●縣市別

台南市政府

七、仲介公司欺罔行爲

●案情說明

消費者委託仲介業者購買成屋，於簽定不動產買賣契約時發現，要約書之願意承購價金與買賣契約之價金不同，遂要求解除買賣契約及定金返還遭拒，致生爭議。

●辦理情形及法令依據

案經台南市消費者爭議調解委員會調解時，發現消費者申訴內容與事實不符，是以由消費者支付違約金新台幣103,000元予賣方，雙方同意解除買賣契約。

●縣市別

台南市政府

八、一屋二賣

●案情說明

消費者委託仲介業購買成屋一户，於支付新台幣12,000元斡旋金並簽訂委託購買契約，但是業者又向第三人收取斡旋金並成立斡旋契約，遂主張斡旋金返還遭拒及解除委託購買契約，致生爭議。

●辦理情形及法令依據

案經台南市政府函請仲介業者於15日內妥適處理見復，該業者於期限內函復，本案業已自行和解，由仲介業退還斡旋金新台幣12,000元，雙方同意解除委託購買契約。

●縣市別

台南市政府

九、服務報酬爭議

●案情說明

消費者透過仲介業者購買成屋一户，於買賣契約成立前，仲介業者保證該屋可核貸金額，嗣後銀行無法如數核貸，要求仲介業者不得收取服務報酬，致生糾紛。

●辦理情形及法令依據

本案經消保官函請消費者及仲介業者協調，仲介業者同意不向消費者收取仲介費用。

●縣市別

花蓮縣政府

十、服務報酬爭議

●案情說明

消費者透過仲介公司租屋，租賃條款尚未談妥，租賃契約尚未成立前（屋主未同意出租），仲介公司就同意消費者進屋裝潢，嗣後租賃契約無法成立，消費者已蒙受損失，致生糾紛。

●辦理情形及法令依據

案經消保官函請消費者及仲介公司協調，仲介業者同意賠償消費者裝潢費用新台幣43,000元。

●縣市別

花蓮縣政府

十一、房屋現況說明書內容與現況不符

（一）案情說明

消費者透過仲介業購買成屋，俟裝潢完竣後，才得知原屋主的兒子於年初在屋內上吊自殺，惟仲介業所提供之建物現況確認書未記載，該業者刻意欺瞞，致消費者要求退還買賣價款、仲介費、裝潢費，滋生爭議。

●辦理情形及法令依據

案經台北市政府函請仲介業者於15日內妥適處理見復，該業者於期限內函復，本案係屋主隱匿事實致未能告知買方，經其協調，由賣方以原價買回，仲介業者返還仲介費，裝潢費用則由買方自行負擔。

●縣市別

台北市政府

（二）案情說明

消費者透過仲介業購買成屋，支付簽約金100,000元及簽定買賣契約時，發現房屋現況説明書與現況不符，且於簽約時仲介業者並未告知不符的原因，致消費者主張契約金返還及解除不動產買賣契約遭拒，滋生糾紛。

●辦理情形及法令依據

案經桃園縣政府函請仲介業者於15日內妥適處理見復，該業者於期限內函復，賣方退還新台幣100,000元簽約金予買方，刷卡費用2%由買方負擔，雙方同意解除不動產買賣契約。

●縣市別

桃園縣政府

（三）案情說明

消費者透過仲介業購買房屋一棟，點交後發現頂樓鋼筋外露有瑕疵，與不動產說明書內容不符，要求賣方賠償或修繕遭拒，致生爭議。

●辦理情形及法令依據

案經台南市消費者爭議調解委員會調解成立，仲介業者同意退還仲介費，並由賣方支付新台幣100,000元修繕費，雙方同意解除不動產買賣契約。

●縣市別

台南市政府

十二、變更設計施工

●案情說明

消費者訂購預售屋一棟，嗣後發現建設公司於所購買預售屋後方增設警衛室廁所，惟此項增建與廣告及平面設計圖不符，經向建設公司要求移除，惟該公司欲以補償和解，但金額認知有差距，致生糾紛。

●辦理情形及法令依據

本案經消費者訴請台中市消費者爭議調解委員會調解

成立，雙方同意由原合約應付款項中折讓新台幣60,000元整，並於7日內完成銀行對保及產權移轉等手續，買方亦不得以此事件提出其他請求，並應保守機密不得向其住戶宣揚。至於爭議之廁所建商同意不得安裝馬桶設備，僅預留管路。

●縣市別

台中市政府

❖房地產消費糾紛案例❖

一、契約審閱權

（一）案情說明

消費者與其配偶共有之成屋委託仲介業者銷售，但消費者未經其配偶同意逕與業者簽定委託銷售契約。事後發現業者未給予委託銷售契約審閱期及低估該屋售價，且其配偶不同意售屋，遂請求解除委託銷售契約遭拒，致生糾紛。

●辦理情形及法令依據

案經依消費者保護法第43條規定，函請業者於15日內妥處逕復消費者，於期限內業者與消費者達成和解，業者無條件解除委託銷售契約。

●縣市別

高雄市政府地政處

（二）案情說明

消費者向建商購買預售屋，支付定金新台幣10萬元成立預售屋買賣契約後，次日請求退款解約遭拒，又發現建商未提供定型化契約審閱期，而先收取定金有違行政院公平交易委員會第383次委員會議決議，有顯失公平之行爲，遂請求定金返還及解除買賣契約遭拒，致生糾紛。

●辦理情形及法令依據

案經消保官依消保法第43條規定，邀請建商及消費者到府協商，達成協議，建商無條件退還定金新台幣10萬元及解除買賣契約，雙方簽立和解書後，不得額外請求其他附加條款及放棄一切追訴權。

●縣市別

桃園縣政府

（三）案情說明

消費者向建商購買預售屋，支付定金新台幣12萬元（刷卡），事後發現建商未提供預售屋買賣定型化契約審閱期，而先收取定金有違行政院公平交易委員會第383次委員會議決議，有顯失公平之行爲，遂請求定金返還及解除買賣契約遭拒，致生糾紛。

●辦理情形及法令依據

案經消保官依消保法第43條規定，邀請建商及消費者到府協商，達成協議，建商無條件退還定金新台幣12萬元（即期支票乙張），及解除買賣契約，雙方當事人不得就本事件有其他請求或主張。

●縣市別

台中市政府

（四）案情說明

消費者委託仲介業者銷售成屋，簽定委託銷售契約後，始發現業者未給予契約審閱期，有損其權益，遂請求解除委託銷售契約遭拒，致生糾紛。

●辦理情形及法令依據

案經消保官依消保法第43條規定，邀請業者及消費者到府協商，達成協議，雙方同意無條件解除委託銷售契約。

●**縣市別**

台南市政府

二、隱瞞重要資訊

（一）案情說明

消費者向仲介業者之店長購買其個人所有之不動產，並由該業者所屬之地政士辦理所有權移轉手續後，原所有權人(店長)不願清償銀行貸款及抵押權塗銷登記等事宜，遂向業者提出請求處理後續事宜遭拒，致生糾紛。

●**辦理情形及法令依據**

案經台北市政府地政處前往該業者處實地瞭解案情，並請其依消保法等相關規定妥適處理。嗣經雙方自行協商由業者代爲清償銀行貸款及塗銷抵押權登記後，雙方達成和解。

●**縣市別**

台北市政府地政處

（二）案情說明

消費者委託仲介業者購買成屋，於支付定金（本票）時，約定該屋之核貸金額爲新台幣400萬元，若無法如期核貸及核貸金額不足，定金將無條件返還。事後始發現該屋爲法拍屋，且無法如期核貸及核貸金額亦不足，遂請求解除買賣契約及定金返還遭拒，致生糾紛。

●**辦理情形及法令依據**

案經依消保法第43條規定，函請業者於15日內妥處逕復消費者，於期限內仲介業者與消費者達成和解，由仲介業者無條件退還定金（本票）及解除買賣契約，雙方就本案放棄一切追訴權。

●縣市別

桃園縣政府

（三）案情說明

消費者委託仲介業者購買成屋（大樓頂樓5樓），支付簽約金新台幣10萬（現金2萬元及本票8萬元），點交後發現6樓加蓋部分屋頂破損有漏水情形，消費者主張仲介業者故意隱瞞該事項，遂請求簽約金返還及解除買賣契約遭拒，致生糾紛。

●辦理情形及法令依據

案經消保官依消保法第43條規定，邀請業者及消費者到府協商，達成協議，仲介業者退還本票乙張（新台幣8萬元），及解除買賣契約，雙方當事人不得就本事件有其他請求或主張。

●縣市別

台中市政府

三、廣告不實

（一）案情說明

消費者委託仲介業者購買成屋，業者廣告該屋有5大房及車庫，於支付新台幣60萬元簽定買賣契約，及支付仲介費新台幣6萬元後，始發現該屋僅有4房，又前院、車庫、屋內樓梯爲增建，地下室爲共用，不僅占用他人土地且爲增建，爲免日後引起紛爭，遂請求解除買賣契約及價款返還遭拒，致生糾紛。

●辦理情形及法令依據

案經依消保法第43條規定，函請業者於15日內妥處逕復消費者，惟業者表示增建部分於不動產說明書提供解說時已說明，並經消費者簽章確認，消費者不僅知悉且請求改建樓梯等設施。雙方未於期限內達成協議，日後經業者邀請賣方、消費者協商和解，賣方退還消費者30萬，並解除買賣契約，由業者另尋買主。

●縣市別

高雄市政府地政處

（二）案情說明

消費者向建商購買預售屋，2年內均如期繳款，金額達新台幣358,226元。事後發現買賣契約書之貸款金額與簽約時所談之金額不符，且建商所提供裝潢廣告圖片與施工平面圖不符，有違反契約公平誠信原則，遂請求解除買賣契約及價款返還遭拒，致生糾紛。

●辦理情形及法令依據

案經依消保法第43條規定，函請業者於15日內妥處逕復消費者，於期限內建商與消費者達成協議，建商由消費者所繳價款中扣除新台幣5萬元後，餘款退還消費者，雙方解除買賣契約。

●縣市別

台中縣政府

（三）案情說明

消費者以新台幣880萬元向建商訂購成屋1户，支付定金新台幣10萬元，成立買賣契約。事後建商反悔不願依談妥（廣告）價格出售，並提高售價爲新台幣920萬元，否則拒絕出售，致生糾紛。

●辦理情形及法令依據

案經消保官依消保法第43條規定，邀請業者及消費者到府協商，達成協議，由業者退還定金新台幣10萬元，及另行支付新台幣3萬元予消費者作爲違約賠償，雙方同意解除買賣契約。

●縣市別

台南市政府

四、產權不清楚

（一）案情說明

消費者向建商購買成屋，發現該屋路口因產權糾紛遭置圍籬，建商口頭同意於交屋時該圍籬即可拆除，但是交屋至今已逾1年仍未拆除，且建商均未有效處理，亦使得其他14户購買人進出不便，致生糾紛。

●辦理情形及法令依據

案經消保官依消保法第43條規定，邀請業者及消費者到府協商，達成2項協議：

1. 消費者同意徵求其他14戶購買人是否同意由建商給付新台幣50萬元，並以該款項與本案之第3人談判，若與該第3人達成和解，爾後消費者與其他14戶對該道路若有任何糾紛，不得再向建商主張任何權益。

2. 如第1項協議無法達成，建商同意自協議日起10日內提起必要法律程序予以排除障礙，但本案之消費者必須有1戶，於建商訴訟時擔任共同當事人。另外本案訴訟費用全部由建商負擔。

●**縣市別**

台南市政府

（二）案情說明

消費者委託仲介業購買成屋，於簽定買賣契約後，始發現該屋有被占用情形，遂請求及解除買賣契約遭拒，致生糾紛。

●**辦理情形及法令依據**

案經地政局依消費者保護法第43條規定，邀請消費者、業者協商，雙方達成共識，無條件解除買賣契約。

●**縣市別**

宜蘭縣政府

五、「定金」返還

●**案情說明**

消費者至預售屋工地看屋，匆促與建商簽訂買賣契約書及支付本票乙張。事後發現該屋係屬乙種工業區，及考慮日後恐無法負擔房價及貸款，於契約成立後10日內向該公司表示該屋之使用限制及房貸負擔事宜，遂請求返還本票及解除買賣契約遭拒，致生糾紛。

●**辦理情形及法令依據**

案經依消費者保護法第43條規定，函請業者於15日內妥處逕復消費者，於期限內雙方達成協議，由建商退回本票予消費者，雙方同意解除買賣契約。

●縣市別

桃園縣政府

六、施工瑕疵

（一）案情說明

消費者向建商購買成屋，交屋後發現4樓浴室防水不良，廢水滲透3、4樓間夾層滴到3樓天花板，遂向業者請求修繕遭拒，致生糾紛。

●辦理情形及法令依據

案經消保官依消保法第43條規定，邀請建商及消費者到府協商，雙方達成共識，由消費者僱工修繕費用新台幣12,000元由建商及消費者各自負擔新台幣6,000元。

●縣市別

台南市政府

（二）案情說明

消費者向建商購買成屋，交屋後發現該屋多處施工品質不良（漏水、裝潢木板褪色等），遂向業者請求修繕遭拒，致生糾紛。

●辦理情形及法令依據

案經消保官依消保法第43條規定，邀請建商及消費者到府協商，雙方達成共識，由建商支付新台幣5,000元予消費者自行修繕該屋漏水處。另外裝潢木板褪色部分，請木工至現場評估後再決定維修或汰換，其費用由建商支付。

●縣市別

台南市政府

七、仲介「斡旋金」返還

（一）案情說明

消費者委託仲介業者購買成屋，支付斡旋金新台幣4.5萬元簽訂斡旋契約，消費者與賣方在業者營業處所當面洽談，議價未成，遂請求斡旋金返還及解除斡旋契約遭拒，致生糾紛。

●辦理情形及法令依據

案依消費者保護法第43條規定，函請仲介業者於15日內妥處逕復消費者，於期限內雙方自行達成和解，業者退還消費者新台幣3萬元，雙方對本案不得再有異議。

●縣市別

高雄市政府地政處

（二）案情說明

消費者委託仲介業者購買成屋，支付斡旋金新台幣5萬元簽訂斡旋契約，於斡旋期間消費者提出解除斡旋契約及請求斡旋金返還遭拒，致生糾紛。

●辦理情形及法令依據

案經消保官依消保法第43條規定，邀請仲介業及消費者到府協商，雙方達成共識，仲介業者與消費者解除斡旋契約，並於3日退還新台幣22,500元予消費者。

●縣市別

台南市政府

八、賺取差價

●案情說明

消費者委託仲介業者購買成屋。事後發現業者賺取差價新台幣15萬元，又該屋牆壁有壁癌等問題，遂請求差價返還及處理壁癌等事情遭拒，致生糾紛。

●辦理情形及法令依據

案經地政局依消保法第43條規定，邀請仲介業及消費者到府協商，雙方達成和解，由仲介業者退還新台幣10萬元及解除買賣契約。

●縣市別

嘉義市政府

九、服務報酬爭議

（一）案情說明

消費者委託仲介業者銷售成屋，發現出價高者未成交，成交者反而是出價較低者，並於簽約時必須先行扣除實際成交價金4%作為仲介服務費用，致生糾紛。

●辦理情形及法令依據

案依消保法第43條規定，函請仲介業者於15日內妥處逕復消費者，於期限內業者提出說明，因消費者不瞭解仲介業銷售作業流程，致雙方產生誤會，業者於期限內已取得消費者諒解。

●**縣市別**

高雄市政府地政處

（二）案情說明

消費者委託仲介業者銷售房屋，承諾免收仲介費用。事後業者反悔，向消費者請求仲介費新台幣18萬元遭拒，致生糾紛。

●**辦理情形及法令依據**

案經消保官依消保法第43條規定，邀請仲介業及消費者到府協商，雙方達成和解，由消費者支付新台幣10.5萬元予仲介業者作爲服務報酬。

●**縣市別**

花蓮縣政府

（三）案情說明

消費者委託仲介業者銷售一筆土地，簽定委託銷售契約時，約定該筆土地必須整筆出售，及買賣成交後不另支付服務報酬。事後仲介業者找到買主並擬將該土地分割出售及收取服務報酬，致生糾紛。

●**辦理情形及法令依據**

案經消保官依消保法第43條規定，邀請仲介業及消費者到府協商，雙方達成和解，仲介業者同意將該土地整筆出售，並由消費者支付買賣實際成交價金百分之四予仲介業者作爲服務報酬。

●**縣市別**

花蓮縣政府

十、房屋現況說明書內容與現況不符

●案情說明

消費者委託代銷業者向建商購買成屋，支付定金新台幣5萬元，簽定買賣契約後，始發現房屋現況說明書之衛浴設備與現況不符，遂請求定金返還及解除買賣契約遭拒，致生糾紛。

●辦理情形及法令依據

案經消保官依消保法第43條規定，邀請仲介業及消費者到府協商，雙方達成和解，建商同意解除買賣契約及由定金扣除2%作爲手續費，餘款退還消費者。

●縣市別

桃園縣政府

十一、未提供要約書或斡旋金契約選擇

（一）案情說明

消費者委託仲介業者購買成屋，支付新台幣8萬元簽定購屋承諾書，請業者向屋主議價及解決浴室漏水問題，逾議價期間，議價未成及浴室漏水等問題均未解決，又發現業者未主動告知可選擇內政部版「要約書」或「斡旋契約」，遂請求業者返還全數斡旋金及解除購屋承諾契約遭拒，致生糾紛。

●辦理情形及法令依據

案經依消保法第43條規定，函請業者於15日內妥處逕復消費者，業者於期限內與消費者達成和解，業者無息返

還全數斡旋金並解除購屋承諾契約。

●縣市別

高雄市政府地政處

（二）案情說明

消費者委託仲介業者購買成屋，支付斡旋金成立斡旋契約，該斡旋金轉爲定金後，始發現仲介業者未提供內政部版「要約書」及「委託書」之說明及選擇，有顯失公平，遂請求定金返還及解除買賣議價委託書遭拒，致生糾紛。

●辦理情形及法令依據

案經消保官依消保法第43條規定，邀請仲介業及消費者到府協商，雙方達成和解，賣方同意退還全部定金，同時終止買賣議價委託書，雙方同意拋棄其他請求權。

●縣市別

桃園縣政府

（三）案情說明

消費者委託仲介業者購買成屋，支付本票新台幣30萬元作爲斡旋金成立斡旋契約，事後發現業者未提供內政部版「要約書」及「斡旋契約」選擇，遂請求本票返還及解除斡旋契約遭拒，致生糾紛。

●辦理情形及法令依據

案經消保官依消保法第43條規定，邀集業者及消費者到府協商，於協商日前雙方當事人自行協議，由業者退還本票，但消費者應另支付新台幣3萬元予業者，雙方解除斡旋契約。

●縣市別

雲林縣政府

十二、終止委售或買賣契約

（一）案情說明

消費者於94年8月間向建商購買成屋，至同年10月間繳交工程款計新台幣200萬元，但於本(95)年1月間建商通知該屋無法辦理所有權移轉，建商未但將工程款返還，更請求消費者必須支付新台幣10萬元手續費遭拒，致生糾紛。

●辦理情形及法令依據

案經依消保法第43條規定，函請業者於15日內妥處逕復消費者，於期限內建商、消費者自行達成協議，由建商無條件退還新台幣200萬元予消費者，雙方解除買賣契約。

●縣市別

澎湖縣政府

（二）案情說明

消費者委託仲介業者銷售成屋，並預先支付仲介費用新台幣5萬元，於委託期間業者已找到買主，事後後悔不賣，遂請求解除委託銷售契約及仲介費返還新台幣2.5萬遭拒，又業者向法院對於該屋申請假扣押，致生糾紛。

●辦理情形及法令依據

案經消保官依消保法第43條規定，邀請業者及消費者到府協商，達成和解，由消費者支付新台幣6千元予仲介業者作爲服務費，業者返還新台幣2.5萬（即期支票）及撤銷假扣押。雙方解除委託銷售契約。

●**縣市別**

台南市政府

十三、房屋漏水問題

（一）案情說明

消費者委託仲介業者購買成屋，業者與賣方未告知該屋有漏水及水管斷裂等情況，遂請求價款返還及解約遭拒，致生糾紛。

●**辦理情形及法令依據**

案經依消保法第43條規定，函請業者於15日內妥處逕復消費者，業者雖於期限內未妥處，但日後經業者自行邀請賣方、消費者協商達成協議，賣方返還消費者已付價款，並解除買賣契約，由業者再另尋買主。

●**縣市別**

高雄市政府地政處

（二）案情說明

消費者委託仲介業者購買成屋，看屋時業者未告知該屋有漏水情形，經簽定買賣契約及產權移轉後，始發現該漏水情況嚴重，遂請求價款返還及解除買賣契約遭拒，致生糾紛。

●**辦理情形及法令依據**

案經依消保法第43條規定，函請業者於15日內妥處逕復消費者，於期限內賣方、消費者自行達成協議，產權回復登記予賣方，消費者已付之價款新台幣34萬元，由賣方沒收新台幣4萬元作爲賠償，產權回復所需費用新台幣11萬元及仲介服務費新台幣4.5萬元由消費者支付，餘款退還消費者，並解除買賣契約。

●**縣市別**

高雄市政府地政處

（三）案情說明

消費者向建商購買成屋，點交後發現該屋牆壁有滲漏水情形，遂請求修繕，建商一再拖延，致生糾紛。

●**辦理情形及法令依據**

案經依消保法第43條規定，函請業者於15日內妥處逕復消費者，於期限內建商已完成修繕，並經雙方當場會勘無誤。

●**縣市別**

桃園縣政府

（四）案情說明

消費者向建商購買成屋，點交後發現該屋嚴重漏水，遂請求修繕，建商一再拖延，致生糾紛。

●**辦理情形及法令依據**

案經消保官依消保法第43條規定，邀請建商及消費者到府協商，於協商日前雙方當事人自行協議，漏水地方由建商負責修繕。

●**縣市別**

雲林縣政府

（五）案情說明

消費者委託仲介業者購買成屋，交屋後發現該屋有漏水情形，遂請求協助處理遭拒，致生糾紛。

●辦理情形及法令依據

案經消保官依消費者保護法第43條規定，邀請仲介業者及消費者者到府協商，達成共識，由仲介業者負擔修繕費用新台幣20,000元。

●縣市別

花蓮縣政府

（六）案情說明

消費者向建商購買成屋，點交後發現牆壁、屋頂滲水及地板磁磚鬆動等情形，遂請求修繕遭拒，致生糾紛。

●辦理情形及法令依據

案經消保官依消費者保護法第43條規定，邀請建商及消費者到府協商，達成共識，建商同意於一週內完成修繕。

●縣市別

花蓮縣政府

（七）案情說明

消費者委託仲介業者購買成屋，交屋後發現該屋有漏水情形，遂請求協助處理遭拒，致生糾紛。

●辦理情形及法令依據

案經消保官依消費者保護法第43條規定，邀請仲介業者及消費者者到府協商，達成共識，由賣方支付新台幣11萬元予消費者作爲修繕費用。

●縣市別

花蓮縣政府

（八）案情說明

消費者於93年9月間向建商購買成屋(透天)，94年8月間颱風來襲時發現屋頂有裂痕及滲水情形，遂請求修繕遭拒，於本(95)年3月間提出申訴。

●辦理情形及法令依據

案經依消保法第43條規定，函請業者於15日內妥處逕復消費者，於期限內建商與消費者自行達成協議，由建商負責修繕。

●縣市別

澎湖縣政府

（九）案情說明

消費者委託仲介業者購買成屋，交屋後發現該屋天花板有裂縫、牆壁及熱水管有漏水等問題，經向仲介業者反應均未獲得回應，致生糾紛。

●辦理情形及法令依據

案經消保官依消費者保護法第43條規定，邀請仲介業者、賣方及消費者到府協商，由賣方於期限內完成修繕，雙方達成協議。

●縣市別

嘉義市政府

十四、標的物貸款問題

（一）案情說明

消費者委託仲介業者購買成屋，並告知業者購買該屋之附帶條件「全額貸款」，業者亦予以同意，但於支付新台幣30萬元並簽訂買賣契約後，業者卻以消費者職業因素爲由告知無法辦理全額貸款，遂請求返還價金及解除買賣契約遭拒，致生糾紛。

●辦理情形及法令依據

案經依消保法第43條規定，函請業者於15日內妥處逕復消費者，於期限內賣方、消費者達成協議，如貸款不足，雙方同意解除買賣契約，並由賣方退還消費者新台幣12.5萬元予消費者，但其間所衍生之費用亦由消費者負擔；如可全額貸款，消費者將繼續履行該買賣契約。

●縣市別

高雄市政府地政處

（二）案情說明

消費者委託仲介業者購買成屋，支付定金新台幣10萬元成立買賣契約，並約訂該屋將作爲貸款標的，倘未能如期核貸，定金應全數返還，惟貸款約定期限已過，仲介業者不返還定金且一再故意拖延，致生糾紛。

●辦理情形及法令依據

案經依消費者保護法第43條規定，函請業者於15日內妥處逕復消費者，於期限內賣方、消費者達成協議，由賣方退還新台幣5萬元予消費者，雙方不得另外請求其他附加條款及放棄與本案有關之追訴權。

●縣市別

桃園縣政府

（三）案情說明

消費者委託仲介業者購買成屋，業者告知該屋可核貸新台幣260萬元，於是成立買賣契約，惟買賣契約書卻寫著核貸金額爲新台幣230萬元，遂請求解約遭拒，致生糾紛。

●辦理情形及法令依據

案經消保官依消費者保護法第43條規定，邀請業者及消費者到府協商成立，買賣雙方無條件解除買賣契約。

●縣市別

雲林縣政府

（四）案情說明

消費者委託仲介業者購買成屋，業者告知該屋可核貸新台幣230萬元，於是成立買賣契約，惟事後發現該屋無法核貸上開金額，遂請求解約遭拒，致生糾紛。

●辦理情形及法令依據

案經消保官依消保法第43條規定，邀請仲介業者及消費者到府協商，雙方確認該屋可核貸新台幣230萬元，消費者繼續履行買賣契約。

●縣市別

雲林縣政府

（五）案情說明

消費者委託仲介業者購買成屋，並承諾該屋核貸金額，於是支付定金新台幣5萬元，成立買賣契約。事後該屋無法達到承諾之核貸金額，遂請求解約及定金返還遭拒，致生糾紛。

●辦理情形及法令依據

案經消保官依消保法第43條規定，邀請仲介業者、賣方及消費者到府協商，由賣方無條件退還定金新台幣5萬元，消費者支付新台幣6千元予仲介業者作為服務報酬，買賣雙方無條件解除買賣契約。

●**縣市別**

花蓮縣政府

（六）案情說明

消費者委託仲介業者購買成屋，業者承諾該屋核貸金額，遂支付定金新台幣5萬元予賣方，成立買賣契約，及支付服務報酬新台幣2.5萬元予仲介業者。事後該屋無法如業者所承諾之金額辦理核貸，且定金由賣方沒收，致生糾紛。

●**辦理情形及法令依據**

案經消保官依消保法第43條規定，邀請仲介業者、賣方及消費者到府協商，達成共識，由賣方沒收定金新台幣5萬元，仲介業者退還服務報酬新台幣1萬元予消費者，買賣雙方解除買賣契約。

●**縣市別**

花蓮縣政府

（七）案情說明

消費者委託仲介業者購買成屋，業者承諾該屋核貸金額，遂支付定金新台幣10萬元予賣方，成立買賣契約，並支付服務報酬新台幣5萬元予仲介業者。事後該屋無法如業者所承諾之金額辦理核貸，且定金由賣方沒收，致生糾紛。

●辦理情形及法令依據

案經消保官依消保法第43條規定，邀請仲介業者、賣方及消費者到府協商，達成共識，由賣方沒收定金新台幣10萬元，仲介業者退還服務報酬新台幣2萬元予消費者，買賣雙方解除買賣契約。

●縣市別

花蓮縣政府

（八）案情說明

消費者委託仲介業者購買成屋，支付定金及頭期款各20萬元（現金新台幣14萬元、本票1張新台幣26萬元）成立買賣契約。事後因房屋貸款金額，與賣方認知有差距，遂請求返還價金、本票及解除買賣契約遭拒，致生糾紛。

●辦理情形及法令依據

案經地政局依消保法第43條規定，邀請消費者、賣方及仲介業者協商，由賣方退還新台幣9萬元及本票1張新台幣26萬元，雙方同意解除買賣契約。

●縣市別

嘉義市政府

十五、未提供(交付)不動產說明書

●案情說明

消費者委託仲介業者購買成屋，支付定金新台幣5萬元後，始發現業者未提供不動產說明書解說，有損其權益，遂請求返還定金遭拒，致生糾紛。

●辦理情形及法令依據

案經消保官依消保法第43條規定，邀請仲介業者及消費者到府協商，雙方達成協議，由仲介業者退還定金新台幣3.25萬元予消費者。

●縣市別

台南市政府

十六、租屋爭議

●案情說明

消費者委託仲介業出租房屋，於委託租賃期限內，與承租人成立租賃契約，並代爲收取租金及押金，但是業者卻遲未將該款項及契約書寄送消費者，致生糾紛。

●辦理情形及法令依據

案經依消費者保護法第43條規定，函請業者於15日內妥處逕復消費者，於期限內業者提出說明，因作業較緩慢，致使消費者產誤會，並於期限內將款項及契約書寄達消費者。

●縣市別

高雄市政府地政處

十七、其他

（一）案情說明

消費者向建商購買預售屋，經雙方談妥以新台幣546萬元成交，但是於簽定買賣契約時，建商後悔該售價，不願成立買賣契約，致生糾紛。

●辦理情形及法令依據

案經消保官依消費者保護法第43條規定，邀請建商及消費者到府協商，由建商致送一個紅包予消費者表示歉意。雙方並同意解除買賣契約。

●縣市別

雲林縣政府

（二）案情說明

消費者向建商購買預售屋，支付新台幣79萬元（簽約款70萬元及變更設計款9萬元）成立買賣契約，事後發現變更設計部分與建築設計圖不符，因而請求價金返還及解除買賣契約遭拒，致生糾紛。

●辦理情形及法令依據

案經消保官依消保法第43條規定，邀請建商及消費者到府協商，雙方達成協議，建商同意退還新台幣60萬元予消費者，及解除買賣契約。

●縣市別

台南市政府

第肆篇

公寓大廈管理條例

公寓大廈管理條例

第一章　總則

一、立法目的及緣由

由於都市化、商業化的發展，人口大量湧向都市，住宅需求興旺，公寓大廈遂到處林立，但也衍生了許許多多的問題與糾紛，諸如在大樓內飼養狗、貓……；在樓梯間擺放廢棄物甚或妨礙通行；在自用住宅開設美容護膚、電動玩具……；或在屋頂平台加蓋建物……。住戶間如何有一合理的規範以資遵循，早已是迫切的需要，乃參酌美、日、德、瑞之立法例，而有公寓大廈管理條例之誕生！

公寓大廈管理條例號稱「居家憲法」，於民國八十四年六月二十八日公布，乃「為加強公寓大廈之管理維護，提升居住品質，特制定本條例。」即包括環境、衛生、安全、安寧等之管理維護，以提升居住品質，並賦予管理委員會準法人地位，以遂行必要之訴訟。全文共六十三條，分為總則、住戶之權利義務、管理組織、管理服務人、罰則、附則等六章。

二、主管機關

公寓大廈管理條例之主管機關，在中央為內政部，在直轄市為直轄市政府，在縣〔市〕為縣〔市〕政府。

三、重要用辭定義

㈠**公寓大廈**：指構造上或使用上或在建築執照設計圖樣標有明確界線得區分為數部分之建築物及其基地。

㈡**區分所有**：指數人區分一建築物而各有其專有部分，並就其共用部分按其應有部分有所有權。

㈢**專有部分**：指公寓大廈之全部或一部分，具有使用上之獨立性，且為區分所有之標的者。

㈣**共用部分**：指公寓大廈專有部分以外之其他部分及不屬專有之附屬建築物，而供共同使用者。

㈤**約定專用部分**：公寓大廈共用部分經約定供特定區分所有權人使用者。

㈥**約定共用部分**：指公寓大廈專有部分經約定供共同使用者。

㈦**區分所有權人會議**：指區分所有權人為共同事務及涉及權利義務之有關事項，召集全體區分所有權人所舉行之會議。

㈧**住戶**：指公寓大廈之區分所有權人、承租人或其他經區分所有權人同意而為專有部分之使用者或業經取得停車空間建築物所有權者。

㈨**管理委員會**：指為執行區分所有權人會議決議事項及公寓大廈管理維護工作，由區分所有權人選任住戶若干人為管理委員所設立之組織。

㈩**管理負責人**：指未成立管理委員會，由區分所有權人推選住戶一人或依第二十八條第三項、第二十九條第六項規定為負責管理公寓大廈事務者。

⑪**管理服務人**：指由區分所有權人會議決議或管理負

責人或管理委員會僱傭或委任而執行建築物管理維護事務之公寓大廈管理服務人員或管理維護公司。

㈩**規約**：公寓大廈區分所有權人爲增進共同利益，確保良好生活環境，經區分有權人會議決議之共同遵守事項。

四、實務舉例

㈠**專有部分與約定共用部分**

專有部分如住宅、辦公室、商品等﹝主建物及附屬建物﹞。

專有部分經約定供共同使用者，爲約定共用部分。如交誼室、健身房、管理員室等。

㈡**共用部分與約定專用部分**

共用部分如電梯間、樓梯間、法定空地、地下機電室等。

共用部分經約定法定區分所有人使用者，爲約定專用部分。如屋頂平台供頂樓所有人使用、法定空地由一樓使用等。

第二章　住戶之權利與義務

住戶，指公寓大樓之區分所有權人、承租人或其他經區分所有權人同意，而爲專有部分之使用者。

所謂經區分所有權人同意爲專有部分使用者，如同意親友、同事借住，則親友或同事則爲住戶。

一、區分所有權人與專有部分

何謂「住户」？住户應遵守之事項有那些？試依公寓大廈管理條例規定說明之。（二十五分）（91年經紀人）

㈠使用、收益、處分

1.區分所有權人除法律另有限制外，對其專有部分，得自由使用、收益、處分，並排除他人干涉。

2.區分所有權人對專有部分之利用，不得有妨害建築物之正常使用及違反區分所有權人共同利益之行爲。

3.專有部分不得與其所屬建築物共用部分之應有部分及其基地所有權或地上權之應有部分分離而爲移轉或設定負擔。

㈡修繕、管理、維護

1.專有部分、約定專用部分之修繕、管理、維護，由各該區分所有權人或約定專用部分之使用人爲之，並負擔其費用。

2.專有部分之共同壁及樓地板或其內之管線，其維修費用由該共同壁雙方或樓地板上下方之區分所有權人共同負擔。但修繕費用係因可歸責於區分所有權人之事由所致者，由該區分所有權人負擔。

二、住戶維護、修繕應遵守事項

㈠於維護、修繕專有部分、約定專用部分或行使其權利時，不得妨害其他住戶之安寧、安全及衛生。

㈡他住戶因維護、修繕專有部分、約定專用部分或設

試依公寓大廈管理條例之規定，說明區分所有權人相互間之相鄰關係。（十五分）（89年經紀人）

置管線，必須進入或使用其專有部分或約定專用部分時，不得拒絕。

㈢管理負責人或管理委員會因維護、修繕共用部分或設置管線，必須進入其專有部分或約定專用部分時，不得拒絕。

㈣於維護、修繕專有部分、約定專用部分或設置管線，必須使用共用部分時，應經管理負責人或管理委員會之同意後爲之。

㈤其他法令或規約規定事項。

㈥前項第二款及第三款之進入或使用，應擇其損害最少之處所及方法爲之，並應修復或補償所生之損害。

㈦住戶違反第一項規定，經協調仍不履行時，住戶、管理負責人或管理委員會得按其性質請求各該主管機關或訴請法院爲必要之處置。

三、住戶應遵守使用執照及規約

住戶應依使用執照所載用途及規約使用專有部分、約定專用部分，不得擅自變更。

住戶違反前項規定，管理負責人或管理委員會應予制止，並報請直轄市、縣〔市〕主管機關處理，並要求其回復原狀。

四、住戶不得任意棄置垃圾、堆置雜物等規定

㈠住戶不得任意棄置垃圾、排放各種污染物、惡臭物質或發生喧囂、振動及其他與此相類之行為。

㈡住戶不得於私設通路、防火間隔、防火巷弄、開放空間、退縮空地、樓梯間、共同走廊、防空避難設備等處所堆置雜物、設置柵欄、門扇或營業使用，或違規設置廣告物或私設路障及停車位侵占巷道妨礙出入。但開放空間及退縮空地，在直轄市、縣（市）政府核准範圍內，得依規約或區分所有權人會議決議供營業使用；防空避難設備，得為原核准範圍之使用；其兼作停車空間使用者，得依法供公共收費停車使用。

㈢住戶為維護、修繕、裝修或其他類似之工作時，未經申請主管建築機關核准，不得破壞或變更建築物之主要構造。

㈣住戶飼養動物，不得妨礙公共衛生、公共安寧及公共安全。但法令或規約另有禁止飼養之規定時，從其規定。

㈤住戶違反前四項規定時，管理負責人或管理委員會應予制止或按規約處理，經制止而不遵從者，得報請直轄市、縣（市）主管機關處理。

五、投保公共意外責任險

住戶於公寓大廈內依法經營餐飲、瓦斯、電焊或其他危險營業或存放有爆炸性或易燃性物品者，應依中央主管機關所定保險金額投保公共意外責任保險。其因此增加其他住戶投保火災保險之保險費者，並應就其差額負補償責任。其投保、補償辦法及保險費率由中央主管機關會同財

公寓大廈之那些共用部分，不得約定爲專用部分？（十五分）（88年經紀人）

政部定之。

前項投保公共意外責任保險，經催告於七日內仍未辦理者，管理負責人或管理委員會應代爲投保；其保險費、差額補償費及其他費用，由該住戶負擔。

六、共用部分不得約定專用

公寓大廈共用部分不得獨立使用供做專有部分。其爲下列各款者，並不得爲約定專用部分：

㈠公寓大廈本身所占之地面。

㈡連通數個專有部分之走廊或樓梯，及其通往室外之通路或門廳，社區內各巷道、防火巷弄。

㈢公寓大廈基礎、主要樑柱、承重牆壁、樓地板及屋頂之構造。

㈣約定專用有違法令使用限制之規定者。

㈤其他有固定使用方法，並屬區分所有權人生活利用上不可或缺之共用部分

七、共用部分之使用收益

㈠各區分所有權人按其共有之應有部分比例，對建築物之共用部分及其基地有使用收益之權，但另有約定者從其約定。

㈡住戶對共用部分之使用應依其設置目的及通常使用方法爲之。但另有約定者從其約定。

擬將公寓大廈之共用部分作爲約定專用部分時，其程序應如何爲之？又有關約定專用部分，有何限制？試依公寓大廈管理條例之規定，分別說明之。（二十五分）（92年經紀人）

前二項但書所約定事項，不得違反本條例、區域計劃法、都市計劃法及建築法令之規定。

住戶違反第二項規定，管理負責人或管理委員會應予制止，並得按其性質請求各該主管機關或訴請法院爲必要之處置。如有損害並得請求損害賠償。

八、共用部分之修繕、管理、維護

共用部分、約定共用部分之修繕、管理、維護，由管理負責人或管理委員會爲之。其費用由公共基金支付或由區分所有權人按其共有之應有部分比例分擔之。但修繕費係因可歸責於區分所有權人之事由所致者，由該區分所有權人負擔。

前項共用部分、約定共用部分之管理、維護費用，區分所有權人會議或規約另有規定者，從其規定。

九、共用部分之拆除、重大修繕、改良

共用部分及其相關設施之拆除、重大修繕或改良，應依區分所有權人會議之決議爲之。

前項共用部分、約定共用部分，若涉及公共環境清潔衛生之維持、公共消防滅火器材之維護、公共通道溝渠及相關設施之修繕，其費用政府得視情況予以補助，補助辦

法由直轄市、縣（市）政府定之。

十、外牆等共用部分不得變更構造、顏色……等行為

公寓大廈周圍上下、外牆面、樓頂平臺及不屬專有部分之防空避難設備，其變更構造、顏色、設置廣告物、鐵鋁窗或其他類似之行爲，除應依法令規定辦理外，該公寓大廈規約另有規定或區分所有權人會議已有決議，經向直轄市、縣（市）主管機關完成報備有案者，應受該規約或區分所有權人會議決議之限制。

公寓大廈有十二歲以下兒童或六十五歲以上老人之住戶，外牆開口部或陽臺得設置不妨礙逃生且不突出外牆面之防墜設施。防墜設施設置後，設置理由消失且不符前項限制者，區分所有權人應予改善或回復原狀。

住戶違反第一項規定，管理負責人或管理委員會應予制止，經制止而不遵從者，應報請主管機關依第四十九條第一項規定處理，該住戶並應於一個月內回復原狀。屆期未回復原狀者，得由管理負責人或管理委員會回復原狀，其費用由該住戶負擔。

十一、公寓大廈之重建

㈠公寓

公寓大廈之重建，應經全體區分所有權人及基地所有權人、地上權人或典權人之同意。但有下列情形之一者，不在此限：

1.配合都市更新計畫而實施重建者。

2.嚴重毀損、傾頹或朽壞，有危害公共安全之虞者。

3.因地震、水災、風災、火災或其他重大事變，肇致

公寓大廈之重建，於那些情形下，可不經全體區分所有權人及基地所有權人、地上權人或典權人之同意？（十五分）（89年經紀人）

危害公共安全者。〔公寓大廈管理條例第十三條〕

㈡公寓大廈有十三條第二款或第三款情形之一，經區分所有權人會議依第三十一條規定決議重建時，區分所有權人不同意決議又不出讓區分所有權或同意後不依決議履行其義務者，管理負責人或管理委員會得訴請法院命區分所有權人出讓其區分所有權及其基地所有權應有部分。

前項之**受讓人視為同意重建**。

重建之建造執照之申請，其名義以**區分所有權人會議之決議**爲之。

十二、強制遷離與強制出讓

公寓大廈管理條例規定，對於惡鄰居，可採取強制遷離或強制出讓。其規定如下：

㈠**強制遷離**：住戶有下列情形之一者，由管理負責人或管理委員會促請其改善，於三個月內仍未改善者，管理負責人或管理委員會得依區分所有權人會議之決議〔採特別決議行之〕，訴請法院強制其遷離：

1.積欠依公寓大廈管理條例規定應分擔之費用，經強制執行後再度積欠金額達其區分所有權總價〔指建築物之評定價格及當期土地公告現值〕**百分之一者**。

2.違反下列規定經由直轄市、縣〔市〕主管機關處以請問依公寓大廈管理條例之規定，區分所有權人或住戶積欠管理費時，管理負責人或管理委員會該如何處理？（十五分）（90年經紀人）

新台幣**四萬元以上二十萬元**以下之罰鍰後，仍不改善或續犯者。

⑴區分所有權人對專有部分之利用，不得有妨害建築物之正常使用及區分所有權人共同利益之行為。〔第五條〕

⑵公寓大廈周圍上下、外牆面、樓頂平台及不屬專有部分之防空避難室，非依法令規定並經區分所有權人會議之決議，不得有變更構造、顏色、設置廣告物鐵鋁窗或其他類似之行為。〔第八條第一項〕

⑶住戶對共用部分之使用應依其設置目的及通常使用方法為之。但另有約定者從其約定。〔第九條第二項〕

⑷住戶應依使用執照所載用途及規約使用專有部分、約定專用部分，不得擅自變更。〔第十五條第一項〕

⑸住戶不得於私設通路、防火間隔、防火巷弄、開放空間、退縮空地、樓梯間、共同走廊、防空避難設備等處所堆置雜物、設置柵欄、門扇或營業使用，或違規設置廣告物或私設路障及停車位侵占巷道妨礙出入。〔第十六條第二項〕

⑹但開放空間及退縮空地，在直轄市、縣（市）政府核准範圍內，得依規約或區分所有權人會議決議供營業使

公寓大廈應設置之公共基金來源為何？該基金應由誰來管理？誰來決議如何應用？（十五分）（88年經紀人）

用；防空避難設備，得為原核准範圍之使用；其兼作停車空間使用者，得依法供公共收費停車使用。〔第十六條第三項〕

㈡**強制出讓**：上述之住戶如為區分所有權人時，管理負責人或管理委員會得依區分所有權人會議之決議，訴請法院命區分所有權人出讓其區分所有權及其基地所有權應有部分；於判決確定後三個月內不自行出讓並完成移轉登記手續者，管理負責人或管理委員會得聲請法院拍賣之。〔第二十一條〕

前項**拍賣所得**，除其他法律另有規定外，於積欠本條例應分擔之費用，其**受償順序與第一順位抵押權同**。

十三、公共基金之來源

①公寓大廈應設置公共基金，其來源如下：

一、起造人就公寓大廈領得使用執照一年內之管理維護事項，應按工程造價一定比例或金額提列。

二、區分所有權人依區分所有權人會議決議繳納。

三、本基金之孳息。

四、其他收入。

②依前項第一款規定提列之公共基金，起造人於該公寓大廈使用執照申請時，應提出繳交各直轄市、縣（市）

主管機關公庫代收之證明；於公寓大廈成立管理委員會或推選管理負責人，並完成依第五十七條規定點交共用部分、約定共用部分及其附屬設施設備後向直轄市、縣（市）主管機關報備，由公庫代為撥付。同款所稱比例或金額，由中央主管機關定之。

③公共基金應設專戶儲存，並由管理負責人或管理委員會負責管理。其運用應依區分所有權人會議之決議為之。

④第一項及第二項所規定起造人應提列之公共基金，於本條例公布施行前，起造人已取得建造執照者，不適用之。

十四、公共基金之管理運用

1.**專戶儲存**：公共基金應設專戶儲存，並由管理負責人或管理委員會負責管理。如經區分所有權人會議決議交付信託者，由管理負責人或管理委員會交付信託。其運用應依區分所有權人會議之決議為之。〔第十八條〕

2.**基金獨立**：區分所有權人對於公共基金之權利應隨區分所有權之移轉而移轉；不得因個人事由為讓與、扣押、抵銷或設定負擔。〔第十九條〕

3.**公告與移交**：

①管理負責人或管理委員會應定期將公共基金或區分所有權人、住戶應分擔或其他應負擔費用之收支、保管及運用情形公告，並於解職、離職或管理委員會改組時，將公共基金收支情形、會計憑證、會計帳簿、財務報表、印鑑及餘額移交新管理負責人或新管理委員會。

②管理負責人或管理委員會拒絕前項公告或移交，經催告於七日內仍不公告或移交時，得報請主管機關或訴請法院命其公告或移交。

4.**積欠之處理**：區分所有權人或住戶積欠應繳納之公共基金或應分擔或其他應負擔之費用已逾二期或達相當金額，經定相當期間催告仍不給付者，管理負責人或管理委員會得訴請法院命其給付應繳之金額及遲延利息。〔第二十一條〕

另外，積欠依公寓大廈管理條例規定應分擔之費用，經強制執行後再度積欠金額達其區分所有權總價百分之一者，由管理負責人或管理委員會促請其改善，於三個月仍未改善者，管理負責人或管理委員會得依區分所有權人會議之決議，訴請法院強制其遷離或強制其出讓。〔第二十二條〕

第三章　管理組織

一、區分所有權人會議

指區分所有權人為共同事務及涉及權利義務之有關事項，召集全體區分所有權人所舉行之會議。

因此，區分所有權人會議，為公寓大廈之最高決策單位。

㈠**種類**：區分所有權人會議分為下列二種：

1.**定期會議**：區分所有權人會議，由全體區分所有權人組成，每年至少應召開定期會議一次。〔第二十五條〕

2.**臨時會議**：有下列情形之一者，應召開臨時會議：

⑴發生重大事故有及時處理之必要，經管理負責人或管理委員會請求者。

⑵經區分所有權人五分之一以上及其區分所有權比例合計五分之一以上，以書面載明召集之目的及理由請求召集者。〔第二十五條〕

㈡**召集**：

1.**召集人**：

區分所有權人會議除第二十八條規定外，由具區分所有權人身分之管理負責人、管理委員會主任委員或管理委員爲召集人；管理負責人、管理委員會主任委員或管理委員喪失區分所有權人資格日起，視同解任。無管理負責人或管理委員會，或無區分所有權人擔任管理負責人、主任委員或管理委員時，由區分所有權人互推一人爲召集人；召集人任期依區分所有權人會議或依規約規定，任期一至二年，連選得連任一次。但區分所有權人會議或規約未規定者，任期一年，連選得連任一次。

召集人無法依前項規定互推產生時，各區分所有權人得申請直轄市、縣（市）主管機關指定臨時召集人，區分所有權人不申請指定時，直轄市、縣（市）主管機關得視實際需要指定區分所有權人一人爲臨時召集人，或依規約輪流擔任，其任期至互推召集人爲止。〔第二十五條〕

2.**公告通知**：

①區分所有權人會議，應由召集人於開會前十日以書面載明開會內容，通知各區分所有權人。但有急迫情事須

區分所有權人會議之召集人如何產生？又區分所有權人會議決議之方法爲何？試依公寓大廈管理條例之規定，分別申述之。（二十五分）（90年經紀人）

召開臨時會者，得以公告爲之；公告期間不得少於二日。

②管理委員之選任事項，應在前項開會通知中載明並公告之，不得以臨時動議提出。〔第三十條〕

二、區分所有權計算方式

①各專有部分之區分所有權人有一表決權。數人共有一專有部分者，該表決權應推由一人行使。

②區分所有權人會議之出席人數與表決權之計算，於任一區分所有權人之區分所有權占全部區分所有權五分之一以上者，或任一區分所有權人所有之專有部分之個數超過全部專有部分個數總合之五分之一以上者，其超過部分不予計算。

③區分所有權人因故無法出席區分所有權人會議時，得以書面委託配偶、有行爲能力之直系血親、其他區分所有權人或承租人代理出席；受託人於受託之區分所有權占全部區分所有權五分之一以上者，或以單一區分所有權計算之人數超過區分所有權人數五分之一者，其超過部分不予計算。〔第二十七條〕

三、區分所有權人會議之決議

區分所有權人會議之決議，除規約另有規定外，應有區分所有權人**三分之二以上**及其區分所有權比例合計**三分之二以上**出席，以出席人數四分之三以上及其區分所有權比例占出席人數區分所有權四分之三以上之同意行之。〔第三十一條〕

四、未獲致決議重新開議之要件

①區分所有權人會議依前條規定未獲致決議、出席區分所有權人之人數或其區分所有權比例合計未達前條定額者，召集人得就同一議案重新召集會議；其開議除規約另有規定出席人數外，應有區分所有權人三人並五分之一以上及其區分所有權比例合計五分之一以上出席，以出席人數過半數及其區分所有權比例占出席人數區分所有權合計過半數之同意作成決議。

②前項決議之會議紀錄依第三十四條第一項規定送達各區分所有權人後，各區分所有權人得於七日內以書面表示反對意見。書面反對意見未超過全體區分所有權人及其區分所有權比例合計半數時，該決議視爲成立。

③第一項會議主席應於會議決議成立後十日內以書面送達全體區分所有權人並公告之。〔第三十二條〕

五、區分所有權人會議之決議效力

區分所有權人會議之決議，未經依下列各款事項辦理者，不生效力：

㈠專有部分經依區分所有權人會議約定爲約定共用部分者，應經該專有部分區分所有權人同意。

㈡公寓大廈外牆面、樓頂平臺，設置廣告物、無線電台基地台等類似強波發射設備或其他類似之行爲，設置於

公寓大廈起造人之義務爲何？試依公寓大廈管理條例之規定，彙整說明之。（二十五分）（93年經紀人）

屋頂者，應經頂層區分所有權人同意；設置其他樓層者，應經該樓層區分所有權人同意。該層住戶，並得參加區分所有權人會議陳述意見。

㈢依第五十六條第一項規定成立之約定專用部分變更時，應經使用該約定專用部分之區分所有權人同意。但該約定專用顯已違反公共利益，經管理委員會或管理負責人訴請法院判決確定者，不在此限。（第三十三條）

六、起造人召集會議成立管理委員會

①公寓大廈建築物所有權登記之區分所有權人達半數以上及其區分所有權比例合計半數以上時，起造人應於三個月內召集區分所有權人召開區分所有權人會議，成立管理委員會或推選管理負責人，並向直轄市、縣（市）主管機關報備。

②前項起造人爲數人時，應互推一人爲之。出席區分所有權人之人數或其區分所有權比例合計未達第三十一條規定之定額而未能成立管理委員會時，起造人應就同一議案重新召集會議一次。

③起造人於召集區分所有權人召開區分所有權人會議成立管理委員會或推選管理負責人前，爲公寓大廈之管理負責人。〔第二十八條〕

公寓大廈管理委員會之職務爲何？（十五分）（89年經紀人）

七、管理委員會或管理負責人之成立

①公寓大廈應成立管理委員會或推選管理負責人。

②公寓大廈成立管理委員會者，應由管理委員互推一人爲主任委員，主任委員對外代表管理委員會。主任委員、管理委員之選任、解任、權限與其委員人數、召集方式及事務執行方法與代理規定，依區分所有權人會議之決議。但規約另有規定者，從其規定。

③管理委員、主任委員及管理負責人之任期，依區分所有權人會議或規約之規定，任期一至二年，主任委員、管理負責人、負責財務管理及監察業務之管理委員，連選得連任一次，其餘管理委員，連選得連任。但區分所有權人會議或規約未規定者，任期一年，主任委員、管理負責人、負責財務管理及監察業務之管理委員，連選得連任一次，其餘管理委員，連選得連任。

④前項管理委員、主任委員及管理負責人任期屆滿未再選任或有第二十條第二項所定之拒絕移交者，自任期屆滿日起，視同解任。

⑤公寓大廈之住戶非該專有部分之區分所有權人者，除區分所有權人會議之決議或規約另有規定外，得被選任、推選爲管理委員、主任委員或管理負責人。

⑥公寓大廈未組成管理委員會且未推選管理負責人

時，以第二十五條區分所有權人互推之召集人或申請指定之臨時召集人爲管理負責人。區分所有權人無法互推召集人或申請指定臨時召集人時，區分所有權人得申請直轄市、縣（市）主管機關指定住戶一人爲管理負責人，其任期至成立管理委員會、推選管理負責人或互推負責人爲止。

八、會議記錄之作成、送達與公告

區分所有權人會議應作成會議紀錄，載明開會經過及決議事項，由主席簽名，於會後十五日內送達各區分所有權人並公告之。

前項會議紀錄，應與出席區分所有權人之簽名簿及代理出席之委託書一併保存。（第三十四條）

九、利害關係人得請求閱讀或影印之權利

利害關係人於必要時，得請求閱覽或影印規約、公共基金餘額、會計憑證、會計帳簿、財務報表、欠繳公共基金與應分攤或其他應負擔費用情形、管理委員會會議紀錄及前條會議紀錄，管理負責人或管理委員會不得拒絕。〔第三十五條〕

十、管理委員會〔或管理負責人〕之職務

管理委員會，指住戶爲執行區分所有權人會議決議事項暨公寓大廈管理維護工作，互選管理委員會若干人設立之組織。

管理委員會應向區分所有權人會議負責，並向其報告會務。

其職務如下：

聯合 中華民國九十四年八月二日 星期二

2

公設滲水 管委會賠20萬

房子濕答答 住戶心糟糟 法官認管委會疏於維修須賠償

【記者蘇位榮／台北報導】住台北市忠孝東路四段現代大廈八樓的高姓女子，因大廈頂樓平台的公共廢水管堵塞，廢水從她家陽台排水管冒出滲透到屋內，造成屋內產生壁癌；高女向大廈管委會求償，台北地方法院判決管委會應賠償高女廿萬餘元。

承審法官指出，居住環境的乾爽舒適為人格權的一種，高女住家因大廈管委會疏於維護大樓公共設施致屋內滲水，經常要處理積水問題而勞心傷神，除維修費外，管委會應另賠償高女三萬元精神撫慰金。

高女向法院指出，她住的大廈在民國九十一年二月因屋頂平台公共廢水管不通，廢水竟然從她的陽台排水管冒出，大量灌到屋內，三個房間及廚房都積水；她通知管委會處理，但管委會一直未做任何維修。

她說，她每天都要飽受廢水滲入之苦，因為長期受潮，房內的磁磚、牆壁產生壁癌，屋內堆放她做生意的商品受到損害，她與家人也遭受屋內濕氣侵害，身心承受痛苦。高女共求償一百萬元的精神及實物損害賠償、四十五萬元修繕費。

管委會表示，在高女反映問題後曾前往察看，發現是頂樓雨水排水孔不通，使得廢水不能順利導入地面排水管；管委會在九十一年六月底決議廢除公共廢水管，另由頂樓架設明管到一樓以解決問題，同年九月間發包，管委會並沒有不管此事。

法院審理後認為，大廈頂樓的公共廢水管是住戶共用，依據公寓大廈管理條例第十條規定，應由管委會負責管理維護，管委會雖然在事發後七個月發包修繕完畢，但平日疏於維護，導致公共排水管堵塞，仍應對高女負賠償之責。

㈠共有及共用部分之清潔、維護、修繕及一般改良。

㈡住戶違反第六條第一項規定之協調。

㈢住戶共同事務應興革事項之建議。

㈣住戶違規情事之制止及相關資料之提供。

㈤公寓大廈及其周圍之安全及環境維護事項。

㈥收益、公共基金及其他經費之收支、保管及運用。

㈦區分所有權人會議決議事項之執行。

㈧規約、會議紀錄、使用執照謄本、竣工圖說、水電、消防、機械設施、管線圖說、會計憑證、會計帳簿、財務報表、公共安全檢查及消防安全設備檢修之申報文件、印鑑及有關文件之保管。

㈨管理服務人之委任、僱傭及監督。

㈩會計報告、結算報告及其他管理事項之提出及公告。

⑪共用部分、約定共用部分及其附屬設施設備之點收及保管。

⑫依規定應由管理委員會申報之公共安全檢查與消防安全設備檢修之申報及改善之執行。

⑬其他依本條例或規約所定事項。〔第三十六條〕

●管理委員會會議決議之內容不得違反本條例、規約或區分所有權人會議決議。〔第三十七條〕

●管理委員會有當事人能力。

管理委員會為原告或被告時，應將訴訟事件要旨速告區分所有權人。〔第三十八條〕

十、公寓大廈規約

依公寓大廈管理條例，說明規約及視爲規約之意義？並請列舉應經規約約定之事項，以及區分所有權人之繼受人的權利、義務爲何？（25分）（94年經紀人）

㈠**規約之定義**

公寓大廈區分所有權人爲增進共同利益，確保良好生活環境，經區分所有權人會議決議之共同遵守事項。〔公寓大廈管理條例第三條第十二款〕

㈡**住戶規約之訂定及範圍**

①有關公寓大廈、基地或附屬設施之管理使用及其他住戶間相互關係，除法令另有規定外，得以規約定之。

②規約除應載明專有部分及共用部分範圍外，下列各款事項，非經載明於規約者，不生效力：

㈠約定專用部分、約定共用部分之範圍及使用主體。

㈡各區分所有權人對建築物共用部分及其基地之使用收益權及住戶對共用部分使用之特定約定。

㈢禁止住戶飼養動物之特別約定。

㈣違反義務之處理方式。

㈤財務運作之監督規定。

㈥區分所有權人會議決議有出席及同意之區分所有權人人數及其區分所有權比例之特別約定。（第二十三條）

㈦糾紛之協調程序。

㈢**繼受人之權利義務與無權占有人之義務**

區分所有權人之繼受人，應於繼受前向管理負責人或管理委員會請求閱覽或影印第三十五條所定文件，並應於繼受後遵守原區分所有權人依本條例或規約所定之一切權利義務事項。

公寓大廈專有部分之無權占有人，應遵守依本條例規定住戶應盡之義務。無權占有人違反前項規定，準用第二十一條、第二十二條、第四十七條、第四十九條住戶之規定。〔第二十四條〕

㈣非封閉式公寓大廈規約之訂定

⑴非封閉式之公寓大廈集居社區其地面層爲各自獨立之數幢建築物，且區內屬住宅與辦公、商場混合使用，其辦公、商場之出入口各自獨立之公寓大廈，各該幢內之辦公、商場部分，得就該幢或結合他幢內之辦公、商場部分，經其區分所有權人過半數書面同意，及全體區分所有權人會議決議或規約明定下列各款事項後，以該辦公、商場部分召開區分所有權人會議，成立管理委員會，並向直轄市、縣（市）主管機關報備。

①共用部分、約定共用部分範圍之劃分。

②共用部分、約定共用部分之修繕、管理、維護範圍及管理維護費用之分擔方式。

③公共基金之分配。

④會計憑證、會計帳簿、財務報表、印鑑、餘額及第三十六條第八款規定保管文件之移交。

⑤全體區分所有權人會議與各該辦公、商場部分之區分所有權人會議之分工事宜。

⑵第二十條、第二十七條、第二十九條至第三十九條、第四十八條、第四十九條第一項第七款及第五十四條規定，於依前項召開或成立之區分所有權人會議、管理委員會及其主任委員、管理委員準用之。〔第二十六條〕

第四章　管理服務人

一、定義

管理服務人，指由區分所有權人會議決議或管理負責人或管理委員會僱傭或委任，而執行建築物管理維護事務之公寓大廈管理服務人員或管理維護公司。

二、執業許可登記

公寓大廈管理維護公司應經中央主管機關許可及辦理公司登記，並向中央主管機關申領登記證後，始得執業。〔第四十一條〕

三、管理維護事務之執行

公寓大廈管理委員會、管理負責人或區分所有權人會議，得委任或僱傭領有中央主管機關核發之登記證或認可證之公寓大廈管理維護公司或管理服務人員執行管理維護事務。〔第四十二條〕

四、管理維護公司執行業務之規定

公寓大廈管理維護公司，應依下列規定執行業務：

㈠應依規定類別，聘僱一定人數領有中央主管機關核發認可證之繼續性從業之管理服務人員，並負監督考核之責。

㈡應指派前款之管理服務人員辦理管理維護事務。

㈢應依業務執行規範執行業務。〔第四十三條〕

五、受僱之管理服務人員執行業務規定

受僱於公寓大廈管理維護公司之管理服務人員，應依下列規定執行業務：

㈠應依核准業務類別、項目執行管理維護事務。

㈡不得將管理服務人員認可證提供他人使用或使用他人之認可證執業。

㈢不得同時受聘於二家以上之管理維護公司。

㈣應參加中央主管機關舉辦或委託之相關機構、團體辦理之訓練。〔第四十四條〕

六、其他管理服務人員執行業務之規定

前條以外之公寓大廈管理服務人員，應依下列規定執行業務：

㈠應依核准業務類別、項目執行管理維護事務。

㈡不得將管理服務人員認可證提供他人使用或使用他人之認可證執業。

㈢應參加中央主管機關舉辦或委託之相關機構、團體辦理之訓練。〔第四十五條〕

七、管理辦法之訂定

第四十一條至前條公寓大廈管理維護公司及管理服務人員之資格、條件、管理維護公司聘僱管理服務人員之類別與一定人數、登記證與認可證之申請與核發、業務範圍、業務執行規範、責任、輔導、獎勵、參加訓練之方式、內容與時數、受委託辦理訓練之機構、團體之資格、

條件與責任及登記費之收費基準等事項之管理辦法，由中央主管機關定之。〔第四十六條〕

第五章　罰則

一、處新台幣三千元以上一萬五千元以下之罰鍰

有下列行爲之一者，由直轄市、縣（市）主管機關處新臺幣三千元以上一萬五千元以下罰鍰，並得令其限期改善或履行義務、職務；屆期不改善或不履行者，得連續處罰：

㈠區分所有權人會議召集人、起造人或臨時召集人違反第二十五條或第二十八條所定之召集義務者。

㈡住戶違反第十六條第一項或第四項規定者。

㈢區分所有權人或住戶違反第六條規定，主管機關受理住戶、管理負責人或管理委員會之請求，經通知限期改善，屆期不改善者。〔第四十七條〕

二、處新臺幣一千元以上五千元以下罰鍰

有下列行爲之一者，由直轄市、縣（市）主管機關處新臺幣一千元以上五千元以下罰鍰，並得令其限期改善或履行義務、職務；屆期不改善或不履行者，得連續處罰：

㈠管理負責人、主任委員或管理委員未善盡督促第十七條所定住戶投保責任保險之義務者。

㈡管理負責人、主任委員或管理委員無正當理由未執行第二十二條所定促請改善或訴請法院強制遷離或強制出讓該區分所有權之職務者。

㈢管理負責人、主任委員或管理委員無正當理由違反第三十五條規定者。

㈣管理負責人、主任委員或管理委員無正當理由未執行第三十六條第一款、第五款至第十二款所定之職務，顯然影響住戶權益者。〔第四十八條〕

三、處新臺幣四萬元以上二十萬元以下罰鍰

有下列行為之一者，由直轄市、縣（市）主管機關處新臺幣四萬元以上二十萬元以下罰鍰，並得令其限期改善或履行義務；屆期不改善或不履行者，得連續處罰：

㈠區分所有權人對專有部分之利用違反第五條規定者。

㈡住戶違反第八條第一項或第九條第二項關於公寓大廈變更使用限制規定，經制止而不遵從者。

㈢住戶違反第十五條第一項規定擅自變更專有或約定專用之使用者。

㈣住戶違反第十六條第二項或第三項規定者。

㈤住戶違反第十七條所定投保責任保險之義務者。

㈥區分所有權人違反第十八條第一項第二款規定未繳納公共基金者。

㈦管理負責人、主任委員或管理委員違反第二十條所定之公告或移交義務者。

四、刑罰

起造人或建築業者違反第五十七條或第五十八條規定者。有供營業使用事實之住戶有第四十九條第一項第三款或第四款行為，因而致人於死者，處**一年以上七年以下有**

期徒刑，得併科**新臺幣一百萬元以上五百萬元以下**罰金；致重傷者，處六個月以上**五年以下有期徒刑**，得併科**新臺幣五十萬元以上二百五十萬元以下罰金**。

五、非法管理維護公司或管理服務人之罰鍰

從事公寓大廈管理維護業務之管理維護公司或管理服務人員違反第四十二條規定，未經領得登記證、認可證或經廢止登記證、認可證而營業，或接受公寓大廈管理委員會、管理負責人或區分所有權人會議決議之委任或僱傭執行公寓大廈管理維護服務業務者，由直轄市、縣（市）主管機關勒令其停業或停止執行業務，並處新臺幣**四萬元以上二十萬元以下**罰鍰；其拒不遵從者，得按次連續處罰。〔第五十條〕

六、罰則

①公寓大廈管理維護公司，違反第四十三條規定者，中央主管機關應通知限期改正；屆期不改正者，得予停業、廢止其許可或登記證或處新臺幣**三萬元以上十五萬元以下**罰鍰；其未依規定向中央主管機關申領登記證者，中央主管機關應廢止其許可。

②受僱於公寓大廈管理維護公司之管理服務人員，違反第四十四條規定者，中央主管機關應通知限期改正；屆期不改正者，得廢止其認可證或停止其執行公寓大廈管理維護業務**三個月以上三年以下**或處新臺幣**三千元以上一萬五千元以下**罰鍰。

③**前項以外**之公寓大廈管理服務人員，違反第四十五條規定者，中央主管機關應通知限期改正；屆期不改正

者，得廢止其認可證或停止其執行公寓大廈管理維護業務**六個月以上三年以下**或處新臺幣三千元以上一萬五千元以下罰鍰。〔第五十一條〕

依本條例所處之罰鍰，經限期繳納，屆期仍不繳納者，依法移送強制執行。

第六章　附則

●多數各自獨立使用之建築物、公寓大廈，只要其共同設施之使用與管理具有整體不可分性之**集居地區者**，其管理及組織皆準用公寓大廈管理條例之規定。

一、已取得建照公寓大廈管理委員會或管理負責人之設置

①本條例施行前已取得建造執照之公寓大廈，其區分所有權人應依第二十五條第四項規定，互推一人為召集人，並召開第一次區分所有權人會議，成立管理委員會或推選管理負責人，並向直轄市、縣（市）主管機關報備。

②前項公寓大廈於區分所有權人會議訂定規約前，以第六十條規約範本視為規約。但得不受第七條各款不得為約定專用部分之限制。

③對第一項未成立管理組織並報備之公寓大廈，直轄市、縣（市）主管機關得分期、分區、分類（按樓高或使用之不同等分類）擬定計畫，輔導召開區分所有權人會議成立管理委員會或推選管理負責人，並向直轄市、縣（市）主管機關報備。（第五十五條）

二、起造人辦理建物所有權第一次登記之規定

⑴公寓大廈之起造人於申請建造執照時，應檢附專有部分、共用部分、約定專用部分、約定共用部分標示之詳細圖說及規約草約。於設計變更時亦同。

⑵前項規約草約經承受人簽署同意後，於區分所有權人會議訂定規約前，視為規約。

⑶公寓大廈之起造人或區分所有權人應依使用執照所記載之用途及下列測繪規定，辦理建物所有權第一次登記：

①獨立建築物所有權之牆壁，以牆之外緣為界。

②建築物共用之牆壁，以牆壁之中心為界。

③附屬建物以其外緣為界辦理登記。

④有隔牆之共用牆壁，依第二款之規定，無隔牆設置者，以使用執照竣工平面圖區分範圍為界，其面積應包括四周牆壁之厚度。

⑷第一項共用部分之圖說，應包括設置管理維護使用空間之詳細位置圖說。

⑸本條例中華民國九十二年十二月九日修正施行前，領得使用執照之公寓大廈，得設置一定規模、高度之管理維護使用空間，並不計入建築面積及總樓地板面積；其免計入建築面積及總樓地板面積之一定規模、高度之管理維護使用空間及設置條例等事項之辦理，由直轄市、縣（市）主管機關定之。〔第五十六條〕

三、檢測移交

①起造人應將公寓大廈共用部分、約定共用部分與其附屬設施設備；設施設備使用維護手冊及廠商資料、使用

執照謄本、竣工圖說、水電、機械設施、消防及管線圖說，於管理委員會成立或管理負責人推選或指定後七日內會同政府主管機關、公寓大廈管理委員會或管理負責人現場針對水電、機械設施、消防設施及各類管線進行檢測，確認其功能正常無誤後，移交之。

②前項公寓大廈之水電、機械設施、消除設施及各類管線不能通過檢測，或其功能有明顯缺陷者，管理委員會或管理負責人得報請主管機關處理，其歸責起造人者，主管機關命起造人負責修復改善，並於一個月內，起造人再會同管理委員會或管理負責人辦理移交手續。〔第五十七條〕

四、銷售及讓售之限制

公寓大廈起造人或建築業者，非經領得建造執照，不得辦理銷售。

公寓大廈之起造人或建築業者，不得將共用部分，包含法定空地、法定停車空間及法定防空避難設備讓售於特定人或爲區分所有權人以外之特定人設定專用使用權或爲其他損害區分所有權權益之行爲。〔公寓大廈管理條例第五十八條〕

五、舉證報請處理

區分所有權人會議召集人、臨時召集人、起造人、建築業者、區分所有權人、住戶、管理負責人、主任委員或管理委員有第四十七條、第四十八條或第四十九條各款所定情事之一時，他區分所有權人、利害關係人、管理負責人或管理委員會得列舉事實及提出證據，報直轄市、縣

（市）主管機關處理。〔第五十九條〕

六、公寓大廈爭議事件調處委員會

直轄市、縣（市）政府爲處理有關公寓大廈爭議事件，得聘請資深之專家、學者及建築師、律師，並指定公寓大廈及建築管理主管人員，組設公寓大廈爭議事件調處委員會。

前項調處委員會之組織，由內政部定之。

●依本條例所處之罰鍰，經限期繳納，屆期仍不繳納者，依法移送強制執行。

●本條例所定應行催告事項，由管理負責人或管理委員會以書面爲之。

中華民國一百十一年五月十一日總統華總一義字第11100039271號令增訂公布第29-1、49-1條條文

第二十九條之一▲（管理委員會或管理負責人之設置）

一、本條例施行前或施行後已取得建造執照之未成立管理委員會或推選管理負責人之公寓大廈，經直轄市、縣（市）主管機關認定有危險之虞者，其區分所有權人應於直轄市、縣（市）主管機關通知後一定期限內成立管理委員會或推選管理負責人，並向直轄市、縣（市）主管機關報備。因故未能於一定期限內成立管理委員會或推選管理負責人並辦理報

備者，直轄市、縣（市）主管機關得視實際情況展延一次，並不得超過一年。

二、前項公寓大廈有危險之虞之認定要件及成立管理委員會或推選管理負責人並辦理報備之期限，由中央主管機關公告；直轄市、縣（市）主管機關認有必要時，得公告擴大認定要件並另定其成立管理委員會或推選管理負責人並辦理報備之期限。

三、直轄市、縣（市）主管機關應輔導或委託專業機構輔導第一項之公寓大廈成立管理委員會或推選管理負責人並辦理報備。

四、公寓大廈區分所有權人經依第四十九條之一處罰後，仍未依規定成立管理委員會或推選管理負責人並辦理報備者，必要時，由直轄市、縣（市）主管機關指定住戶一人爲管理負責人，其任期至成立管理委員會、推選管理負責人或互推召集人爲止。

第四十九條之一▲（罰則(四)）

公寓大廈未依第二十九條之一第一項規定於期限內成立管理委員會或推選管理負責人並辦理報備者，由直轄市、縣（市）主管機關按每一專有部分處區分所有權人新臺幣四萬元以上二十萬元以下罰鍰，並令其限期辦理；屆期仍未辦理者，得按次處罰。

不動產經紀業管理條例

中華民國八十八年二月三日總統（88）華總一義字第8800024800號令公布全文40條

中華民國九十年十月三十一日總統（90）華總一義字第9000213980號令修正公布第6、7、13～15、22、29～31、37、38條條文；並增訂第38-1條條文

中華民國一百年十二月三十日總統華總一義字第10000294941號令修正公布第29條條文；增訂第24-1、24-2條條文

中華民國一百零一年六月二十七日行政院院臺建字第1010135254號令發布定自一百零一年八月一日施行

中華民國一百十年一月二十七日總統華總一義字第11000006191號令修正公布第24-1、29、40條條文；施行日期，由行政院定之

中華民國一百十年五月二十一日行政院院臺建字第1100015199號令發布定自一百十年七月一日施行

第一章　總則

第一條▲（立法目的）

爲管理不動產經紀業（以下簡稱經紀業），建立不動產交易秩序，保障交易者權益，促進不動產交易市場健全發展，特制定本條例。

第二條▲（法律適用順序）

經紀業之管理，依本條例之規定；本條例未規定者，適用其他有關法律之規定。

第三條▲（主管機關）

本條例所稱主管機關：在中央爲內政部；在直轄市爲直轄市政府地政處；在縣（市）爲縣（市）政府。

第四條▲（用詞定義）

本條例用辭定義如下：

一、**不動產**：指土地、土地定著物或房屋及其可移轉之權利；房屋指成屋、預售屋及其可移轉之權利。

二、**成屋**：指領有使用執照，或於實施建築管理前建造完成之建築物。

三、**預售屋**：指領有建造執照尚未建造完成而以將來完成之建築物爲交易標的之物。

四、**經紀業**：指依本條例規定經營仲介或代銷業務之公司或商號。

五、**仲介業務**：指從事不動產買賣、互易、租賃之居間或代理業務。

六、**代銷業務**：指受起造人或建築業之委託，負責企劃並代理銷售不動產之業務。

七、**經紀人員**：指經紀人或經紀營業員。經紀人之職務爲執行仲介或代銷業務；經紀營業員之職務爲協助經紀人執行仲介或代銷業務。

八、**加盟經營者**：經紀業之一方以契約約定使用他方所發展之服務、營運方式、商標或服務標章等，並受其規範或監督。

九、**差價**：係指實際買賣交易價格與委託銷售價格之差額。

十、**營業處所**：指經紀業經營仲介或代銷業務之店面、辦公室或非常態之固定場所。

第二章　經紀業

第五條▲（申請許可之程序）

㈠經營經紀業者，應向主管機關申請許可後，依法辦理公司或商業登記；其經營國外不動產仲介或代銷業務者，應以公司型態組織依法辦理登記爲限。

㈡前項申請許可之事項及其應備文件，由中央主管機關定之。

㈢經紀業分設營業處所，應向直轄市或縣（市）政府申請備查。

第六條▲（申請經營經紀業不予許可情形）

有下列各款情形之一者，不得申請經營經紀業，其經許可者，撤銷或廢止其許可：

一、無行爲能力或限制行爲能力者。

二、受破產之宣告尚未復權者。

三、犯詐欺、背信、侵占罪、性侵害犯罪防治法第二條所定之罪、組織犯罪防制條例第三條第一項、第二項、第六條、第九條之罪，經受有期徒刑一年以上刑之宣告確定，尚未執行完畢或執行完畢或赦免後未滿三年者。但受緩刑宣告者，不在此限。

四、受感訓處分之裁定確定，尚未執行完畢或執行完畢後未滿三年者。

五、曾經營經紀業，經主管機關撤銷或廢止許可，自撤銷或廢止之日起未滿五年者。但依第七條第一項逾期未開始營業或第三十條自行停止業務者，不在此限。

六、受第二十九條之停止營業處分，尚未執行完畢者。

七、受第三十一條停止執行業務處分尚未執行完畢，或廢止經紀人員證書或證明處分未滿五年者。

經紀業經公司登記或商業登記後，其公司負責人、董事、監察人、經理人或商號負責人、經理人有前項各款情形之一者，由主管機關命其限期改善；逾期未改善者，廢止其許可，並通知其公司或商業登記主管機關廢止其登記。

第七條▲（申請開業之要件及期限）

㈠經紀業經主管機關之許可，辦妥公司登記或商業登記，並加入登記所在地之**同業公會**後方得營業，並應於**六個月內**開始營業；逾期未開始營業者，由主管機關廢止其許可。但有正當理由者，得申請展延一次，其期限以三個月為限。

㈡前項經紀業得視業務性質並經主管機關核准後，分別組織仲介經紀業或代銷經紀業同業公會或其全國聯合會。

㈢第一項經紀業於辦妥公司登記或商業登記後，應依中央主管機關規定**繳存營業保證金**。經紀業應繳存之營業保證金，超過一定金額者，得就超過部分以金融機構提供保證函擔保之。

㈣前項應繳之營業保證金及繳存或提供擔保之辦法，由中央主管機關定之。

㈤經紀業除依第三項規定繳存營業保證金外，並得向第二項全國聯合會申請增加金額繳存或以金融機構提供保證函擔保之。

㈥第二項全國聯合會應訂立經紀業倫理規範，提經會員代表大會通過後，報請中央主管機關備查。

第八條▲（營業保證基金之管理）

㈠前條第三項營業保證金由中華民國不動產仲介經紀業或代銷經紀業同業公會全國聯合會統一於指定之金融機構設置**營業保證基金專戶**儲存，並組成管理委員會負責保管；基金之孳息部分，得運用於健全不動產經紀制度。

㈡前項基金管理委員會委員，由經紀業擔任者，其人數不得超過委員總數之**五分之二**。基金管理委員會之組織及基金管理辦法由中央主管機關定之。

㈢第一項營業保證基金，除本條例另有規定外，非有依第二十六條第四項之情形，不得動支。

(四)經紀業分別繳存之營業保證金低於第七條第三項規定之額度時，中華民國不動產仲介經紀業或代銷經紀業同業公會全國聯合會應通知經紀業者於**一個月內補足**。

第九條▲（營業保證金之獨立原則）

(一)營業保證金獨立於經紀業及經紀人員之外，除本條例另有規定外，不因經紀業或經紀人員之債務債權關係而爲讓與、扣押、抵銷或設定負擔。

(二)經紀業因合併、變更組織時對其所繳存之營業保證金之權利應隨之移轉。其因申請解散者，得自核准註銷營業之日滿一年後二年內，請求退還原繳存之營業保證金。但不包括營業保證金之孳息。

第十條▲（會員入退會之報請備查）

直轄市、縣（市）同業公會應將會員入會、停權、退會情形報請所在地主管機關層轉中央主管機關備查。

第十一條▲（經紀人之設置）

經紀業設立之營業處所至少應置經紀人一人。但非常態營業處所，其所銷售總金額達新臺幣**六億元以上**，該處所至少應置專業經紀人一人。

營業處所經紀營業員數每逾二十名時，應增設經紀人一人。

第十二條▲（經紀人到職異動之報備）

經紀業應於經紀人到職之日起十五日內，造具名冊報請所在地主管機關層報中央主管機關備查，異動時，亦同。

第三章　經紀人員

第十三條▲（經紀人之考試）

(一)中華民國國民經不動產經紀人考試及格並依本條例領有不動產經紀人證書者，得充不動產經紀人。

(二)經中央主管機關或其認可之機構、團體舉辦不動產經紀營業員訓練合格或不動產經紀人考試及格，並向中央主管機關指定之機構、團體登錄及領有不動產經紀營業員證明者，得充任不動產經紀營業員。

(三)前項經紀營業員訓練不得少於**三十個小時**，其證明有效期限爲**四年**，期滿時，經紀營業員應檢附完成訓練二十個小時以上之證明文件，向中央主管機關指定之機構、團體重新辦理登錄。

(四)前二項登錄及發證費用，由中央主管機關定之。

(五)第二項訓練機構、團體之認可資格、程序、廢止認可條件、經紀營業員之訓練資格、課程、收費費額及其他應遵行事項之辦法，由中央主管機關定之。

第十四條▲（請領經紀人證書之程序）

經不動產經紀人考試及格者，應具備一年以上經紀營業員經驗，始得向直轄市或縣（市）政府請領經紀人證書。

前項經紀營業員經驗，依下列情形之一認定：

一、取得經紀營業員資格並附有仲介或代銷業務所得扣繳資料證明者。

二、本條例施行前已實際從事仲介或代銷業務有所得扣繳資料證明者。

有第六條第一項第一款至第四款或第七款情形之一者，不得充任經紀人員。已充任者，應撤銷或廢止其證書或證明。

第十五條▲（經紀人證書之更新方向及要件）

㈠前條第一項經紀人證書有效期限為四年，期滿時，經紀人應檢附其於**四年內**在中央主管機關認可之機構、團體完成專業訓練**三十個小時**以上之證明文件，向直轄市或縣（市）政府辦理換證。

㈡前項機構、團體應具備之資格、認可程序、訓練課程範圍及廢止認可條件等事項之辦法，由中央主管機關定之。

第十六條▲（經紀人員應專任一職）

經紀人員應專任一經紀業，並不得為自己或他經紀業執行仲介或代銷業務。但經所屬經紀業同意為他經紀業執行業務者，不在此限。

第十七條▲（不得僱用未具資格從事仲介或代銷）

經紀業不得僱用未具備經紀人員資格者從事仲介或代銷業務。

第四章　業務及責任

第十八條▲（仲介證照許可文件經紀人證書應揭示）

經紀業應將其仲介或代銷相關證照及許可文件連同經紀人證書揭示於營業處所明顯之處；其為加盟經營者，應併標明之。

第十九條▲（報酬之收取及收取差價之處置）

㈠經紀業或經紀人員不得收取差價或其他報酬，其經營仲介業務者，並應依實際成交價金或租金按中央主管機關規定之報酬標準計收。

㈡違反前項規定者，其已收取之差價或其他報酬，應於加計利息後加倍返還支付人。

第二十條▲（報酬標準及收取方式之揭示）

經營仲介業務者應揭示報酬標準及收取方式於營業處所明顯之處。

第二十一條▲（廣告刊登與銷售之內容與責任）

經紀業與委託人簽訂委託契約書後，方得刊登廣告及銷售。

前項廣告及銷售內容，應與事實相符，並註明經紀業名稱。

廣告及銷售內容與事實不符者，應負損害賠償責任。

第二十二條▲（應由經紀人簽章之文件）

㈠不動產之買賣、互易、租賃或代理銷售，如委由經紀業仲介或代銷者，下列文件應由經紀業指派經紀人簽章：

一、不動產出租、出售委託契約書。

二、不動產承租、承購要約書。

三、定金收據。

四、不動產廣告稿。

五、不動產說明書。

六、不動產租賃、買賣契約書。

㈡前項第一款及第二款之規定，於經營代銷業務者不適用之。

㈢第一項第五款之不動產說明書應記載及不得記載事項，由中央主管機關定之。

第二十三條▲（不動產說明書之解說責任）

經紀人員在執行業務過程中，應以不動產說明書向與委託人交易之相對人解說。

前項說明書提供解說前，應經委託人簽章。

第二十四條▲（租賃或買賣契約書之簽訂）

雙方當事人簽訂租賃或買賣契約書時，經紀人應將不動產說明書交付與委託人交易之相對人，並由相對人在不動產說明書上簽章。

前項不動產說明書視為租賃或買賣契約書之一部分。

第二十四條之一▲（不動產交易實價資訊之登錄）

㈠經營仲介業務者，對於居間或代理成交之租賃案件，應於簽訂租賃契約書之日起三十日內，向直轄市、縣（市）主管機關申報登錄成交案件實際資訊（以下簡稱申報登錄資訊）。

㈡經營代銷業務，受起造人或建築業委託代銷預售屋者，應於簽訂、變更或終止委託代銷契約之日起三十日內，將委託代銷契約相關書件報請所在地直轄市、縣（市）主管機關備查；並應於簽訂買賣契約書之日起三十日內，向直轄市、縣（市）主管機關申報登錄資訊。

㈢前二項申報登錄資訊，除涉及個人資料外，得提供查詢。

已登錄之不動產交易價格資訊，在相關配套措施完全建立並完成立法後，始得為課稅依據。

㈣第一項、第二項申報登錄資訊類別、內容與第三項提供之內容、方式、收費費額及其他應遵行事項之辦法，由中央主管機關定之。

㈤直轄市、縣（市）主管機關為查核申報登錄資訊，得向交易當事人或不動產經紀業要求查詢、取閱有關文件或提出說明；中央主管機關為查核疑有不實之申報登錄價格資訊，得向相關機關或金融機構查詢、取閱價格資訊有關文件。受查核者不得規避、妨礙或拒絕。

前項查核，不得逾確保申報登錄資訊正確性目的之必要範圍。

㈥第一項、第二項受理及第六項查核申報登錄資訊，直轄市、縣（市）主管機關得委任所屬機關辦理。

本條例中華民國一百零九年十二月三十日修正之條文施行前，以區段化、去識別化方式提供查詢之申報登錄資訊，於修正施行後，應依第三項規定重新提供查詢。

第二十四條之二▲（當事人書面同意及委託人保障）

經營仲介業務者經買賣或租賃雙方當事人之書面同意，得同時接受雙方之委託，並依下列規定辦理：

㈠公平提供雙方當事人類似不動產之交易價格。

㈡公平提供雙方當事人有關契約內容規範之說明。

㈢提供買受人或承租人關於不動產必要之資訊。

㈣告知買受人或承租人依仲介專業應查知之不動產之瑕

疵。

㈤協助買受人或承租人對不動產進行必要之檢查。

㈥其他經中央主管機關為保護買賣或租賃當事人所為之規定。

第二十五條▲（經紀人員之保密責任）

經紀人員對於因業務知悉或持有之他人秘密，不得無故洩漏。

第二十六條▲（經紀業與經紀人員應負之賠償責任）

㈠因可歸責於經紀業之事由不能履行委託契約，致委託人受損害時，由該經紀業負賠償責任。

㈡經紀業因經紀人員執行仲介或代銷業務之故意或過失致交易當事人受損害者，該經紀業應與經紀人員負連帶賠償責任。

㈢前二項受害人向中華民國不動產仲介經紀業或代銷經紀業同業公會全國聯合會請求代為賠償時，視為已向基金管理委員會申請調處，基金管理委員會應即進行調處。

㈣受害人取得對經紀業或經紀人員之執行名義、經仲裁成立或基金管理委員會之決議支付後，得於該經紀業繳存營業保證金及提供擔保總額內，向中華民國不動產仲介經紀業或代銷經紀業同業公會全國聯合會請求代為賠償；經代為賠償後，即應依第八條第四項規定，通知經紀業限期補繳。

第二十七條▲（仲介業受檢查之義務）

主管機關檢查經紀業之業務，經紀業不得拒絕。

第五章　獎懲

第二十八條▲（獎勵經紀業或經紀人員之事項及機關）

經紀業或經紀人員有下列情事之一者，主管機關得予以獎勵；其在直轄市者，由直轄市主管機關為之；特別優異者，得層報中央主管機關獎勵之：

一、增進不動產交易安全、公平，促進不動產經紀業健全發展，有優異表現者。

二、維護消費者權益成績卓著者。

三、對於不動產經紀相關法規之研究或建議有重大貢獻者。

四、其他特殊事蹟經主管機關認定應予獎勵者。

前項獎勵辦法由中央主管機關另定之。

第二十九條▲（罰則）

經紀業違反本條例者，依下列規定處罰之：

一、違反第七條第六項、第十一條、第十七條、第十九條第一項、第二十一條第一項、第二項或第二十二條第一項規定，由直轄市、縣（市）主管機關處新臺幣六萬元以上三十萬元以下罰鍰。

二、違反第二十四條之一第二項規定，未依限申報登錄資訊或申報登錄價格、交易面積資訊不實，由直轄市、縣（市）主管機關按戶（棟）處新臺幣三萬元以上十五萬元以下罰鍰，並令其限期改正；屆期未改正者，按次處罰。經處罰二次仍未改正者，按次處新臺幣三十萬元以上一百萬元以下罰鍰。

三、違反第二十四條之一第二項規定，未依限將委託代銷契約相關書件報備查，或違反第二十四條之一第六項規定，規避、妨礙或拒絕查核，或違反第二十四條之二規定，由主管機關處新臺幣三萬元以上十五萬元以下罰鍰。

四、違反第十二條、第十八條、第二十條或第二十七條規定，直轄市、縣（市）主管機關應令其限期改正；屆期未改正，處新臺幣三萬元以上十五萬元以下罰鍰。

五、違反第二十四條之一第一項規定，未依限申報登錄資訊、申報登錄租金或面積資訊不實，由直轄市、縣（市）主管機關處新臺幣一萬元以上五萬元以下罰鍰。

六、違反第二十四條之一第一項或第二項規定，申報登錄租金、價格及面積以外資訊不實，直轄市、縣（市）主管機關應令其限期改正；屆期未改正，處新臺幣六千元以上三萬元以下罰鍰。

七、違反第七條第三項、第四項或第八條第四項規定，直轄市、縣（市）主管機關應予停止營業處分，其期間至補足營業保證金為止。但停止營業期間達一年者，應廢止其許可。

經紀業經依前項第一款、第三款至第六款處罰鍰者，主管機關並應令其限期改正；屆期未改正者，按次處罰。

金融機構、交易當事人違反第二十四條之一第六項規定，規避、妨礙或拒絕查核者，由主管機關處新臺幣三萬元以上十五萬元以下罰鍰，並令其限期改正；屆期未改正者，按次處罰。

第三十條▲（自行停業六個月以上撤銷許可）

經紀業開始營業後自行停止營業連續六個月以上者，直轄市或縣（市）主管機關得廢止其許可。但依法辦理停業登記者，不在此限。

第三十一條▲（經紀人員受懲戒之情形）

㈠經紀人員違反本條例者，依下列規定懲戒之：

1. 違反第十六條、第二十二條第一項、第二十三條或第二十五條規定者，應予**申誡**。
2. 違反第十九條第一項規定者，應予六個月以上三年以下之**停止執行業務處分**。

㈡經紀人員受申誡處分三次者，應另予六個月以上三年以下之停止執行業務處分；受停止執行業務處分累計達五年以上者，廢止其經紀人員證書或證明。

第三十二條▲（擅自營業之罰則）

㈠非經紀業而經營仲介或代銷業務者，主管機關應禁止其營業，並處公司負責人、商號負責人或行為人**新臺幣十萬元以上三十萬元以下**罰鍰。

㈡公司負責人、商號負責人或行為人經主管機關依前項規定為禁止營業處分後，仍繼續營業者，處**一年以下有期徒刑**、拘役或科或併科新臺幣十萬元以上三十萬元以下罰金。

第三十三條▲（經紀人員獎懲之辦理）

㈠經紀人員有第三十一條第一項各款情事之一時，利害關係人、各級主管機關或其同業公會得列舉事實，提出證據，報請直轄市或縣（市）主管機關交付懲戒。

㈡直轄市或縣（市）主管機關對於經紀人員獎懲事項，應設置獎懲委員會處理之。

㈢前項獎懲委員會之組織，由中央主管機關定之。

第三十四條▲（被懲戒人之答辯或陳述）

前條獎懲委員會受理懲戒事項，應通知檢舉或移送之經紀人員，於二十日內提出答辯或到場陳述；逾期未提出答辯或到場陳述時，得逕行決定。

第三十五條▲（強制執行）

依本條例所處罰鍰，經通知繳納而逾期不繳納者，移送法院強制執行。

第六章　附則

第三十六條▲（本法施行前經營仲介或代銷業者之處置）

本條例公布施行前已經營仲介或代銷業務者，應於本條例施行後，三年內依本條例規定領得經紀業證照後始得繼續營業。

違反前項規定繼續營業者，依第三十二條處理。

第三十七條▲（本法施行前經紀人員之處置）

㈠本條例公布施行前已從事不動產經紀業之人員，得自本條例公布施行之日起繼續執業三年；三年期滿後尚未取得經紀人員資格者，不得繼續執行業務。

㈡本條例公布施行前已從事不動產仲介或代銷業務滿二年，有該項執行業務或薪資所得扣繳資料證明，經中央主管機關審查合格者，得自本條例公布施行之日起繼續執業三年；並得應不動產經紀人特種考試。

(三)前項特種考試，於本條例公布施行後五年內至少應辦理五次。

第三十八條▲（外國人任經紀人員之規定）

(一)外國人得依中華民國法律應不動產經紀人考試或參加營業員訓練。

(二)前項領有及格證書或訓練合格並依第十三條第二項登錄及領有證明之外國人，應經中央主管機關許可，並遵守中華民國一切法令，始得受僱於經紀業爲經紀人員。

(三)外國人經許可在中華民國充任經紀人員者，其有關業務上所爲之文件、圖說，應以中華民國文字爲之。

第三十八條之一▲（收取核發證書費用）

依本條例規定核發不動產經紀人證書，得收取費用；其費額，由中央主管機關定之。

第三十九條▲（施行細則）

本條例施行細則，由中央主管機關定之。

第四十條▲（施行日）

本條例自公布日施行。但中華民國一百年十二月三十日修正公布之第二十四條之一、第二十四條之二及第二十九條第一項第二款、一百零九年十二月三十日修正之條文施行日期，由行政院定之。

不動產經紀業管理條例施行細則

中華民國八十九年四月十九日內政部（89）台內中地字第8979066號令訂定發布全文31條；並自發布日起施行

中華民國九十一年三月二十二日內政部（91）台內中地字第0910083199號令修正發布第2、5～10、18、21、26～28條條文；增訂第13-1～13-3、25-1、28-1條條文；刪除第30條條文

第一條

本細則依不動產經紀業管理條例（以下簡稱本條例）第三十九條規定訂定之。

第二條

經營不動產經紀業（以下簡稱經紀業）者，應檢附下列文件，依本條例第五條第一項規定，向所在地直轄市或縣（市）主管機關申請許可：

一、申請書一式二份。

二、公司負責人、董事、監察人、經理人或商號負責人、經理人名冊，及其身分證明文件影本。

三、其他經中央主管機關規定之文件。

第三條

直轄市或縣（市）主管機關受理前條申請，經審查合於規定者，應予許可，並副知轄內之同業公會轉知其全國聯合會；不合規定者，應通知該經紀業於十五日內補正，屆期未補正者，駁回其申請。

第四條

經紀業經主管機關許可後，應於六個月內依本條例第七條第一項、第三項規定辦妥公司登記或商業登記、繳存營業保證金及加入登記所在地之同業公會。

第五條

經紀業應於開始營業後十五日內，檢附下列文件，向所在地直轄市或縣（市）主管機關申請備查：

一、申請書一式二份。

二、公司或商業登記證明文件影本。

三、營業保證金繳存證明影本。

四、同業公會會員證明影本。

五、不動產經紀人員名冊及其證書影本。

六、其他經中央主管機關規定之文件。

直轄市或縣（市）主管機關准予備查後，應通知該經紀業所屬之同業公會轉知其全國聯合會。

第六條

經紀業經許可後，下列事項內容有變更者，除第七條另有規定外，應於變更之日起三十日內，以書面向所在地直轄市或縣（市）主管機關申請備查：

一、經紀業名稱、所在地、組織型態、經營型態、營業項目及是否經營國外不動產仲介或代銷業務。

二、公司負責人、董事、監察人、經理人或商號負責人、經理人。

直轄市或縣（市）主管機關准予備查後，應通知該經紀業所屬之同業公會轉知其全國聯合會，經紀業分設之營業處所非在其所轄區域內者，並應通知該營業處所所在地直轄市或縣（市）主管機關。

第七條

㈠經紀業遷出所在地直轄市或縣（市）主管機關管轄區域以外時，應於遷出後三十日內，以書面向遷入之直轄市或縣（市）主管機關申請遷入備查，並向原所屬之同業公會報備，及加入遷入之直轄市或縣（市）同業公會，該遷入之同業公會並應轉知其全國聯合會。

㈡前項經紀業遷入之直轄市或縣（市）主管機關，於辦理該經紀業之遷入備查後，應通知該經紀業遷出之直轄市或縣（市）主管機關。經紀業分設之營業處所非在其所轄區域內者，並應通知該營業處所所在地直轄市或縣（市）主管機關。

第八條

經紀業分設營業處所，依本條例第五條第三項規定，應於設立後三十日內，以書面記明下列事項，向經紀業所在地直轄市或縣（市）主管機關申請備查：

一、經紀業名稱及所在地。

二、營業處所名稱、所在地及設立日期。

三、該營業處所僱用之經紀人員姓名、身分證明文件字號及證書字號。

經紀業分設之營業處所為本條例第四條第十款所稱非常態之固定場所者，前項第二款應記明事項，改以該營業處所之設立目的、代理銷售不動產名稱、所在地、銷售總金額及設立期間代之。

直轄市或縣（市）主管機關准予備查後，應通知該經紀業所屬之同業公會轉知其全國聯合會；經紀業分設之營業處所非在其所轄區域內者，並應將第一項或前項之資料，通知該營業處所所在地直轄市或縣（市）主管機關。

第九條

前條第一項第二款、第三款或第二項應記明之事項有變更者，經紀業應於變更之日起三十日內，以書面記明變更事項，並向經紀業所在地直轄市或縣（市）主管機關申請備查。

直轄市或縣（市）主管機關准予備查後，應通知該經紀業所屬之同業公會轉知其全國聯合會；經紀業分設之營業處所非在其所轄區域內者，應通知該營業處所所在地直轄市或縣（市）主管機關；變更事項係營業處所之遷入或遷出者，應通知該營業處所遷出之直轄市或縣（市）主管機關，並連同前條第一項或第二項資料，通知其遷入之直轄市或縣（市）主管機關。

第十條

經紀業分設之營業處所裁撤時，應於裁撤後三十日內，以書面向經紀業所在地直轄市或縣（市）主管機關申請備查。

直轄市或縣（市）主管機關准予備查後，應通知該經紀業所屬之同業公會轉知其全國會，裁撤之營業處所非在其所轄區域內者，並應通知該營業處所所在地直轄市或縣（市）主管機關。

第十一條

經紀業僱用之經紀人員爲外國人者，於依第五條、第八條第一項或第二項規定申請備查時，並應檢附該外國人依本條例第三十八條第二項規定取得之中央主管機關許可之證明文件影本。

第十二條

經紀業經許可後，所在地同業公會尚未設立者，應加入鄰近直轄市或縣（市）同業公會。

前項經紀業於所在地同業公會設立後，應即加入之。

第十三條

代銷經紀業於所在地或鄰近直轄市或縣（市）同業公會未設立前，應加入所在地或鄰近直轄市或縣（市）仲介經紀業同業公會。

前項代銷經紀業於所在地或鄰近直轄市或縣（市）代銷經紀業同業公會設立後，應即依前條規定辦理。

第十三條之一

經紀業依本條例第九條第二項規定得請求退還原繳存之

營業保證金，係指下列情形之一：

一、公司組織申請解散者。

二、商號組織申請歇業者。

三、營業項目經變更登記後，該公司或商號已無不動產仲介經紀業及不動產代銷經紀業而組織仍存續者。

第十三條之二

經紀業依前條規定請求退還原繳存之營業保證金者，應檢附直轄市或縣（市）主管機關核發之核准註銷營業證明文件及其他經中央主管機關規定之文件。

經紀業向直轄市或縣（市）主管機關申請核准註銷營業者，應檢附公司或商業登記主管機關核發之公司解散、商號歇業或公司、商號營業項目變更登記證明文件。

直轄市或縣（市）主管機關於核准註銷營業後，應通知該經紀業所屬之同業公會轉知其全國聯合會。

第十三條之三

經紀業加入同業公會後，該同業公會應於三十日內，依本條例第十條規定將會員入會情形，以書面報請經紀業所在地主管機關層轉中央主管機關備查；其停權、退會時，亦同。

第十四條

直轄市或縣（市）主管機關應設置下列簿冊，並永久保存：

一、不動產經紀業管理登記簿。

二、外縣市不動產經紀業在其所轄區域內設立之營業處所管理登記簿。

三、不動產經紀人名簿。

四、不動產經紀營業員名簿。

五、不動產經紀業專冊。

第十五條

請領不動產經紀人證書，應檢附下列文件，向戶籍所在地直轄市或縣（市）主管機關申請之：

一、申請書。

二、身分證明文件影本。

三、申請人最近一年內直四公分、寬二點八公分正面脫帽半身相片一式二張。

四、不動產經紀人考試及格證書及其影本。

五、一年以上經紀營業員經驗證明文件及其影本。

直轄市或縣（市）主管機關受理前項申請，經審查合於規定者，應發給不動產經紀人證書，並退還前項第四款及第五款文件原本；不合規定者，應通知其於十五日內補正，屆期未補正者，駁回其申請，並退還前項第二款至第五款文件。

第十六條

外國人請領不動產經紀人證書，應檢附依本條例第三十八條第二項經中央主管機關許可之證明文件及前條第一項各款文件，向居留地直轄市或縣（市）主管機關申請之。

第十七條

經紀人依本條例第十五條第一項規定辦理換發證書時，應於證書有效期限屆滿前六個月內，檢附下列文件，向原核發機關申請之：

一、申請書。

二、完成專業訓練三十個小時以上之證明文件。

三、原核發之經紀人證書。

直轄市或縣（市）主管機關受理前項申請，經審查合於規定者，應即換發證書；不合規定者，應通知其於十五日內補正，屆期未補正者，駁回其申請，並退還前項第二款及第三款文件。

換發之證書，其有效期限自原證書有效期限屆滿之次日起算四年。

換發證書，得以於原證書加註延長有效期限之方式為之。

第十八條

經紀人未依規定辦理換發證書，或申請換發證書被駁回，其原證書有效期間屆滿者，由原核發機關註銷原證書，並公告周知及通知當事人、其任職經紀業所在地直轄市或縣（市）主管機關及該經紀業所屬之同業公會轉知其全國聯合會。

第十九條

經紀人證書經依前條規定註銷後，重新申請核發者，應檢附第十五條第一項第一款至第四款文件，及最近四年內完成專業訓練三十個小時以上之證明文件原本及其影本，向原核發機關申請之。

直轄市或縣（市）主管機關受理前項申請後，準用第十五條第二項規定辦理。

第二十條

經紀人證書損壞或滅失，申請換發或補發者，應敘明其損壞或滅失之原因，檢附第十五條第一項第一款至第四款文件，向原核發機關申請之。

直轄市或縣（市）主管機關受理前項申請後，準用第十五條第二項規定辦理。

第二十一條

經紀業應依本條例第十八條及第二十條規定，於營業處所明顯之處，揭示下列文件：

一、經紀業許可文件。

二、同業公會會員證書。

三、不動產經紀人證書。

四、報酬標準及收取方式。

前項第一款至第三款文件，得以影本爲之。

第一項第四款規定，於代銷經紀業不適用之。

第二十二條

經紀業係加盟經營者，應於廣告、市招及名片等明顯處，標明加盟店或加盟經營字樣。

第二十三條

經紀人員收受委託人或與委託人交易之相對人之有關文件，應製給收據。

第二十四條

不動產之買賣、互易、租賃或代理銷售，非由經紀業仲介或代銷者，不適用本條例第二十二條第一項之規定。

第二十五條

經紀業執行業務過程，應記錄其辦理情形。主管機關得查詢或取閱經紀業執行業務有關紀錄及文件，並得限期令所轄區域內之經紀業及外縣市經紀業於所轄區域內設立之營業處所，提出第五條第二款至第五款文件或其他業務執行之相關資料、說明書，經紀業不得規避、妨礙或拒絕。

第二十五條之一

本條例第二十九條所定之處罰，由經紀業所在地直轄市或縣（市）主管機關爲之；經紀業分設之營業處所所在地或經紀業、營業處所執行業務行爲所在地，與經紀業所在地非屬同一行政管轄區域而有本條例第二十九條第一項第一款、第二款或第二項規定情事之一者，由該營業處所所在地或經紀業、營業處所執行業務行爲所在地之直轄市或縣（市）主管機關查明後，移請經紀業所在地之直轄市或縣（市）主管機關爲之。

第二十六條

本條例第十四條第三項及第三十一條第二項所定之處罰，由原核發證書之主管機關爲之。

主管機關依前項規定辦理時，應即公告，並通知當事人、其任職之經紀業及該經紀業所屬之同業公會。

第二十七條

經紀人員有本條例第三十一條第一項各款情事之一者，由其經紀業所在地直轄市或縣（市）主管機關交付懲戒；懲戒結果，應通知當事人，並函請原核發證書之主管機關登錄。

第二十八條

經紀人依本條例第十四條第三項規定受撤銷證書者，於原因消滅後，得重新依本條例及本細則之規定請領證書。

第二十八條之一

本條例第三十二條第一項所定之處罰，依下列方式爲之：

一、處罰公司或商號及其負責人者，由公司或商號所在地之直轄市或縣（市）主管機關爲之；執行業務行爲所在地與公司或商號所在地非屬同一行政管轄區域者，由執行業務行爲所在地之直轄市或縣（市）主管機關查明後，移請公司或商號所在地之直轄市或縣（市）主管機關爲之。

二、處罰行爲人者，由行爲人行爲時之戶籍所在地直轄市或縣（市）主管機關爲之；不動產仲介或代銷標的所在地與行爲人行爲時之戶籍所在地非屬同一行政管轄區域者，由標的所在地之直轄市或縣（市）主管機關查明後，移請行爲人行爲時之戶籍所在地直轄市或縣（市）主管機關爲之。

第二十九條

本細則所定書、表、簿、冊之格式，由中央主管機關定之。

第三十條▲（刪除）

第三十一條

本細則自發布日施行。

公平交易法

中華民國八十年二月四日總統（80）華總（一）義字第0704號令制定公布全文49條
中華民國八十八年二月三日總統（88）華總一義字第8800025770號令修正公布第10、11、16、18～21、23、35～37、40～42、46、49條條文；並增訂第23-1～23-4條條文
中華民國九十一年二月六日總統（91）華總一義字第09100025040號令修正公布第7、8、11～17、23-4、40條條文；並增訂第5-1、11-1、27-1、42-1條條文
中華民國九十九年六月九日總統華總一義字第09900140691號令修正公布第21條條文
中華民國一百年十一月二十三日總統華總一義字第10000259771號令修正公布第21、41條條文；增訂第35-1條條文
中華民國一百零一年二月三日行政院院臺規字第1010122318號公告第9條第1、2項所列屬「行政院公平交易委員會」之權責事項，自一百零一年二月六日起改由「公平交易委員會」管轄
中華民國一百零四年二月四日總統華總一義字第10400014311號令修正公布全文50條：除第10、11條條文自公布三十日後施行外，自公布日施行
中華民國一百零四年六月二十四日總統華總一義字第10400073861號令增訂公布第47-1條條文
中華民國一百零六年六月十四日總統華總一義字第10600073211號令修正公布第11條條文

第一章　總則

第一條▲（立法目的）

為維護交易秩序與消費者利益，確保自由與公平競爭，促進經濟之安定與繁榮，特制定本法。

第二條▲（事業之定義）

本法所稱事業如下：

一、公司。

二、獨資或合夥之工商行號。

三、其他提供商品或服務從事交易之人或團體。

事業所組成之同業公會或其他依法設立、促進成員利益之團體，視為本法所稱事業。

第三條▲（交易相對人之定義）

本法所稱交易相對人，指與事業進行或成立交易之供給者或需求者。

第四條▲（競爭之定義）

本法所稱競爭，指二以上事業在市場上以較有利之價格、數量、品質、服務或其他條件，爭取交易機會之行為。

第五條▲（相關市場之定義）

本法所稱相關市場，指事業就一定之商品或服務，從事競爭之區域或範圍。

第六條▲（主管機關）

本法所稱主管機關為公平交易委員會。

本法規定事項，涉及其他部會之職掌者，由主管機關商同各該部會辦理之。

第二章　限制競爭

第七條▲（獨占之定義）

本法所稱獨占，指事業在相關市場處於無競爭狀態，或具有壓倒性地位，可排除競爭之能力者。

二以上事業，實際上不為價格之競爭，而其全體之對外關係，具有前項規定之情形者，視為獨占。

第八條▲（獨占事業認定範圍）

事業無下列各款情形者，不列入前條獨占事業認定範圍：

一、一事業於相關市場之占有率達二分之一。

二、二事業全體於相關市場之占有率達三分之二。

三、三事業全體於相關市場之占有率達四分之三。

有前項各款情形之一，其個別事業於相關市場占有率未達十分之一或上一會計年度事業總銷售金額未達主管機關所公告之金額者，該事業不列入獨占事業之認定範圍。

事業之設立或事業所提供之商品或服務進入相關市場，受法令、技術之限制或有其他足以影響市場供需可排除競爭能力之情事者，雖有前二項不列入認定範圍之情形，主管機關仍得認定其為獨占事業。

第九條▲（獨占事業禁止之行為）

獨占之事業，不得有下列行為：

一、以不公平之方法，直接或間接阻礙他事業參與競爭。

二、對商品價格或服務報酬，爲不當之決定、維持或變更。

三、無正當理由，使交易相對人給予特別優惠。

四、其他濫用市場地位之行爲。

第十條▲（事業之結合）

㈠本法所稱結合，指事業有下列情形之一者：

1. 與他事業合併。
2. 持有或取得他事業之股份或出資額，達到他事業有表決權股份總數或資本總額三分之一以上。
3. 受讓或承租他事業全部或主要部分之營業或財產。
4. 與他事業經常共同經營或受他事業委託經營。
5. 直接或間接控制他事業之業務經營或人事任免。

㈡計算前項第二款之股份或出資額時，應將與該事業具有控制與從屬關係之事業及與該事業受同一事業或數事業控制之從屬關係事業所持有或取得他事業之股份或出資額一併計入。

第十一條▲（事業結合之申報）

㈠事業結合時，有下列情形之一者，應先向主管機關提出申報：

1. 事業因結合而使其市場占有率達三分之一。
2. 參與結合之一事業，其市場占有率達四分之一。
3. 參與結合之事業，其上一會計年度銷售金額，超過主管機關所公告之金額。

㈡前項第三款之銷售金額，應將與參與結合之事業具有控制與從屬關係之事業及與參與結合之事業受同一事業或數事業控制之從屬關係事業之銷售金額一併計入，其計算方法由主管機關公告之。

㈢對事業具有控制性持股之人或團體，視為本法有關結合規定之事業。

㈣前項所稱控制性持股，指前項之人或團體及其關係人持有他事業有表決權之股份或出資額，超過他事業已發行有表決權之股份總數或資本總額半數者。

㈤前項所稱關係人，其範圍如下：

1. 同一自然人與其配偶及二親等以內血親。
2. 前款之人持有已發行有表決權股份總數或資本總額超過半數之事業。
3. 第一款之人擔任董事長、總經理或過半數董事之事業。
4. 同一團體與其代表人、管理人或其他有代表權之人及其配偶與二親等以內血親。
5. 同一團體及前款之自然人持有已發行有表決權股份總數或資本總額超過半數之事業。

㈥第一項第三款之銷售金額，得由主管機關擇定行業分別公告之。

㈦事業自主管機關受理其提出完整申報資料之日起算三十工作日內，不得為結合。但主管機關認為必要時，得將該期間縮短或延長，並以書面通知申報事業。

㈧主管機關依前項但書延長之期間，不得逾六十工作日；對於延長期間之申報案件，應依第十三條規定作成決定。

㈨主管機關屆期未為第七項但書之延長通知或前項之決定者，事業得逕行結合。但有下列情形之一者，不得逕行結合：

1. 經申報之事業同意再延長期間。

2. 事業之申報事項有虛偽不實。

主管機關就事業結合之申報，得徵詢外界意見，必要時得委請學術研究機構提供產業經濟分析意見。但參與結合事業之一方不同意結合者，主管機關應提供申報結合事業之申報事由予該事業，並徵詢其意見。

前項但書之申報案件，主管機關應依第十三條規定作成決定。

第十二條▲（不適用事業結合申報之情形）

前條第一項之規定，於下列情形不適用之：

一、參與結合之一事業或其百分之百持有之子公司，已持有他事業達百分之五十以上之有表決權股份或出資額，再與該他事業結合者。

二、同一事業所持有有表決權股份或出資額達百分之五十以上之事業間結合者。

三、事業將其全部或主要部分之營業、財產或可獨立營運之全部或一部營業，讓與其獨自新設之他事業者。

四、事業依公司法第一百六十七條第一項但書或證券交易法第二十八條之二規定收回股東所持有之股份，致其原有股東符合第十條第一項第二款之情形者。

五、單一事業轉投資成立並持有百分之百股份或出資額之子公司者。

六、其他經主管機關公告之類型。

第十三條▲（不得禁止事業結合之限制）

對於事業結合之申報，如其結合，對整體經濟利益大於限制競爭之不利益者，主管機關不得禁止其結合。

主管機關對於第十一條第八項申報案件所爲之決定，得附加條件或負擔，以確保整體經濟利益大於限制競爭之不利益。

第十四條▲（聯合行為之定義）

㈠本法所稱聯合行爲，指具競爭關係之同一產銷階段事業，以契約、協議或其他方式之合意，共同決定商品或服務之價格、數量、技術、產品、設備、交易對象、交易地區或其他相互約束事業活動之行爲，而足以影響生產、商品交易或服務供需之市場功能者。

㈡前項所稱其他方式之合意，指契約、協議以外之意思聯絡，不問有無法律拘束力，事實上可導致共同行爲者。

㈢聯合行爲之合意，得依市場狀況、商品或服務特性、成本及利潤考量、事業行爲之經濟合理性等相當依據之因素推定之。

㈣第二條第二項之同業公會或其他團體藉章程或會員大會、理、監事會議決議或其他方法所爲約束事業活動之行爲，亦爲本法之聯合行爲。

第十五條▲（聯合行為之禁止及例外）

事業不得爲聯合行爲。但有下列情形之一，而有益於整體經濟與公共利益，經申請主管機關許可者，不在此限：

一、爲降低成本、改良品質或增進效率，而統一商品或服務之規格或型式。

二、爲提高技術、改良品質、降低成本或增進效率，而共同研究開發商品、服務或市場。

三、爲促進事業合理經營，而分別作專業發展。

四、爲確保或促進輸出，而專就國外市場之競爭予以約定。

五、爲加強貿易效能，而就國外商品或服務之輸入採取共同行爲。

六、因經濟不景氣，致同一行業之事業難以繼續維持或生產過剩，爲有計畫適應需求而限制產銷數量、設備或價格之共同行爲。

七、爲增進中小企業之經營效率，或加強其競爭能力所爲之共同行爲。

八、其他爲促進產業發展、技術創新或經營效率所必要之共同行爲。

主管機關收受前項之申請，應於三個月內爲決定；必要時得延長一次。

第十六條▲（聯合行為許可之附加條件、限制或負擔）

主管機關爲前條之許可時，得附加條件或負擔。

許可應附期限，其期限不得逾五年；事業如有正當理由，得於期限屆滿前三個月至六個月期間內，以書面向主管機關申請延展；其延展期限，每次不得逾五年。

第十七條▲（許可之撤銷、變更）

聯合行爲經許可後，因許可事由消滅、經濟情況變更、事業逾越許可範圍或違反主管機關依前條第一項所附加之條件或負擔者，主管機關得廢止許可、變更許可內容、令停止、改正其行爲或採取必要更正措施。

第十八條▲（聯合行為之許可及相關條件等之公開）

主管機關對於前三條之許可及其有關之條件、負擔、期限，應主動公開。

第十九條▲（不得限制交易相對人轉售價格）

事業不得限制其交易相對人，就供給之商品轉售與第三人或第三人再轉售時之價格。但有正當理由者，不在此限。

前項規定，於事業之服務準用之。

第二十條▲（妨害公平競爭之行為）

有下列各款行爲之一，而有限制競爭之虞者，事業不得爲之：

一、以損害特定事業爲目的，促使他事業對該特定事業斷絕供給、購買或其他交易之行爲。

二、無正當理由，對他事業給予差別待遇之行爲。

三、以低價利誘或其他不正當方法，阻礙競爭者參與或從事競爭之行爲。

四、以脅迫、利誘或其他不正當方法，使他事業不爲價格之競爭、參與結合、聯合或爲垂直限制競爭之行爲。

五、以不正當限制交易相對人之事業活動爲條件，而與其交易之行爲。

第三章　不公平競爭

第二十一條▲（虛僞不實記載或廣告薦證引人不實之賠償責任）

(一)事業不得在商品或廣告上，或以其他使公衆得知之方法，對於與商品相關而足以影響交易決定之事項，爲虛僞不實或引人錯誤之表示或表徵。

(二)前項所定與商品相關而足以影響交易決定之事項，包括商品之價格、數量、品質、內容、製造方法、製造日期、有效期限、使用方法、用途、原產地、製造者、製造地、加工者、加工地，及其他具有招徠效果之相關事項。

(三)事業對於載有前項虛僞不實或引人錯誤表示之商品，不得販賣、運送、輸出或輸入。

(四)前三項規定，於事業之服務準用之。

(五)廣告代理業在明知或可得而知情形下，仍製作或設計有引人錯誤之廣告，與廣告主負連帶損害賠償責任。廣告媒體業在明知或可得而知其所傳播或刊載之廣告有引人錯誤之虞，仍予傳播或刊載，亦與廣告主負連帶損害賠償責任。廣告薦證者明知或可得而知其所從事之薦證有引人錯誤之虞，而仍爲薦證者，與廣告主負連帶損害賠償責任。但廣告薦證者非屬知名公眾人物、專業人士或機構，僅於受廣告主報酬十倍之範圍內，與廣告主負連帶損害賠償責任。

㈥前項所稱廣告薦證者，指廣告主以外，於廣告中反映其對商品或服務之意見、信賴、發現或親身體驗結果之人或機構。

第二十二條▲（仿冒行為之制止）

㈠事業就其營業所提供之商品或服務，不得有下列行為：

1. 以著名之他人姓名、商號或公司名稱、商標、商品容器、包裝、外觀或其他顯示他人商品之表徵，於同一或類似之商品，為相同或近似之使用，致與他人商品混淆，或販賣、運送、輸出或輸入使用該項表徵之商品者。
2. 以著名之他人姓名、商號或公司名稱、標章或其他表示他人營業、服務之表徵，於同一或類似之服務為相同或近似之使用，致與他人營業或服務之設施或活動混淆者。

㈡前項姓名、商號或公司名稱、商標、商品容器、包裝、外觀或其他顯示他人商品或服務之表徵，依法註冊取得商標權者，不適用之。

㈢第一項規定，於下列各款行為不適用之：

1. 以普通使用方法，使用商品或服務習慣上所通用之名稱，或交易上同類商品或服務之其他表徵，或販賣、運送、輸出或輸入使用該名稱或表徵之商品或服務者。

2. 善意使用自己姓名之行爲，或販賣、運送、輸出或輸入使用該姓名之商品或服務者。

3. 對於第一項第一款或第二款所列之表徵，在未著名前，善意爲相同或近似使用，或其表徵之使用係自該善意使用人連同其營業一併繼受而使用，或販賣、運送、輸出或輸入使用該表徵之商品或服務者。

㈣事業因他事業爲前項第二款或第三款之行爲，致其商品或服務來源有混淆誤認之虞者，得請求他事業附加適當之區別標示。但對僅爲運送商品者，不適用之。

第二十三條▲（禁止不當提供贈品、贈獎促銷）

事業不得以不當提供贈品、贈獎之方法，爭取交易之機會。

前項贈品、贈獎之範圍、不當提供之額度及其他相關事項之辦法，由主管機關定之。

第二十四條▲（競爭手段之限制）

事業不得爲競爭之目的，而陳述或散布足以損害他人營業信譽之不實情事。

第二十五條▲（不法行為之禁止）

除本法另有規定者外，事業亦不得爲其他足以影響交易秩序之欺罔或顯失公平之行爲。

第四章　調查及裁處程序

第二十六條▲（主管機關對於危害公共利益之處理）

主管機關對於涉有違反本法規定，危害公共利益之情事，得依檢舉或職權調查處理。

第二十七條▲（主管機關之調查程序）

㈠主管機關依本法調查，得依下列程序進行：

1. 通知當事人及關係人到場陳述意見。
2. 通知當事人及關係人提出帳冊、文件及其他必要之資料或證物。
3. 派員前往當事人及關係人之事務所、營業所或其他場所爲必要之調查。

㈡依前項調查所得可爲證據之物，主管機關得扣留之；其扣留範圍及期間，以供調查、檢驗、鑑定或其他爲保全證據之目的所必要者爲限。

㈢受調查者對於主管機關依第一項規定所爲之調查，無正當理由不得規避、妨礙或拒絕。

㈣執行調查之人員依法執行公務時，應出示有關執行職務之證明文件；其未出示者，受調查者得拒絕之。

第二十八條▲（中止調查及恢復調查之決定）

㈠主管機關對於事業涉有違反本法規定之行爲進行調查時，事業承諾在主管機關所定期限內，採取具體措施停止並改正涉有違法之行爲者，主管機關得中止調查。

㈡前項情形，主管機關應對事業有無履行其承諾進行監督。

㈢事業已履行其承諾，採取具體措施停止並改正涉有違法之行為者，主管機關得決定終止該案之調查。但有下列情形之一者，應恢復調查：

1. 事業未履行其承諾。
2. 作成中止調查之決定所依據之事實發生重大變化。
3. 作成中止調查之決定係基於事業提供不完整或不眞實之資訊。

㈣第一項情形，裁處權時效自中止調查之日起，停止進行。主管機關恢復調查者，裁處權時效自恢復調查之翌日起，與停止前已經過之期間一併計算。

第五章　損害賠償

第二十九條▲（權益之保護）

事業違反本法之規定，致侵害他人權益者，被害人得請求除去之；有侵害之虞者，並得請求防止之。

第三十條▲（損害賠償責任）

事業違反本法之規定，致侵害他人權益者，應負損害賠償責任。

第三十一條▲（損害賠償額之酌給）

法院因前條被害人之請求，如為事業之故意行為，得依侵害情節，酌定損害額以上之賠償。但不得超過已證明損害額之三倍。

侵害人如因侵害行為受有利益者，被害人得請求專依該項利益計算損害額。

第三十二條▲（損害賠償請求權之消滅時效）

本章所定之請求權，自請求權人知有行爲及賠償義務人時起，二年間不行使而消滅；自爲行爲時起，逾十年者亦同。

第三十三條▲（被害人得請求侵害人負擔訴訟費用）

被害人依本法之規定，向法院起訴時，得請求由侵害人負擔費用，將判決書內容登載新聞紙。

第六章　罰則

第三十四條▲（獨占、聯合行為之罰則）

違反第九條或第十五條規定，經主管機關依第四十條第一項規定限期令停止、改正其行爲或採取必要更正措施，而屆期未停止、改正其行爲或未採取必要更正措施，或停止後再爲相同違反行爲者，處行爲人三年以下有期徒刑、拘役或科或併科新臺幣一億元以下罰金。

第三十五條▲（違反聯合行為之罰則）

違反第十五條之事業，符合下列情形之一，並經主管機關事先同意者，免除或減輕主管機關依第四十條第一項、第二項所爲之罰鍰處分：

一、當尚未爲主管機關知悉或依本法進行調查前，就其所參與之聯合行爲，向主管機關提出書面檢舉或陳述具體違法，並檢附事證及協助調查。

二、當主管機關依本法調查期間，就其所參與之聯合行為，陳述具體違法，並檢附事證及協助調查。

前項之適用對象之資格要件、裁處減免之基準及家數、違法事證之檢附、身分保密及其他執行事項之辦法，由主管機關定之。

第三十六條▲（罰則）

違反第十九條或第二十條規定，經主管機關依第四十條第一項規定限期令停止、改正其行為或採取必要更正措施，而屆期未停止、改正其行為或未採取必要更正措施，或停止後再為相同違反行為者，處行為人二年以下有期徒刑、拘役或科或併科新臺幣五千萬元以下罰金。

第三十七條▲（罰則）

違反第二十四條規定者，處行為人二年以下有期徒刑、拘役或科或併科新臺幣五千萬元以下罰金。

法人之代表人、代理人、受僱人或其他從業人員，因執行業務違反第二十四條規定者，除依前項規定處罰其行為人外，對該法人亦科處前項之罰金。

前二項之罪，須告訴乃論。

第三十八條▲（罰則）

第三十四條、第三十六條、第三十七條之處罰，其他法律有較重之規定者，從其規定。

第三十九條▲（違反事業結合之罰則）

㈠事業違反第十一條第一項、第七項規定而為結合，或申報後經主管機關禁止其結合而為結合，或未履行第十三條第二項對於結合所附加之負擔者，主管機關得禁止其結合、限期令其分設事業、處分全部或部分股份、轉讓部分營業、免除擔任職務或為其他必要之處分，並得處新臺幣二十萬元以上五千萬元以下罰鍰。

㈡事業對結合申報事項有虛偽不實而為結合之情形者，主管機關得禁止其結合、限期令其分設事業、處分全部或部分股份、轉讓部分營業、免除擔任職務或為其他必要之處分，並得處新臺幣十萬元以上一百萬元以下罰鍰。

㈢事業違反主管機關依前二項所為之處分者，主管機關得命令解散、勒令歇業或停止營業。

㈣前項所處停止營業之期間，每次以六個月為限。

第四十條▲（違法行為之限期停止、改正之罰則）

㈠主管機關對於違反第九條、第十五條、第十九條及第二十條規定之事業，得限期令停止、改正其行為或採取必要更正措施，並得處新臺幣十萬元以上五千萬元以下罰鍰；屆期仍不停止、改正其行為或未採取必要更正措施者，得繼續限期令停止、改正其行為或採取必要更正措施，並按次處新臺幣二十萬元以上一億元以下罰鍰，至停止、改正其行為或採取必要更正措施為止。

㈡事業違反第九條、第十五條，經主管機關認定有情節重大者，得處該事業上一會計年度銷售金額百分之十以下罰鍰，不受前項罰鍰金額限制。

㈢前項事業上一會計年度銷售金額之計算、情節重大之認定、罰鍰計算之辦法，由主管機關定之。

第四十一條▲（第三十九條、第四十條裁處權之消滅時

效）

前二條規定之裁處權，因五年期間之經過而消滅。

第四十二條▲（罰則）

主管機關對於違反第二十一條、第二十三條至第二十五條規定之事業，得限期令停止、改正其行爲或採取必要更正措施，並得處新臺幣五萬元以上二千五百萬元以下罰鍰；屆期仍不停止、改正其行爲或未採取必要更正措施者，得繼續限期令停止、改正其行爲或採取必要更正措施，並按次處新臺幣十萬元以上五千萬元以下罰鍰，至停止、改正其行爲或採取必要更正措施爲止。

第四十三條▲（同業公會或其他團體成員參與違法行為之處罰）

第二條第二項之同業公會或其他團體違反本法規定者，主管機關得就其參與違法行爲之成員併同罰之。但成員能證明其不知、未參與合意、未實施或在主管機關開始調查前即停止該違法行爲者，不予處罰。

第四十四條▲（受調者違反規定之罰則）

主管機關依第二十七條規定進行調查時，受調查者違反第二十七條第三項規定，得處新臺幣五萬元以上五十萬元以下罰鍰；受調查者再經通知，無正當理由規避、妨礙或拒絕者，主管機關得繼續通知調查，並按次處新臺幣十萬元以上一百萬元以下罰鍰，至接受調查、到場陳述意見或提出有關帳冊、文件等資料或證物爲止。

第七章　附則

第四十五條▲（除外規定）

依照著作權法、商標法、專利法或其他智慧財產權法規行使權利之正當行爲，不適用本法之規定。

第四十六條▲（競爭行為優先適用本法）

事業關於競爭之行爲，優先適用本法之規定。但其他法律另有規定且不牴觸本法立法意旨者，不在此限。

第四十七條▲（未經認許外國法人、團體之訴訟權）

未經認許之外國法人或團體，就本法規定事項得爲告訴、自訴或提起民事訴訟。但以依條約或其本國法令、慣例，中華民國人或團體得在該國享受同等權利者爲限；其由團體或機構互訂保護之協議，經主管機關核准者亦同。

第四十七條之一▲（反托拉斯基金之設立及基金來源與用途）

㈠主管機關爲強化聯合行爲查處，促進市場競爭秩序之健全發展，得設立反托拉斯基金。

㈡前項基金之來源如下：

1. 提撥違反本法罰鍰之百分之三十。
2. 基金孳息收入。
3. 循預算程序之撥款。
4. 其他有關收入。

㈢第一項基金之用途如下：

1. 檢舉違法聯合行爲獎金之支出。

2. 推動國際競爭法執法機關之合作、調查及交流事項。

3. 補助本法與涉及檢舉獎金訴訟案件相關費用之支出。

4. 辦理競爭法相關資料庫之建置及維護。

5. 辦理競爭法相關制度之研究發展。

6. 辦理競爭法之教育及宣導。

7. 其他維護市場交易秩序之必要支出。

㈣前項第一款有關檢舉獎金適用之範圍、檢舉人資格、發給標準、發放程序、獎金之撤銷、廢止與追償、身分保密等事項之辦法，由主管機關定之。

第四十八條▲（行政處分或決定不服之處理）

對主管機關依本法所為之處分或決定不服者，直接適用行政訴訟程序。

本法修正施行前，尚未終結之訴願事件，依訴願法規定終結之。

第四十九條▲（施行細則）

本法施行細則，由主管機關定之。

第五十條▲（施行日）

本法除中華民國一百零四年一月二十二日修正之第十條及第十一條條文自公布三十日後施行外，自公布日施行。

公平交易法施行細則

中華民國八十一年六月二十四日行政院公平交易委員會（81）公秘字第 015 號令訂定發布全文 32 條

中華民國八十八年八月三十日行政院公平交易委員會（88）公秘法字第 02420 號令修正發布全文 35 條；並自發布日起施行

中華民國九十一年六月十九日行政院公平交易委員會公秘法字第 0910005518 號令修正發布全文 37 條；並自發布日施行

中華民國一百零三年四月十八日公平交易委員會公法字第 10315603001 號令刪除發布第 29 條條文

中華民國一百零四年七月二日公平交易委員會公法字第 10415605721 號令修正發布全文 37 條；並自發布日施行

中華民國一百十一年四月七日公平交易委員會公法字第 1111560155 號令修正發布第 6、8、9、36 條條文

第一條▲（依據）

本細則依公平交易法（以下簡稱本法）第四十九條規定訂定之。

第二條▲（同業公會之定義）

本法第二條第二項所稱同業公會如下：

一、依工業團體法成立之工業同業公會及工業會。

二、依商業團體法成立之商業同業公會、商業同業公會聯合會、輸出業同業公會及聯合會、商業會。

三、依其他法規規定成立之律師公會、會計師公會、建築師公會、醫師公會、技師公會等職業團體。

本法第二條第二項所稱其他依法設立、促進成員利益之團體，指除前項外

其他依人民團體法或相關法律設立、促進成員利益之事業團體。

第三條▲（認定獨占事業應審酌之事項）

本法第七條所稱獨占，應審酌下列事項認定之：

一、事業在相關市場之占有率。

二、考量時間、空間等因素下，商品或服務在相關市場變化中之替代可能性。

三、事業影響相關市場價格之能力。

四、他事業加入相關市場有無不易克服之困難。

五、商品或服務之輸入、輸出情形。

第四條▲（計算市場占有率應審酌事項）

計算事業之市場占有率時，應先審酌該事業及該相關市場之生產、銷售、存貨、輸入及輸出值（量）之資料。

計算市場占有率所需之資料，得以主管機關調查所得資料或其他政府機關記載資料爲基準。

第五條▲（同業公會為聯合行為時之行為人）

本法第二條第二項所稱同業公會或其他團體之代表人，得為本法聯合行為之行為人。

第六條▲（銷售金額）

一、本法第十條第二項與第十一條第二項所稱控制與從屬關係，指有下列情形之一者：

㈠事業持有他事業有表決權之股份或出資額，超過他事業已發行有表決權股份總數或資本總額半數。

㈡事業直接或間接控制他事業之人事、財務或業務經營。

㈢二事業間，有本法第十條第一項第三款或第四款所定情形，而致一事業對另一事業有控制力。

㈣本法第十一條第三項之人或團體及其關係人持有他事業有表決權之股份或出資額，超過他事業已發行有表決權股份總數或資本總額半數。

二、有下列情形之一者，推定為有控制與從屬關係：

㈠事業與他事業之執行業務股東或董事有半數以上相同。

㈡事業與他事業之已發行有表決權股份總數或資本總額有半數以上為相同之股東持有或出資。

第七條▲（應申報結合之事業）

本法第十一條第一項第三款所稱銷售金額，指事業之營業收入總額。

前項營業收入總額之計算，得以主管機關調查所得資料或其他政府機關記載資料為基準。

第八條▲（申報結合應備文件）

一、本法第十一條第一項之事業結合，由下列之事業向主管機關提出申報：

㈠與他事業合併、經常共同經營或受他事業委託經營者，爲參與結合之事業。

㈡持有或取得他事業股份或出資額，爲持有或取得之事業。但持有或取得事業間具有控制與從屬關係者，或受同一事業或數事業控制者，亦得爲最終控制之事業。

㈢受讓或承租他事業之營業或財產者，爲受讓或承租之事業。

㈣直接或間接控制他事業之業務經營或人事任免者，爲控制事業。

二、應申報事業尚未設立者，由參與結合之既存事業提出申報。

三、金融控股公司或其依金融控股公司法具控制性持股之子公司參與結合時，由金融控股公司提出申報。

第九條▲（結合申報文件之補正）

本法第十一條第一項之事業結合，應備下列文件，向主管機關提出申報：

一、申報書，載明下列事項：

㈠結合型態及內容。

㈡參與事業之姓名、住居所或公司、行號或團體之名稱、事務所或營業所。

㈢預定結合日期。

㈣設有代理人者，其代理人之姓名及其證明文件。

㈤其他必要事項。

二、參與事業之基本資料：

㈠事業設有代表人或管理人者，其代表人或管理人之姓名及住居所。

㈡參與事業之資本額及營業項目。

㈢參與事業、與參與事業具有控制與從屬關係之事業，以及與參與事業受同一事業或數事業控制之從屬關係事業，其上一會計年度之營業額。

㈣每一參與事業之員工人數。

㈤參與事業設立證明文件。

三、參與事業上一會計年度之財務報表及營業報告書。

四、參與事業就該結合相關商品或服務之生產或經營成本、銷售價格及產銷值（量）等資料。

五、實施結合對整體經濟利益及限制競爭不利益之說明。

六、參與事業未來主要營運計畫。

七、參與事業轉投資之概況。

八、本法第十一條第三項之人或團體，持有他事業有表決權股份或出資額之概況。

九、參與事業之股票在證券交易所上市，或於證券商營業處所買賣者，其最近一期之公開說明書或年報。

十、參與事業之水平競爭或其上下游事業之市場結構資料。

十一、主管機關為評估結合對競爭影響所指定之其他文件或其他資料。

前項申報書格式，由主管機關定之。

事業結合申報，有正當理由無法提出第一項應備文件或資料者，應於申報書內表明並釋明之。

第十條▲（金融機構事業之定義）

事業結合依本法第十一條第一項提出申報時，所提資料不符前條規定或記載不完備者，主管機關得敘明理由限期通知補正；屆期不補正或補正後所提資料仍不齊備者，不受理其申報。

第十一條▲（受理事業提出完整申報資料日之定義）

本法第十一條第七項所定受理其提出完整申報資料之日，指主管機關受理事業提出之申報資料符合第九條規定且記載完備之收文日。

第十二條▲（結合決定之刊載）

事業依本法第十五條第一項但書規定申請許可，應由參與聯合行爲之事業共同爲之。

前項事業爲本法第二條第二項所定之同業公會或其他團體者，應由該同業公會或團體爲之。

前二項之申請，得委任代理人爲之。

第十三條▲（應申請聯合許可之事業）

依本法第十五條第一項但書規定申請許可，應備下列文件：

一、申請書，載明下列事項：

㈠申請聯合行爲之商品或服務名稱。

㈡聯合行爲之型態。

㈢聯合行爲實施期間及地區。

㈣設有代理人者，其代理人之姓名及其證明文件。

㈤其他必要事項。

二、聯合行為之契約書、協議書或其他合意文件。

三、實施聯合行為之具體內容及實施方法。

四、參與事業之基本資料：

㈠參與事業之姓名、住居所或公司、行號、公會或團體之名稱、事務所或營業所。

㈡事業設有代表人或管理人者，其代表人或管理人之姓名及住居所。

㈢參與事業之營業項目、資本額及上一會計年度之營業額。

五、參與事業最近三年與聯合行為有關之商品或服務價格及產銷值（量）之逐季資料。

六、參與事業上一會計年度之財務報表及營業報告書。

七、參與事業之水平競爭或其上下游事業之市場結構資料。

八、聯合行為評估報告書。

九、其他經主管機關指定之文件。

前項申請書格式，由主管機關定之。

第十四條▲（申請聯合許可應備文件）

前條第一項第八款聯合行為評估報告書，並應載明下列事項：

一、參與事業實施聯合行為前後成本結構及變動分析預估。

二、聯合行為對未參與事業之影響。

三、聯合行爲對該市場結構、供需及價格之影響。

四、聯合行爲對上、下游事業及其市場之影響。

五、聯合行爲對整體經濟與公共利益之具體效益與不利影響。

六、其他必要事項。

第十五條▲（聯合行為評估報告書應載事項）

依本法第十五條第一項第一款、第三款或第八款規定申請許可者，其聯合行爲評估報告書除依前條規定外，並應詳載其實施聯合行爲達成降低成本、改良品質、增進效率、促進合理經營、產業發展或技術創新之具體預期效果。

第十六條▲（聯合行為評估報告書應詳載事項一）

依本法第十五條第一項第二款規定申請許可者，其聯合行爲評估報告書除第十四條規定外，並應詳載下列事項：

一、個別研究開發及共同研究開發所需經費之差異。

二、提高技術、改良品質、降低成本或增進效率之具體預期效果。

第十七條▲（聯合行為評估報告書應詳載事項二）

依本法第十五條第一項第四款規定申請許可者，其聯合行爲評估報告書除第十四條規定外，並應詳載下列事項：

一、參與事業最近三年之輸出值（量）與其占該商品總輸出值（量）及內外銷之比例。

二、促進輸出之具體預期效果。

第十八條▲（聯合行為評估報告書應詳載事項三）

依本法第十五條第一項第五款規定申請許可者，其聯合行爲評估報告書除第十四條規定外，並應詳載下列事項：

一、參與事業最近三年之輸入值（量）。

二、事業爲個別輸入及聯合輸入所需成本比較。

三、達成加強貿易效能之具體預期效果。

第十九條▲（聯合行為評估報告書應詳載事項四）

依本法第十五條第一項第六款規定申請許可者，其聯合行爲評估報告書除第十四條規定外，並應詳載下列事項：

一、因經濟不景氣，而致同一行業之事業難以繼續維持或生產過剩之資料。

二、參與事業最近三年每月之產能、設備利用率、產銷值（量）、輸出入值（量）及存貨量資料。

三、最近三年間該行業廠家數之變動狀況。

四、該行業之市場展望資料。

五、除聯合行爲外，已採或擬採之自救措施。

六、實施聯合行爲之預期效果。

除前項應載事項外，主管機關得要求提供其他相關資料。

第二十條▲（聯合行為評估報告書應詳載事項五）

依本法第十五條第一項第七款規定申請許可者，其聯合行爲評估報告書除第十四條規定外，並應詳載下列事項：

一、符合中小企業認定標準之資料。

二、達成增進經營效率或加強競爭能力之具體預期效果。

第二十一條▲（聯合行為評估報告書應詳載事項六）

本法第十五條第一項第七款所稱中小企業，依中小企業發展條例規定之標準認定之。

第二十二條▲（中小企業之認定）

事業依本法第十五條第一項但書規定申請聯合行爲許可時，所提資料不全或記載不完備者，主管機關得敘明理由限期通知補正；屆期不補正或補正後所提資料仍不齊備者，駁回其申請。

第二十三條▲（聯合許可申請文件之補正）

本法第十五條第二項所定三個月期限，自主管機關收文之次日起算。但事業提出之資料不全或記載不完備，經主管機關限期通知補正者，自補正之次日起算。

第二十四條▲（聯合行為申請案審查期間之計算）

事業依本法第十六條第二項規定申請延展時，應備下列資料，向主管機關提出：

一、申請書。

二、聯合行爲之契約書、協議書或其他合意文件。

三、實施聯合行爲之具體內容及實施方法。

四、參與事業之基本資料。

五、參與事業最近三年與聯合行爲有關之商品或服務價格及產銷值（量）之逐季資料。

六、參與事業上一會計年度之財務報表及營業報告書。

七、參與事業之水平競爭或其上下游事業之市場結構資料。

八、聯合行爲評估報告書。

九、原許可文件影本。

十、申請延展之理由。

十一、其他經主管機關指定之文件或資料。

前項第三款應符合原申請許可之內容，如逾越許可範圍，應重新提出申請。

事業依本法第十六條第二項規定申請聯合行爲延展時，所提資料不全或記載不完備者，主管機關得敘明理由限期通知補正；屆期不補正或補正後所提資料仍不齊備者，駁回其申請。

第二十五條▲（申請延展應提資料）

本法第十九條第一項但書所稱正當理由，主管機關得就事業所提事證，應審酌下列因素認定之：

一、鼓勵下游事業提升售前服務之效率或品質。

二、防免搭便車之效果。

三、提升新事業或品牌參進之效果。

四、促進品牌間之競爭。

五、其他有關競爭考量之經濟上合理事由。

第二十六條▲（第十九條第二款正當理由應審酌之情形）

本法第二十條第二款所稱正當理由，應審酌下列情形認定之：

一、市場供需情況。

二、成本差異。

三、交易數額。

四、信用風險。

五、其他合理之事由。

差別待遇是否有限制競爭之虞，應綜合當事人之意圖、目的、市場地位、所屬市場結構、商品或服務特性及實施情況對市場競爭之影響等加以判斷。

第二十七條▲（第十九條第六款限制之情形及正當與否之判斷）

本法第二十條第三款所稱低價利誘，指事業以低於成本或顯不相當之價格，阻礙競爭者參與或從事競爭。

低價利誘是否有限制競爭之虞，應綜合當事人之意圖、目的、市場地位、所屬市場結構、商品或服務特性及實施情況對市場競爭之影響等加以判斷。

第二十八條▲（更正廣告之刊登）

本法第二十條第五款所稱限制，指搭售、獨家交易、地域、顧客或使用之限制及其他限制事業活動之情形。

前項限制是否不正當而有限制競爭之虞，應綜合當事人之意圖、目的、市場地位、所屬市場結構、商品或服務特性及履行情況對市場競爭之影響等加以判斷。

第二十九條▲（刪除）

事業有違反本法第二十一條第一項、第四項規定之行爲，主管機關得依本法第四十二條規定，令其刊登更正廣告。

前項更正廣告方法、次數及期間，由主管機關審酌原廣告之影響程度定之。

第三十條▲（檢舉案件不予處理之情形）

主管機關對於無具體內容、未具眞實姓名或住址之檢舉案件，得不予處理。

第三十一條▲（調查通知書應載事項一）

主管機關依本法第二十七條第一項第一款規定爲通知時，應以書面載明下列事項：

一、受通知者之姓名、住居所。受通知者爲公司、行號、公會或團體者，其負責人之姓名及事務所、營業所。

二、擬調查之事項及受通知者對該事項應提供之說明或資料。

三、應到之日、時、處所。

四、無正當理由不到場之處罰規定。

前項通知，至遲應於到場日四十八小時前送達。但有急迫情形者，不在此限。

第三十二條▲（委任代理人到場）

前條之受通知者得委任代理人到場陳述意見。但主管機關認爲必要時，得通知應由本人到場。

第三十三條▲（陳述紀錄之作成）

第三十一條之受通知者到場陳述意見後，主管機關應作成陳述紀錄，由陳述者簽名。其不能簽名者，得以蓋章或按指印代之；其拒不簽名、蓋章或按指印者，應載明其事實。

第三十四條▲（調查通知書應載事項二）

主管機關依本法第二十七條第一項第二款規定爲通知

時，應以書面載明下列事項：

一、受通知者之姓名、住居所。受通知者為公司、行號、公會或團體者，其負責人之姓名及事務所、營業所。

二、擬調查之事項。

三、受通知者應提供之說明、帳冊、文件及其他必要之資料或證物。

四、應提出之期限。

五、無正當理由拒不提出之處罰規定。

第三十五條▲（掣給收據）

主管機關收受當事人或關係人所提出之帳冊、文件及其他必要之資料或證物後，應依提出者之請求製發收據。

第三十六條▲（裁處罰鍰應審酌事項）

依本法量處罰鍰時，應審酌一切情狀，並注意下列事項：

一、違法行為之動機、目的及預期之不當利益。

二、違法行為對交易秩序之危害程度。

三、違法行為危害交易秩序之持續期間。

四、因違法行為所得利益。

五、事業之規模、經營狀況及其市場地位。

六、以往違法類型、次數、間隔時間及所受處罰。

七、違法後改正情形及配合調查等態度。

第三十七條▲（施行日期）

本細則自發布日施行。

消費者保護法

中華民國八十三年一月十一日總統（83）華總（一）義字第 0165 號令制定公布全文 64 條

中華民國九十二年五月二十六日行政院院臺聞字第 0920020214 號令發布第 45-4 條第四項之小額消費爭議額度定為新臺幣十萬元

中華民國一百年十二月十六日行政院院臺規字第 1000109431 號公告第 39 條、第 40 條第 1 項、第 41 條第 1、2 項、第 44-1 條、第 4 9 條第 1、4 項所列屬「行政院消費者保護委員會」之權責事項，自一百零一年一月一日起改由「行政院」管轄；第 40 條第 2 項所列「行政院消費者保護委員會」，自一百零一年一月一日起改為諮詢審議性質之任務編組「行政院消費者保護會」，並以設置要點定之；第 60 條所列屬「行政院消費者保護委員會」之權責事項，自一百零一年一月一日起停止辦理

中華民國一百零四年六月十七日總統華總一義字第 10400070691 號令修正公布第 2、8、11-1、13、17、18、19、22、29、39～41、44-1、45、45-4、46、49、51、57、58、60、62、64 條條文及第三節節名；增訂第 17-1、19-2、56-1 條條文；刪除第 19-1 條條文；並自公布日施行，但第 2 條第 10、11 款及第 18～19-2 條條文之施行日期，由行政院定之

中華民國一百零四年十二月三十一日行政院院臺消保字第1040155873號令發布第2條第10、11 款及第18～19-2條，定自一百零五年一月一日施行

第一章　總則

第一條▲（立法目的及適用準則）

爲保護消費者權益，促進國民消費生活安全，提昇國民消費生活品質，特制定本法。

有關消費者之保護，依本法之規定，本法未規定者，適用其他法律。

第二條▲（名詞定義）

本法所用名詞定義如下：

一、**消費者**：指以消費爲目的而爲交易、使用商品或接受服務者。

二、**企業經營者**：指以設計、生產、製造、輸入、經銷商品或提供服務爲營業者。

三、**消費關係**：指消費者與企業經營者間就商品或服務所發生之法律關係。

四、**消費爭議**：指消費者與企業經營者間因商品或服務所生之爭議。

五、**消費訴訟**：指因消費關係而向法院提起之訴訟。

六、**消費者保護團體**：指以保護消費者爲目的而依法設

立登記之法人。

七、**定型化契約條款**：指企業經營者為與不特定多數消費者訂立同類契約之用，所提出預先擬定之契約條款。定型化契約條款不限於書面，其以放映字幕、張貼、牌示、網際網路、或其他方法表示者，亦屬之。

八、**個別磋商條款**：指契約當事人個別磋商而合意之契約條款。

九、**定型化契約**：指以企業經營者提出之定型化契約條款作為契約內容之全部或一部而訂定之契約。

十、**通訊交易**：指企業經營者以廣播、電視、電話、傳真、型錄、報紙、雜誌、網際網路、傳單或其他類似之方法，消費者於未能檢視商品或服務下而與企業經營者所訂立之契約。

十一、**訪問交易**：指企業經營者未經邀約而與消費者在其住居所、工作場所、公共場所或其他場所所訂立之契約。

十二、**分期付款**：指買賣契約約定消費者支付頭期款，餘款分期支付，而企業經營者於收受頭期款時，交付標的物與消費者之交易型態。

第三條▲（政府應實施措施）

政府為達成本法目的，應實施下列措施，並應就與下列事項有關之法規及其執行情形，定期檢討、協調、改進之：

一、維護商品或服務之品質與安全衛生。

二、防止商品或服務損害消費者之生命、身體、健康、財產或其他權益。

三、確保商品或服務之標示，符合法令規定。

四、確保商品或服務之廣告，符合法令規定。

五、確保商品或服務之度量衡，符合法令規定。

六、促進商品或服務維持合理價格。

七、促進商品之合理包裝。

八、促進商品或服務之公平交易。

九、扶植、獎助消費者保護團體。

十、協調處理消費爭議。

十一、推行消費者教育。

十二、辦理消費者諮詢服務。

十三、其他依消費生活之發展所必要之消費者保護措施。

政府爲達成前項之目的，應制定相關法律。

第四條▲（企業經營者之義務）

企業經營者對於其提供之商品或服務，應重視消費者之健康與安全，並向消費者說明商品或服務之使用方法，維護交易之公平，提供消費者充分與正確之資訊，及實施其他必要之消費者保護措施。

第五條▲（消費資訊之提供）

政府、企業經營者及消費者均應致力充實消費資訊，提供消費者運用，俾能採取正確合理之消費行爲，以維護其安全與權益。

第六條▲（主管機關）

本法所稱主管機關：在中央爲目的事業主管機關；在直轄市爲直轄市政府；在縣（市）爲縣（市）政府。

第二章　消費者權益

第一節　健康與安全保障

第七條▲（企業經營者責任）

㈠從事設計、生產、製造商品或提供服務之企業經營者，於提供商品流通進入市場，或提供服務時，應確保該商品或服務，符合當時科技或專業水準可合理期待之安全性。

㈡商品或服務具有危害消費者生命、身體、健康、財產之可能者，應於明顯處爲警告標示及緊急處理危險之方法。

㈢企業經營者違反前二項規定，致生損害於消費者或第三人時，應負連帶賠償責任。但企業經營者能證明其無過失者，法院得減輕其賠償責任。

第七條之一▲（符合當時科技或專業水準之舉證）

㈠企業經營者主張其商品於流通進入市場，或其服務於提供時，符合當時科技或專業水準可合理期待之安全性者，就其主張之事實負舉證責任。

㈡商品或服務不得僅因其後有較佳之商品或服務，而被視爲不符合前條第一項之安全性。

第八條▲（經銷、企業經營者之責任）

㈠從事經銷之企業經營者，就商品或服務所生之損害，與設計、生產、製造商品或提供服務之企業經營者連帶負賠償責任。但其對於損害之防免已盡相當之注意，或縱加以相當之注意而仍不免發生損害者，不在此限。

㈡前項之企業經營者，改裝、分裝商品或變更服務內容者，視為第七條之企業經營者。

第九條▲（輸入商品或服務之企業經營者之責任）

輸入商品或服務之企業經營者，視為該商品之設計、生產、製造者或服務之提供者，負本法第七條之製造者責任。

第十條▲（企業經營者防止危害發生之義務）

㈠企業經營者於有事實足認其提供之商品或服務有危害消費者安全與健康之虞時，應即回收該批商品或停止其服務。但企業經營者所為必要之處理，足以除去其危害者，不在此限。

㈡商品或服務有危害消費者生命、身體、健康或財產之虞，而未於明顯處為警告標示，並附載危險之緊急處理方法者，準用前項規定。

第十條之一▲（預先約定限制或免除之禁止）

本節所定企業經營者對消費者或第三人之損害賠償責任，不得預先約定限制或免除。

第二節　定型化契約

第十一條▲（定型化契約之訂定及解釋原則）

企業經營者在定型化契約中所用之條款，應本平等互惠之原則。

定型化契約條款如有疑義時，應為有利於消費者之解釋。

第十一條之一▲（審閱期間）

㈠企業經營者與消費者訂立定型化契約前，應有三十日以內之合理期間，供消費者審閱全部條款內容。

㈡企業經營者以定型化契約條款使消費者拋棄前項權利者，無效。

㈢違反第一項規定者，其條款不構成契約之內容。但消費者得主張該條款仍構成契約之內容。

㈣中央主管機關得選擇特定行業，參酌定型化契約條款之重要性、涉及事項之多寡及複雜程度等事項，公告定型化契約之審閱期間。

第十二條▲（定型化契約違反誠信原則之效力）

定型化契約中之條款違反誠信原則，對消費者顯失公平者，無效。

定型化契約中之條款有下列情形之一者，推定其顯失公平：

一、違反平等互惠原則者。

二、條款與其所排除不予適用之任意規定之立法意旨顯相矛盾者。

三、契約之主要權利或義務，因受條款之限制，致契約之目的難以達成者。

第十三條▲（構成契約內容之要件；定型化契約書之給

與）

㈠企業經營者應向消費者明示定型化契約條款之內容；明示其內容顯有困難者，應以顯著之方式，公告其內容，並經消費者同意者，該條款即為契約之內容。

㈡企業經營者應給與消費者定型化契約書。但依其契約之性質致給與顯有困難者，不在此限。

㈢定型化契約書經消費者簽名或蓋章者，企業經營者應給與消費者該定型化契約書正本。

第十四條▲（排除構成契約之內容）

定型化契約條款未經記載於定型化契約中而依正常情形顯非消費者所得預見者，該條款不構成契約之內容。

第十五條▲（牴觸個別磋商條款之約定）

定型化契約中之定型化契約條款牴觸個別磋商條款之約定者，其牴觸部分無效。

第十六條▲（一部無效）

定型化契約中之定型化契約條款，全部或一部無效或不構成契約內容之一部者，除去該部分，契約亦可成立者，該契約之其他部分，仍為有效。但對當事人之一方顯失公平者，該契約全部無效。

第十七條▲（中央主管機關公告特定行業定型化契約應記載或不得記載之事項）

㈠中央主管機關為預防消費糾紛，保護消費者權益，促進定型化契約之公平化，得選擇特定行業，擬訂其定型化契約應記載或不得記載事項，報請行政院核定後公告之。

㈡前項應記載事項，依契約之性質及目的，其內容得包括：

1. 契約之重要權利義務事項。
2. 違反契約之法律效果。
3. 預付型交易之履約擔保。
4. 契約之解除權、終止權及其法律效果。
5. 其他與契約履行有關之事項。

㈢第一項不得記載事項，依契約之性質及目的，其內容得包括：

1. 企業經營者保留契約內容或期限之變更權或解釋權。
2. 限制或免除企業經營者之義務或責任。
3. 限制或剝奪消費者行使權利，加重消費者之義務或責任。
4. 其他對消費者顯失公平事項。

㈣違反第一項公告之定型化契約，其定型化契約條款無效。該定型化契約之效力，依前條規定定之。

㈤中央主管機關公告應記載之事項，雖未記載於定型化契約，仍構成契約之內容。

㈥企業經營者使用定型化契約者，主管機關得隨時派員查核。

第十七條之一▲（企業經營者負定型化契約符合規定之舉證責任）

企業經營者與消費者訂立定型化契約，主張符合本節規定之事實者，就其事實負舉證責任。

第三節　特種買賣

第十八條▲（企業經營者以通訊或訪問交易訂立契約，應記載於書面之資訊事項）

㈠企業經營者以通訊交易或訪問交易方式訂立契約時，應將下列資訊以清楚易懂之文句記載於書面，提供消費者：

1. 企業經營者之名稱、代表人、事務所或營業所及電話或電子郵件等消費者得迅速有效聯絡之通訊資料。
2. 商品或服務之內容、對價、付款期日及方式、交付期日及方式。
3. 消費者依第十九條規定解除契約之行使期限及方式。
4. 商品或服務依第十九條第二項規定排除第十九條第一項解除權之適用。
5. 消費申訴之受理方式。
6. 其他中央主管機關公告之事項。

㈡經由網際網路所為之通訊交易，前項應提供之資訊應以可供消費者完整查閱、儲存之電子方式為之。

第十九條▲（通訊或訪問交易之解約）

㈠通訊交易或訪問交易之消費者，得於收受商品或接受服務後七日內，以退回商品或書面通知方式解除契約，無須說明理由及負擔任何費用或對價。但通訊交易有合理例外情事者，不在此限。

㈡前項但書合理例外情事，由行政院定之。

㈢企業經營者於消費者收受商品或接受服務時，未依前條第一項第三款規定提供消費者解除契約相關資訊者，第一項七日期間自提供之次日起算。但自第一項七日期間起算，已逾四個月者，解除權消滅。

㈣消費者於第一項及第三項所定期間內，已交運商品或發出書面者，契約視爲解除。

㈤通訊交易或訪問交易違反本條規定所爲之約定，其約定無效。

第十九條之一（刪除）

第十九條 之二▲（消費者退回商品或解除契約之處理）

㈠消費者依第十九條第一項或第三項規定，以書面通知解除契約者，除當事人另有個別磋商外，企業經營者應於收到通知之次日起十五日內，至原交付處所或約定處所取回商品。

㈡企業經營者應於取回商品、收到消費者退回商品或解除服務契約通知之次日起十五日內，返還消費者已支付之對價。

㈢契約經解除後，企業經營者與消費者間關於回復原狀之約定，對於消費者較民法第二百五十九條之規定不利者，無效。

第二十條▲（消費者之保管義務）

㈠未經消費者要約而對之郵寄或投遞之商品，消費者不負保管義務。

㈡前項物品之寄送人，經消費者定相當期限通知取回而逾期未取回或無法通知者，視爲拋棄其寄投之商品。雖未經通知，但在寄送後逾一個月未經消費者表示承諾，而仍不取回其商品者，亦同。

㈢消費者得請求償還因寄送物所受之損害，及處理寄送物所支出之必要費用。

第二十一條▲（分期付款買賣契約之應記載事項）

企業經營者與消費者分期付款買賣契約應以書面爲之。

前項契約書應載明下列事項：

一、頭期款。

二、各期價款與其他附加費用合計之總價款與現金交易價格之差額。

三、利率。

企業經營者未依前項規定記載利率者，其利率按現金交易價格週年利率百分之五計算之。

企業經營者違反第二項第一款、第二款之規定者，消費者不負現金交易價格以外價款之給付義務。

第四節　消費資訊之規範

第二十二條▲（企業經營者對消費者所負之義務，不得低於廣告之內容）

企業經營者應確保廣告內容之眞實，其對消費者所負之義務不得低於廣告之內容。

企業經營者之商品或服務廣告內容，於契約成立後，應確實履行。

第二十二條之一▲（總費用之範圍及年百分率計算方式）

企業經營者對消費者從事與信用有關之交易時，應於廣告上明示應付所有總費用之年百分率。

前項所稱總費用之範圍及年百分率計算方式，由各目的事業主管機關定之。

第二十三條▲（媒體經營者之連帶責任）

㈠刊登或報導廣告之媒體經營者明知或可得而知廣告內容與事實不符者，就消費者因信賴該廣告所受之損害與企業經營者負連帶責任。

㈡前項損害賠償責任，不得預先約定限制或拋棄。

第二十四條▲（商品或服務之標示）

㈠企業經營者應依商品標示法等法令爲商品或服務之標示。

㈡輸入之商品或服務，應附中文標示及說明書，其內容不得較原產地之標示及說明書簡略。

㈢輸入之商品或服務在原產地附有警告標示者，準用前項之規定。

第二十五條▲（書面保證書及其應載事項）

企業經營者對消費者保證商品或服務之品質時，應主動出具書面保證書。

前項保證書應載明下列事項：

一、商品或服務之名稱、種類、數量，其有製造號碼或批號者，其製造號碼或批號。

二、保證之內容。

三、保證期間及其起算方法。

四、製造商之名稱、地址。

五、由經銷商售出者，經銷商之名稱、地址。

六、交易日期。

第二十六條▲（商品之包裝）

企業經營者對於所提供之商品應按其性質及交易習慣，爲防震、防潮、防塵或其他保存商品所必要之包裝，以確保商品之品質與消費者之安全。但不得誇張其內容或爲過大之包裝。

第三章　消費者保護團體

第二十七條▲（消費者保護團體之性質與宗旨）

消費者保護團體以社團法人或財團法人爲限。

消費者保護團體應以保護消費者權益、推行消費者教育爲宗旨。

第二十八條▲（消費者保護團體之任務）

消費者保護團體之任務如下：

一、商品或服務價格之調查、比較、研究、發表。

二、商品或服務品質之調查、檢驗、研究、發表。

三、商品標示及其內容之調查、比較、研究、發表。

四、消費資訊之諮詢、介紹與報導。

五、消費者保護刊物之編印發行。

六、消費者意見之調查、分析、歸納。

七、接受消費者申訴，調解消費爭議。

八、處理消費爭議，提起消費訴訟。

九、建議政府採取適當之消費者保護立法或行政措施。

十、建議企業經營者採取適當之消費者保護措施。

十一、其他有關消費者權益之保護事項。

第二十九條▲（消費者保護團體發表檢驗結果，應公布檢驗相關資訊並通知相關經營者，如有錯誤，應進行更正及澄清）

㈠消費者保護團體為從事商品或服務檢驗，應設置與檢驗項目有關之檢驗設備或委託設有與檢驗項目有關之檢驗設備之機關、團體檢驗之。

㈡執行檢驗人員應製作檢驗紀錄，記載取樣、儲存樣本之方式與環境、使用之檢驗設備、檢驗方法、經過及結果，提出於該消費者保護團體。

㈢消費者保護團體發表前項檢驗結果後，應公布其取樣、儲存樣本之方式與環境、使用之檢驗設備、檢驗方法及經過，並通知相關企業經營者。

㈣消費者保護團體發表第二項檢驗結果有錯誤時，應主動對外更正，並使相關企業經營者有澄清之機會。

第三十條▲（消費者保護之立法及行政措施意見之徵詢）

政府對於消費者保護之立法或行政措施，應徵詢消費者保護團體、相關行業、學者專家之意見。

第三十一條▲（政府對商品或服務調查、檢驗之協助）

消費者保護團體為商品或服務之調查、檢驗時，得請求政府予以必要之協助。

第三十二條▲（消費者保護團體之獎助）

消費者保護團體辦理消費者保護工作成績優良者，主管機關得予以財務上之獎助。

第四章　行政監督

第三十三條▲（地方主管機關對企業經營者之調查）

直轄市或縣（市）政府認爲企業經營者提供之商品或服務有損害消費者生命、身體、健康或財產之虞者，應即進行調查。於調查完成後，得公開其經過及結果。

前項人員爲調查時，應出示有關證件，其調查得依下列方式進行：

一、向企業經營者或關係人查詢。

二、通知企業經營者或關係人到場陳述意見。

三、通知企業經營者提出資料證明該商品或服務對於消費者生命、身體、健康或財產無損害之虞。

四、派員前往企業經營者之事務所、營業所或其他有關場所進行調查。

五、必要時，得就地抽樣商品，加以檢驗。

第三十四條▲（可為證據之物之扣押）

直轄市或縣（市）政府於調查時，對於可爲證據之物，得聲請檢察官扣押之。

前項扣押，準用刑事訴訟法關於扣押之規定。

第三十五條▲（委託檢驗）

直轄市或縣（市）主管機關辦理檢驗，得委託設有與檢驗項目有關之檢驗設備之消費者保護團體、職業團體或其他有關公私機構或團體辦理之。

第三十六條▲（地方主管機關採取必要措施）

直轄市或縣（市）政府對於企業經營者提供之商品或服

務，經第三十三條之調查，認為確有損害消費者生命、身體、健康或財產，或確有損害之虞者，應命其限期改善、回收或銷燬，必要時並得命企業經營者立即停止該商品之設計、生產、製造、加工、輸入、經銷或服務之提供，或採取其他必要措施。

第三十七條▲（損害之公告）

直轄市或縣（市）政府於企業經營者提供之商品或服務，對消費者已發生重大損害或有發生重大損害之虞，而情況危急時，除為前條之處置外，應即在大眾傳播媒體公告企業經營者之名稱、地址、商品、服務、或為其他必要之處置。

第三十八條▲（中央主管機關之措施）

中央主管機關認為必要時，亦得為前五條規定之措施。

第三十九條▲（消費者保護官之設置、任用及職掌）

行政院、直轄市、縣（市）政府應置消費者保護官若干名。

消費者保護官任用及職掌之辦法，由行政院定之。

第四十條▲（行政院應定期邀集事務相關部會首長、團體代表及學者等專家提供諮詢）

行政院為監督與協調消費者保護事務，應定期邀集有關部會首長、全國性消費者保護團體代表、全國性企業經營者代表及學者、專家，提供本法相關事項之諮詢。

第四十一條▲（行政院推動消費者保護，應辦理之事項）

行政院為推動消費者保護事務，辦理下列事項：

一、消費者保護基本政策及措施之研擬及審議。

二、消費者保護計畫之研擬、修訂及執行成果檢討。

三、消費者保護方案之審議及其執行之推動、連繫與考核。

四、國內外消費者保護趨勢及其與經濟社會建設有關問題之研究。

五、消費者保護之教育宣導、消費資訊之蒐集及提供。

六、各部會局署關於消費者保護政策、措施及主管機關之協調事項。

七、監督消費者保護主管機關及指揮消費者保護官行使職權。

消費者保護之執行結果及有關資料，由行政院定期公告。

第四十二條▲（消費者服務中心）

直轄市、縣（市）政府應設消費者服務中心，辦理消費者之諮詢服務、教育宣導、申訴等事項。

直轄市、縣（市）政府消費者服務中心得於轄區內設分中心。

第五章　消費爭議之處理

第一節　申訴與調解

第四十三條▲（申訴）

㈠消費者與企業經營者因商品或服務發生消費爭議時，消費者得向企業經營者、消費者保護團體或消費者服務中心或其分中心申訴。

㈡企業經營者對於消費者之申訴，應於申訴之日起十五日內妥適處理之。

㈢消費者依第一項申訴，未獲妥適處理時，得向直轄市、縣（市）政府消費者保護官申訴。

第四十四條▲（調解）

消費者依前條申訴未能獲得妥適處理時，得向直轄市或縣（市）消費爭議調解委員會申請調解。

第四十四條之一▲（消費爭議調解事件辦法之訂定）

前條消費爭議調解事件之受理、程序進行及其他相關事項之辦法，由行政院定之。

第四十五條▲（消費爭議調解委員會之設置）

直轄市、縣（市）政府應設消費爭議調解委員會，置委員七名至二十一名。

前項委員以直轄市、縣（市）政府代表、消費者保護官、消費者保護團體代表、企業經營者所屬或相關職業團體代表、學者及專家充任之，以消費者保護官為主席，其組織另定之。

第四十五條之一▲（調解程序不公開）

㈠調解程序，於直轄市、縣（市）政府或其他適當之處所行之，其程序得不公開。

㈡調解委員、列席協同調解人及其他經辦調解事務之人，對於調解事件之內容，除已公開之事項外，應保守秘密。

第四十五條之二▲（職權提出解決事件之方案）

㈠關於消費爭議之調解，當事人不能合意但已甚接近者，調解委員得斟酌一切情形，求兩造利益之平衡，於不違反兩造當事人之主要意思範圍內，依職權提出解決事件之方案，並送達於當事人。

㈡前項方案，應經參與調解委員過半數之同意，並記載第四十五條之三所定異議期間及未於法定期間提出異議之法律效果。

第四十五條之三▲（異議之效力）

㈠當事人對於前條所定之方案，得於送達後十日之不變期間內，提出異議。

㈡於前項期間內提出異議者，視爲調解不成立；其未於前項期間內提出異議者，視爲已依該方案成立調解。

㈢第一項之異議，消費爭議調解委員會應通知他方當事人。

第四十五條之四▲（小額消費爭議）

㈠關於小額消費爭議，當事人之一方無正當理由，不於調解期日到場者，調解委員得審酌情形，依到場當事人一造之請求或依職權提出解決方案，並送達於當事人。

㈡前項之方案，應經全體調解委員過半數之同意，並記載第四十五條之五所定異議期間及未於法定期間提出異議之法律效果。

㈢第一項之送達，不適用公示送達之規定。

㈣第一項小額消費爭議之額度，由行政院定之。

第四十五條之五▲（異議之效力）

(一)當事人對前條之方案，得於送達後十日之不變期間內，提出異議；未於異議期間內提出異議者，視爲已依該方案成立調解。

(二)當事人於異議期間提出異議，經調解委員另定調解期日，無正當理由不到場者，視爲依該方案成立調解。

第四十六條▲（調解書之作成及效力）

調解成立者應作成調解書。

前項調解書之作成及效力，準用鄉鎮市調解條例第二十五條至第二十九條之規定。

第二節　消費訴訟

第四十七條▲（管轄）

消費訴訟，得由消費關係發生地之法院管轄。

第四十八條▲（消費專庭之設立）

高等法院以下各級法院及其分院得設立消費專庭或指定專人審理消費訴訟事件。

法院爲企業經營者敗訴之判決時，得依職權宣告爲減免擔保之假執行。

第四十九條▲（消費者保護團體之訴訟權）

(一)消費者保護團體許可設立二年以上，置有消費者保護專門人員，且申請行政院評定優良者，得以自己之名義，提起第五十條消費者損害賠償訴訟或第五十三條不作爲訴訟。

(二)消費者保護團體依前項規定提起訴訟者，應委任律師代理訴訟。受委任之律師，就該訴訟，得請求預付或償還必要費用。

㈢消費者保護團體關於其提起之第一項訴訟，有不法行為者，許可設立之主管機關應廢止其許可。

㈣優良消費者保護團體之評定辦法，由行政院定之。

第五十條▲（受讓消費者損害賠償請求權）

㈠消費者保護團體對於同一之原因事件，致使眾多消費者受害時，得受讓二十人以上消費者損害賠償請求權後，以自己名義，提起訴訟。消費者得於言詞辯論終結前，終止讓與損害賠償請求權，並通知法院。

㈡前項訴訟，因部分消費者終止讓與損害賠償請求權，致人數不足二十人者，不影響其實施訴訟之權能。

㈢第一項讓與之損害賠償請求權，包括民法第一百九十四條、第一百九十五條第一項非財產上之損害。

㈣前項關於消費者損害賠償請求權之時效利益，應依讓與之消費者單獨個別計算。

㈤消費者保護團體受讓第三項所定請求權後，應將訴訟結果所得之賠償，扣除訴訟及依前條第二項規定支付予律師之必要費用後，交付該讓與請求權之消費者。

㈥消費者保護團體就第一項訴訟，不得向消費者請求報酬。

第五十一條▲（消費者求懲罰性賠償金之訴訟）

依本法所提之訴訟，因企業經營者之故意所致之損害，消費者得請求損害額五倍以下之懲罰性賠償金；但因重大過失所致之損害，得請求三倍以下之懲罰性賠償金，因過失所致之損害，得請求損害額一倍以下之懲罰性賠償金。

第五十二條▲（裁判費之免繳）

消費者保護團體以自己之名義提起第五十條訴訟，其標的價額超過新臺幣六十萬元者，超過部分免繳裁判費。

第五十三條▲（停止或禁止命令）

消費者保護官或消費者保護團體，就企業經營者重大違反本法有關保護消費者規定之行爲，得向法院訴請停止或禁止之。

前項訴訟免繳裁判費。

第五十四條▲（選定當事人）

因同一消費關係而被害之多數人，依民事訴訟法第四十一條之規定，選定一人或數人起訴請求損害賠償者，法院得徵求原被選定人之同意後公告曉示，其他之被害人得於一定之期間內以書狀表明被害之事實、證據及應受判決事項之聲明，併案請求賠償。其請求之人，視爲已依民事訴訟法第四十一條爲選定。

前項併案請求之書狀，應以繕本送達於兩造。

第一項之期間，至少應有十日，公告應黏貼於法院牌示處，並登載新聞紙，其費用由國庫墊付。

第五十五條▲（民事訴訟法規定之準用）

民事訴訟法第四十八條、第四十九條之規定，於依前條爲訴訟行爲者，準用之。

第六章　罰　則

第五十六條▲（罰則）

違反第二十四條、第二十五條或第二十六條規定之一者，經主管機關通知改正而逾期不改正者，處新臺幣二萬元以上二十萬元以下罰鍰。

第五十六條 之一▲（罰鍰）

企業經營者使用定型化契約，違反中央主管機關依第十七條第一項公告之應記載或不得記載事項者，除法律另有處罰規定外，經主管機關令其限期改正而屆期不改正者，處新臺幣三萬元以上三十萬元以下罰鍰；經再次令其限期改正而屆期不改正者，處新臺幣五萬元以上五十萬元以下罰鍰，並得按次處罰。

第五十七條▲（罰鍰）

企業經營者規避、妨礙或拒絕主管機關依第十七條第六項、第三十三條或第三十八條規定所爲之調查者，處新臺幣三萬元以上三十萬元以下罰鍰，並得按次處罰。

第五十八條▲（罰鍰）

企業經營者違反主管機關依第三十六條或第三十八條規定所爲之命令者，處新臺幣六萬元以上一百五十萬元以下罰鍰，並得按次處罰。

第五十九條▲（罰則(四)）

企業經營者有第三十七條規定之情形者，主管機關除依該條及第三十六條之規定處置外，並得對其處新臺幣十五萬元以上一百五十萬元以下罰鍰。

第六十條▲（停止營業之情形）

企業經營者違反本法規定，生產商品或提供服務具有危害消費者生命、身體、健康之虞者，影響社會大眾經中央主管機關認定為情節重大，中央主管機關或行政院得立即命令其停止營業，並儘速協請消費者保護團體以其名義，提起消費者損害賠償訴訟。

第六十一條▲（移送偵查）

依本法應予處罰者，其他法律有較重處罰之規定時，從其規定；涉及刑事責任者，並應即移送偵查。

第六十二條▲（罰鍰未繳，移送行政執行）

本法所定之罰鍰，由主管機關處罰，經限期繳納後，屆期仍未繳納者，依法移送行政執行。

第七章　附則

第六十三條▲（施行細則之訂定）

本法施行細則，由行政院定之。

第六十四條▲（施行日）

本法自公布日施行。但中華民國一百零四年六月二日修正公布之第二條第十款與第十一款及第十八條至第十九條之二之施行日期，由行政院定之。

消費者保護法施行細則

民國八十三年十一月二日行政院令發布全文 43 條

民國九十二年七月八日行政院令修正發布第 5、12、17～19、22～24、39 條條文；並刪除第 3、6、7、9～11、35、38 條條文

中華民國一百年十二月十六日行政院院臺規字第 1000109431 號公告第 27 條所列屬「行政院消費者保護委員會」之權責事項，自一百零一年一月一日起改由「行政院」管轄

中華民國一百零四年十二月三十一日行政院院臺消保字第 1040155767 號令修正發布第 15、18、23、27 條條文及第二章第三節節名；並刪除第 16、19、20 條條文

第一章　總則

第一條

本細則依消費者保護法（以下簡稱本法）第六十三條規定訂定之。

第二條

本法第二條第二款所稱營業，不以營利爲目的者爲限。

第三條▲（刪除）

第二章　消費者權益

第一節　健康與安全保障

第四條

本法第七條所稱商品，指交易客體之不動產或動產，包括最終產品、半成品、原料或零組件。

第五條

本法第七條第一項所定商品或服務符合當時科技或專業水準可合理期待之安全性，應就下列情事認定之：

一、商品或服務之標示說明。

二、商品或服務可期待之合理使用或接受。

三、商品或服務流通進入市場或提供之時期。

第六條▲（刪除）

第七條▲（刪除）

第八條

本法第八條第二項所稱改裝，指變更、減少或增加商品原設計、生產或製造之內容或包裝。

第二節　定型化契約

第九條▲（刪除）

第十條▲（刪除）

第十一條▲（刪除）

第十二條

定型化契約條款因字體、印刷或其他情事，致難以注意其存在或辨識者，該條款不構成契約之內容。但消費者得主張該條款仍構成契約之內容。

第十三條

定型化契約條款是否違反誠信原則，對消費者顯失公平，應斟酌契約之性質、締約目的、全部條款內容、交易習慣及其他情事判斷之。

第十四條

定型化契約條款，有下列情事之一者，爲違反平等互惠原則：

一、當事人間之給付與對待給付顯不相當者。

二、消費者應負擔非其所能控制之危險者。

三、消費者違約時，應負擔顯不相當之賠償責任者。

四、其他顯有不利於消費者之情形者。

第十五條

定型化契約記載經中央主管機關公告應記載之事項者，仍有本法關於定型化契約規定之適用。

第三節　特種交易

第十六條▲（刪除）

第十七條

消費者因檢查之必要或因不可歸責於自己之事由，致其收受之商品有毀損、滅失或變更者，本法第十九條第一項規定之解除權不消滅。

第十八條

消費者於收受商品或接受服務前，亦得依本法第十九條第一項規定，以書面通知企業經營者解除契約。

第十九條▲（刪除）

第二十條▲（刪除）

第二十一條

企業經營者應依契約當事人之人數，將本法第二十一條第一項之契約書作成一式數份，由當事人各持一份。有保證人者，並應交付一份於保證人。

第二十二條

本法第二十一條第二項第二款所稱各期價款，指含利息之各期價款。分期付款買賣契約書所載利率，應載明其計算方法及依此計算方法而得之利息數額。

分期付款買賣之附加費用，應明確記載，且不得併入各期價款計算利息；其經企業經營者同意延期清償或分期給付者，亦同。

第四節　消費資訊之規範

第二十三條

本法第二十二條至第二十三條所稱廣告，指利用電視、廣播、影片、幻燈片、報紙、雜誌、傳單、海報、招牌、牌坊、電腦、電話傳真、電子視訊、電子語音或其他方法，可使多數人知悉其宣傳內容之傳播。

第二十四條

主管機關認爲企業經營者之廣告內容誇大不實，足以引人錯誤，有影響消費者權益之虞時，得通知企業經營者提出資料，證明該廣告之眞實性。

第二十五條

本法第二十四條規定之標示，應標示於適當位置，使消費者在交易前及使用時均得閱讀標示之內容。

第二十六條

企業經營者未依本法第二十五條規定出具書面保證書者，仍應就其保證之品質負責。

第三章　消費者保護團體

第二十七條

主管機關每年應將依法設立登記之消費者保護團體名稱、負責人姓名、社員人數或登記財產總額、消費者保護專門人員姓名、會址、聯絡電話等資料彙報行政院公告之。

第二十八條

消費者保護團體依本法第二十九條規定從事商品或服務檢驗所採之樣品，於檢驗紀錄完成後，應至少保存三個月。但依其性質不能保存三個月者，不在此限。

第二十九條

政府於消費者保護團體依本法第三十一條規定請求協助時，非有正當理由不得拒絕。

第四章　行政監督

第三十條

本法第三十三條第二項所稱出示有關證件，指出示有關執行職務之證明文件；其未出示者，被調查者得拒絕之。

第三十一條

主管機關依本法第三十三條第二項第五款抽樣商品時，其抽樣數量以足供檢驗之用者爲限。

主管機關依本法第三十三條、第三十八條規定，公開調查經過及結果前，應先就調查經過及結果讓企業經營者有說明或申訴之機會。

第三十二條

主管機關依本法第三十六條或第三十八條規定對於企業經營者所爲處分，應以書面爲之。

第三十三條

依本法第三十六條所爲限期改善、回收或銷毀，除其他法令有特別規定外，其期間應由主管機關依個案性質決定之；但最長不得超過六十日。

第三十四條

企業經營者經主管機關依本法第三十六條規定命其就商品或服務限期改善、回收或銷毀者，應將處理過程及結果函報主管機關備查。

第五章　消費爭議之處理

第三十五條▲（刪除）

第三十六條

本法第四十三條第二項規定十五日之期間，以企業經營者接獲申訴之日起算。

第三十七條

本法第四十九條第一項所稱消費者保護專門人員，指該團體專任或兼任之有給職或無給職人員中，具有下列資格或經歷之一者：

一、曾任法官、檢察官或消費者保護官者。

二、律師、醫師、建築師、會計師或其他執有全國專門職業執業證照之專業人士，且曾在消費者保護團體服務一年以上者。

三、曾在消費者保護團體擔任保護消費者工作三年以上者。

第三十八條▲（刪除）

第三十九條

本法第五十條第五項所稱訴訟及支付予律師之必要費用，包括民事訴訟費用、消費者保護團體及律師爲進行訴訟所支出之必要費用，及其他依法令應繳納之費用。

第四十條

本法第五十三條第一項所稱企業經營者重大違反本法有關保護消費者規定之行爲，指企業經營者違反本法有關保護消費者規定之行爲，確有損害消費者生命、身體、健康或財產，或確有損害之虞者。

第六章　罰則

第四十一條

依本法第五十六條所爲通知改正，其期間應由主管機關依個案性質決定之；但最長不得超過六十日。

第七章　附則

第四十二條

本法對本法施行前已流通進入市場之商品或已提供之服務不適用之。

第四十三條

本細則自發布日施行。

公寓大廈管理條例

民國八十四年六月二十八日總統令制定公布全文 52 條
民國八十九年四月二十六日總統令修正公布第 2 條條文
民國九十二年十二月三十一日總統令修正公布全文 63 條；並自公布日施行
中華民國九十五年一月十八日總統令修正公布第29條條文；增訂第 59-1 條條文
中華民國一百零一年六月二十五日行政院院臺規字第 1010134960 號公告第 17 條第 1 項所列屬「財政部」之權責事項，經行政院公告自九十三年七月一日起變更為「行政院金融監督管理委員會」管轄，自一百零一年七月一日起改由「金融監督管理委員會」管轄
中華民國一百零二年五月八日總統華總一義字第 10200082711 號令修正公布第 8、27 條條文
中華民國一百零五年十一月十六日總統華總一義字第 10500140111 號令修正公布第 8、18 條條文
中華民國一百十一年五月十一日總統華總一義字第 11100039271 號令增訂公布第 29-1、49-1 條條文

第一章　總則

第一條▲（立法目的及適用範圍）

爲加強公寓大廈之管理維護，提昇居住品質，特制定本條例。

本條例未規定者，適用其他法令之規定。

第二條▲（主管機關）

本條例所稱主管機關：在中央爲內政部；在直轄市爲直轄市政府；在縣（市）爲縣（市）政府。

第三條▲（用辭定義）

本條例用辭定義如下：

一、**公寓大廈**：指構造上或使用上或在建築執照設計圖樣標有明確界線，得區分爲數部分之建築物及其基地。

二、**區分所有**：指數人區分一建築物而各有其專有部分，並就其共用部分按其應有部分有所有權。

三、**專有部分**：指公寓大廈之一部分，具有使用上之獨立性，且爲區分所有之標的者。

四、**共用部分**：指公寓大廈專有部分以外之其他部分及不屬專有之附屬建築物，而供共同使用者。

五、**約定專用部分**：公寓大廈共用部分經約定供特定區分所有權人使用者。

六、**約定共用部分**：指公寓大廈專有部分經約定供共同使用者。

七、**區分所有權人會議**：指區分所有權人爲共同事務及涉及權利義務之有關事項，召集全體區分所有權人所舉行之會議。

八、**住戶**：指公寓大廈之區分所有權人、承租人或其他經區分所有權人同意而為專有部分之使用者或業經取得停車空間建築物所有權者。

九、**管理委員會**：指為執行區分所有權人會議決議事項及公寓大廈管理維護工作，由區分所有權人選任住戶若干人為管理委員所設立之組織。

十、**管理負責人**：指未成立管理委員會，由區分所有權人推選住戶一人或依第二十八條第三項、第二十九條第六項規定為負責管理公寓大廈事務者。

十一、**管理服務人**：指由區分所有權人會議決議或管理負責人或管理委員會僱傭或委任而執行建築物管理維護事務之公寓大廈管理服務人員或管理維護公司。

十二、**規約**：公寓大廈區分所有權人為增進共同利益，確保良好生活環境，經區分所有權人會議決議之共同遵守事項。

第二章　住戶之權利義務

第四條▲（專有部分）

區分所有權人除法律另有限制外，對其專有部分，得自由使用、收益、處分，並排除他人干涉。

專有部分不得與其所屬建築物共用部分之應有部分及其

基地所有權或地上權之應有部分分離而爲移轉或設定負擔。

第五條▲（專有部分之使用權）

區分所有權人對專有部分之利用，不得有妨害建築物之正常使用及違反區分所有權人共同利益之行爲。

第六條▲（住戶應遵守事項）

住戶應遵守下列事項：

一、於**維護、修繕**專有部分、約定專用部分或行使其權利時，不得妨害其他住戶之安寧、安全及衛生。

二、他住戶因**維護、修繕**專有部分、約定專用部分或設置管線，必須進入或使用其專有部分或約定專用部分時，不得拒絕。

三、管理負責人或管理委員會因**維護、修繕**共用部分或設置管線，必須進入或使用其專有部分或約定專用部分時，不得拒絕。

四、於維護、修繕專有部分、約定專用部分或設置管線，必須使用共用部分時，應經管理負責人或管理委員會之同意後爲之。

五、其他法令或規約規定事項。

前項第二款至第四款之進入或使用，應擇其損害最少之處所及方法爲之，並應修復或補償所生損害。

住戶違反第一項規定，經協調仍不履行時，住戶、管理負責人或管理委員會得按其性質請求各該主管機關或訴請法院爲必要之處置。

第七條▲（共有部分不得約定專用之範圍）

公寓大廈共用部分不得獨立使用供做專有部分。其爲下列各款者，並不得爲約定專用部分：

一、公寓大廈本身所占之地面。

二、連通數個專有部分之走廊或樓梯，及其通往室外之通路或門廳；社區內各巷道、防火巷弄。

三、公寓大廈基礎、主要樑柱、承重牆壁、樓地板及屋頂之構造。

四、約定專用有違法令使用限制之規定者。

五、其他有固定使用方法，並屬區分所有權人生活利用上不可或缺之共用部分。

第八條▲（公寓大廈外圍使用之限制）

㈠公寓大廈周圍上下、外牆面、樓頂平臺及不屬專有部分之防空避難設備，其變更構造、顏色、設置廣告物、鐵鋁窗或其他類似之行爲，除應依法令規定辦理外，該公寓大廈規約另有規定或區分所有權人會議已有決議，經向直轄市、縣（市）主管機關完成報備有案者，應受該規約或區分所有權人會議決議之限制。

㈡公寓大廈有十二歲以下兒童或六十五歲以上老人之住戶，外牆開口部或陽臺得設置不妨礙逃生且不突出外牆面之防墜設施。防墜設施設置後，設置理由消失且不符前項限制者，區分所有權人應予改善或回復原狀。

㈢住戶違反第一項規定，管理負責人或管理委員會應予制止，經制止而不遵從者，應報請主管機關依第四十九條第一項規定處理，該住戶並應於一個月內回復原狀。屆期未回復原狀者，得由管理負責人或管理委員會回復原狀，其費用由該住戶負擔。

第九條▲（共用部分之使用權）

㈠各區分所有權人按其共有之應有部分比例，對建築物之共用部分及其基地有使用收益之權。但另有約定者從其約定。

㈡住戶對共用部分之使用應依其設置目的及通常使用方法為之。但另有約定者從其約定。

㈢前二項但書所約定事項，不得違反本條例、區域計畫法、都市計畫法及建築法令之規定。

㈣住戶違反第二項規定，管理負責人或管理委員會應予制止，並得按其性質請求各該主管機關或訴請法院為必要之處置。如有損害並得請求損害賠償。

第十條▲（修繕、管理、維護之費用）

㈠專有部分、約定專用部分之修繕、管理、維護，由各該區分所有權人或約定專用部分之使用人為之，並負擔其費用。

㈡共用部分、約定共用部分之修繕、管理、維護，由管理負責人或管理委員會為之。其費用由公共基金支付或由區分所有權人按其共有之應有部分比例分擔之。但修繕費係因可歸責於區分所有權人或住戶之事由所致者，由該區分所有權人或住戶負擔。其費用若區分所有權人會議或規約另有規定者，從其規定。

㈢前項共用部分、約定共用部分，若涉及公共環境清潔衛生之維持、公共消防滅火器材之維護、公共通道溝渠及相關設施之修繕，其費用政府得視情況予以補助，補助辦法由直轄市、縣（市）政府定之。

第十一條▲（共有部分之拆除、重大修繕或改良）

共用部分及其相關設施之拆除、重大修繕或改良，應依區分所有權人會議之決議為之。

前項費用，由公共基金支付或由區分所有權人按其共有之應有部分比例分擔。

第十二條▲（專有部分修繕費之負擔）

專有部分之共同壁及樓地板或其內之管線，其維修費用由該共同壁雙方或樓地板上下方之區分所有權人共同負擔。但修繕費係因可歸責於區分所有權人之事由所致者，由該區分所有權人負擔。

第十三條▲（必須重建之法定事由）

公寓大廈之重建，應經全體區分所有權人及基地所有權人、地上權人或典權人之同意。但有下列情形之一者，不在此限：

一、配合都市更新計畫而實施重建者。

二、嚴重毀損、傾頹或朽壞，有危害公共安全之虞者。

三、因地震、水災、風災、火災或其他重大事變，肇致危害公共安全者。

第十四條▲（視為同意重建及重建執照之申請）

㈠公寓大廈有前條第二款或第三款所定情形之一，經區分所有權人會議決議重建時，區分所有權人不同意決議又不出讓區分所有權或同意後不依決議履行其義務者，管理負責人或管理委員會得訴請法院命區分所有權人出讓其區分所有權及其基地所有權應有部分。

㈡前項之受讓人視爲同意重建。

㈢重建之建造執照之申請，其名義以區分所有權人會議之決議爲之。

第十五條▲（依使用執照及規約使用之義務）

住戶應依使用執照所載用途及規約使用專有部分、約定專用部分，不得擅自變更。

住戶違反前項規定，管理負責人或管理委員會應予制止，經制止而不遵從者，報請直轄市、縣（市）主管機關處理，並要求其回復原狀。

第十六條▲（維護公共安全、公共衛生與公共安寧之義務）

㈠住戶不得任意棄置垃圾、排放各種污染物、惡臭物質或發生喧囂、振動及其他與此相類之行爲。

㈡住戶不得於私設通路、防火間隔、防火巷弄、開放空間、退縮空地、樓梯間、共同走廊、防空避難設備等處所堆置雜物、設置柵欄、門扇或營業使用，或違規設置廣告物或私設路障及停車位侵占巷道妨礙出入。

㈢但開放空間及退縮空地，在直轄市、縣（市）政府核准範圍內，得依規約或區分所有權人會議決議供營業使用；防空避難設備，得爲原核准範圍之使用；其兼作停車空間使用者，得依法供公共收費停車使用。

㈣住戶爲維護、修繕、裝修或其他類似之工作時，未經申請主管建築機關核准，不得破壞或變更建築物之主要構造。

㈤住戶飼養動物，不得妨礙公共衛生、公共安寧及公共安全。但法令或規約另有禁止飼養之規定時，從其規定。

㈥住戶違反前四項規定時，管理負責人或管理委員會應予制止或按規約處理，經制止而不遵從者，得報請直轄市、縣（市）主管機關處理。

第十七條▲（投保公共意外責任保險）

㈠住戶於公寓大廈內依法經營餐飲、瓦斯、電焊或其他危險營業或存放有爆炸性或易燃性物品者，應依中央主管機關所定保險金額投保公共意外責任保險。其因此增加其他住戶投保火災保險之保險費者，並應就其差額負補償責任。其投保、補償辦法及保險費率由中央主管機關會同財政部定之。

㈡前項投保公共意外責任保險，經催告於七日內仍未辦理者，管理負責人或管理委員會應代爲投保；其保險費、差額補償費及其他費用，由該住戶負擔。

第十八條▲（公共基金之設置來源）

㈠公寓大廈應設置公共基金，其來源如下：

一、起造人就公寓大廈領得使用執照一年內之管理維護事項，應按工程造價一定比例或金額提列。

二、區分所有權人依區分所有權人會議決議繳納。

三、本基金之孳息。

四、其他收入。

㈡依前項第一款規定提列之公共基金，起造人於該公寓大廈使用執照申請時，應提出繳交各直轄市、縣

（市）主管機關公庫代收之證明；於公寓大廈成立管理委員會或推選管理負責人，並完成依第五十七條規定點交共用部分、約定共用部分及其附屬設施設備後向直轄市、縣（市）主管機關報備，由公庫代爲撥付。同款所稱比例或金額，由中央主管機關定之。

㈢公共基金應設專戶儲存，並由管理負責人或管理委員會負責管理；如經區分所有權人會議決議交付信託者，由管理負責人或管理委員會交付信託。其運用應依區分所有權人會議之決議爲之。

㈣第一項及第二項所規定起造人應提列之公共基金，於本條例公布施行前，起造人已取得建造執照者，不適用之。

第十九條▲（區分所有權人對公共基金之權利）

區分所有權人對於公共基金之權利應隨區分所有權之移轉而移轉；不得因個人事由爲讓與、扣押、抵銷或設定負擔。

第二十條▲（公共基金之公告與移交）

㈠管理負責人或管理委員會應定期將公共基金或區分所有權人、住戶應分擔或其他應負擔費用之收支、保管及運用情形公告，並於解職、離職或管理委員會改組時，將公共基金收支情形、會計憑證、會計帳簿、財務報表、印鑑及餘額移交新管理負責人或新管理委員會。

㈡管理負責人或管理委員會拒絕前項公告或移交，經催告於七日內仍不公告或移交時，得報請主管機關或訴請法院命其公告或移交。

第二十一條▲（積欠公共基金之催討程序）

區分所有權人或住戶積欠應繳納之公共基金或應分擔或其他應負擔之費用已逾二期或達相當金額，經定相當期間催告仍不給付者，管理負責人或管理委員會得訴請法院命其給付應繳之金額及遲延利息。

第二十二條▲（強制出讓之要件）

㈠住戶有下列情形之一者，由管理負責人或管理委員會促請其改善，於三個月內仍未改善者，管理負責人或管理委員會得依區分所有權人會議之決議，訴請法院強制其遷離：

一、積欠依本條例規定應分擔之費用，經強制執行後再度積欠金額達其區分所有權總價百分之一者。

二、違反本條例規定經依第四十九條第一項第一款至第四款規定處以罰鍰後，仍不改善或續犯者。

三、其他違反法令或規約情節重大者。

㈡前項之住戶如為區分所有權人時，管理負責人或管理委員會得依區分所有權人會議之決議，訴請法院命區分所有權人出讓其區分所有權及其基地所有權應有部分；於判決確定後三個月內不自行出讓並完成移轉登記手續者，管理負責人或管理委員會得聲請法院拍賣之。

㈢前項拍賣所得，除其他法律另有規定外，於積欠本條例應分擔之費用，其受償順序與第一順位抵押權同。

第二十三條▲（住戶規約之訂定及範圍）

有關公寓大廈、基地或附屬設施之管理使用及其他住戶間相互關係，除法令另有規定外，得以規約定之。

規約除應載明專有部分及共用部分範圍外，下列各款事項，非經載明於規約者，不生效力：

一、約定專用部分、約定共用部分之範圍及使用主體。

二、各區分所有權人對建築物共用部分及其基地之使用收益權及住戶對共用部分使用之特別約定。

三、禁止住戶飼養動物之特別約定。

四、違反義務之處理方式。

五、財務運作之監督規定。

六、區分所有權人會議決議有出席及同意之區分所有權人人數及其區分所有權比例之特別約定。

七、糾紛之協調程序。

第二十四條▲（繼受人之權利義務與無權佔有人之義務）

㈠區分所有權之繼受人，應於繼受前向管理負責人或管理委員會請求閱覽或影印第三十五條所定文件，並應於繼受後遵守原區分所有權人依本條例或規約所定之一切權利義務事項。

㈡公寓大廈專有部分之無權占有人，應遵守依本條例規定住戶應盡之義務。

㈢無權占有人違反前項規定，準用第二十一條、第二十二條、第四十七條、第四十九條住戶之規定。

第三章　管理組織

第二十五條▲（區分所有權人會議之召集）

㈠區分所有權人會議，由全體區分所有權人組成，每年至少應召開定期會議一次。

有下列情形之一者，應召開臨時會議：

一、發生重大事故有及時處理之必要，經管理負責人或管理委員會請求者。

二、經區分所有權人五分之一以上及其區分所有權比例合計五分之一以上，以書面載明召集之目的及理由請求召集者。

㈡區分所有權人會議除第二十八條規定外，由具區分所有權人身分之管理負責人、管理委員會主任委員或管理委員爲召集人；管理負責人、管理委員會主任委員或管理委員喪失區分所有權人資格日起，視同解任。無管理負責人或管理委員會，或無區分所有權人擔任管理負責人、主任委員或管理委員時，由區分所有權人互推一人爲召集人；召集人任期依區分所有權人會議或依規約規定，任期一至二年，連選得連任一次。但區分所有權人會議或規約未規定者，任期一年，連選得連任一次。

㈢召集人無法依前項規定互推產生時，各區分所有權人得申請直轄市、縣（市）主管機關指定臨時召集人，區分所有權人不申請指定時，直轄市、縣（市）主管機關得視實際需要指定區分所有權人一人爲臨時召集人，或依規約輪流擔任，其任期至互推召集人為止。

第二十六條▲（非封閉式公寓大廈規約之訂定）

非封閉式之公寓大廈集居社區其地面層為各自獨立之數幢建築物，且區內屬住宅與辦公、商場混合使用，其辦公、商場之出入口各自獨立之公寓大廈，各該幢內之辦公、商場部分，得就該幢或結合他幢內之辦公、商場部分，經其區分所有權人過半數書面同意，及全體區分所有權人會議決議或規約明定下列各款事項後，以該辦公、商場部分召開區分所有權人會議，成立管理委員會，並向直轄市、縣（市）主管機關報備。

一、共用部分、約定共用部分範圍之劃分。

二、共用部分、約定共用部分之修繕、管理、維護範圍及管理維護費用之分擔方式。

三、公共基金之分配。

四、會計憑證、會計帳簿、財務報表、印鑑、餘額及第三十六條第八款規保管文件之移交。

五、全體區分所有權人會議與各該辦公、商場部分之區分所有權人會議之分工事宜。

第二十條、第二十七條、第二十九條至第三十九條、第四十八條、第四十九條第一項第七款及第五十四條規定，於依前項召開或成立之區分所有權人會議、管理委員會及其主任委員、管理委員準用之。

第二十七條▲（區分所有權之計算方式）

㈠各專有部分之區分所有權人有一表決權。數人共有一專有部分者，該表決權應推由一人行使。

㈡區分所有權人會議之出席人數與表決權之計算，於任一區分所有權人之區分所有權占全部區分所有權五分之一以上者，或任一區分所有權人所有之專有部分之個數超過全部專有部分個數總合之五分之一以上者，其超過部分不予計算。

㈢區分所有權人因故無法出席區分所有權人會議時，得以書面委託配偶、有行爲能力之直系血親、其他區分所有權人或承租人代理出席；受託人於受託之區分所有權占全部區分所有權五分之一以上者，或以單一區分所有權計算之人數超過區分所有權人數五分之一者，其超過部分不予計算。

第二十八條▲（起造人召集會議）

㈠公寓大廈建築物所有權登記之區分所有權人達半數以上及其區分所有權比例合計半數以上時，起造人應於三個月內召集區分所有權人召開區分所有權人會議，成立管理委員會或推選管理負責人，並向直轄市、縣（市）主管機關報備。

㈡前項起造人爲數人時，應互推一人爲之。出席區分所有權人之人數或其區分所有權比例合計未達第三十一條規定之定額而未能成立管理委員會時，起造人應就同一議案重新召集會議一次。

㈢起造人於召集區分所有權人召開區分所有權人會議成立管理委員會或推選管理負責人前，爲公寓大廈之管理負責人。

第二十九條▲（管理委員會或管理負責人之設置）

㈠公寓大廈應成立管理委員會或推選管理負責人。

㈡公寓大廈成立管理委員會者，應由管理委員互推一人為主任委員，主任委員對外代表管理委員會。主任委員、管理委員之選任、解任、權限與其委員人數、召集方式及事務執行方法與代理規定，依區分所有權人會議之決議。但規約另有規定者，從其規定。

㈢管理委員、主任委員及管理負責人之任期，依區分所有權人會議或規約之規定，任期一至二年，主任委員、管理負責人、負責財務管理及監察業務之管理委員，連選得連任一次，其餘管理委員，連選得連任。但區分所有權人會議或規約未規定者，任期一年，主任委員、管理負責人、負責財務管理及監察業務之管理委員，連選得連任一次，其餘管理委員，連選得連任。

㈣前項管理委員、主任委員及管理負責人任期屆滿未再選任或有第二十條第二項所定之拒絕移交者，自任期屆滿日起，視同解任。

㈤公寓大廈之住戶非該專有部分之區分所有權人者，除區分所有權人會議之決議或規約另有規定外，得被選任、推選為管理委員、主任委員或管理負責人。

㈥公寓大廈未組成管理委員會且未推選管理負責人時，以第二十五條區分所有權人互推之召集人或申請指定之臨時召集人為管理負責人。區分所有權人無法互推召集人或申請指定臨時召集人時，區分所有權人得申請直轄市、縣（市）主管機關指定住戶一人為管理負責人，其任期至成立管理委員會、推選管理負責人或互推召集人爲止。

第二十九條之一▲（管理委員會或管理負責人之設置）

一、本條例施行前或施行後已取得建造執照之未成立管理委員會或推選管理負責人之公寓大廈，經直轄市、縣（市）主管機關認定有危險之虞者，其區分所有權人應於直轄市、縣（市）主管機關通知後一定期限內成立管理委員會或推選管理負責人，並向直轄市、縣（市）主管機關報備。因故未能於一定期限內成立管理委員會或推選管理負責人並辦理報備者，直轄市、縣（市）主管機關得視實際情況展延一次，並不得超過一年。

二、前項公寓大廈有危險之虞之認定要件及成立管理委員會或推選管理負責人並辦理報備之期限，由中央主管機關公告；直轄市、縣（市）主管機關認有必要時，得公告擴大認定要件並另定其成立管理委員會或推選管理負責人並辦理報備之期限。

三、直轄市、縣（市）主管機關應輔導或委託專業機構輔導第一項之公寓大廈成立管理委員會或推選管理負責人並辦理報備。

四、公寓大廈區分所有權人經依第四十九條之一處罰後，仍未依規定成立管理委員會或推選管理負責人並辦理報備者，必要時，由直轄市、縣（市）主管機關指定住戶一人爲管理負責人，其任期至成立管理委員會、推選管理負責人或互推召集人爲止。

第三十條▲（召開區分所有權人會議之通知）

㈠區分所有權人會議，應由召集人於開會前十日以書面載明開會內容，通知各區分所有權人。但有急迫情事須召開臨時會者，得以公告爲之；公告期間不得少於二日。

㈡管理委員之選任事項，應在前項開會通知中載明並公告之，不得以臨時動議提出。

第三十一條▲（區分所有權人會議之決議方式）

區分所有權人會議之決議，除規約另有規定外，應有區分所有權人**三分之二以上**及其區分所有權比例合計**三分之二以上**出席，以出席人數**四分之三以上**及其區分所有權比例占出席人數區分所有權**四分之三以上**之同意行之。

第三十二條▲（未獲致決議時重新開議之要件）

㈠區分所有權人會議依前條規定未獲致決議、出席區分所有權人之人數或其區分所有權比例合計未達前條定額者，召集人得就同一議案重新召集會議；其開議除規約另有規定出席人數外，應有區分所有權人三人並五分之一以上及其區分所有權比例合計五分之一以上出席，以出席人數過半數及其區分所有權比例占出席人數區分所有權合計過半數之同意作成決議。

㈡前項決議之會議紀錄依第三十四條第一項規定送達各區分所有權人後，各區分所有權人得於七日內以書面表示反對意見。書面反對意見未超過全體區分所有權人及其區分所有權比例合計半數時，該決議視爲成立。

㈢第一項會議主席應於會議決議成立後十日內以書面送達全體區分所有權人並公告之。

第三十三條▲（區分所有權人會議之決議效力）

區分所有權人會議之決議，未經依下列各款事項辦理者，不生效力：

一、專有部分經依區分所有權人會議約定為約定共用部分者，應經該專有部分區分所有權人同意。

二、公寓大廈外牆面、樓頂平臺，設置廣告物、無線電台基地台等類似強波發射設備或其他類似之行為，設置於屋頂者，應經頂層區分所有權人同意；設置其他樓層者，應經該樓層區分所有權人同意。該層住戶，並得參加區分所有權人會議陳述意見。

三、依第五十六條第一項規定成立之約定專用部分變更時，應經使用該約定專用部分之區分所有權人同意。但該約定專用顯已違反公共利益，經管理委員會或管理負責人訴請法院判決確定者，不在此限。

第三十四條▲（會議記錄之作成、送達與公告）

區分所有權人會議應作成會議紀錄，載明開會經過及決議事項，由主席簽名，於會後十五日內送達各區分所有權人並公告之。

前項會議紀錄，應與出席區分所有權人之簽名簿及代理出席之委託書一併保存。

第三十五條▲（請求閱覽或影印之權利）

利害關係人於必要時，得請求閱覽或影印規約、公共基金餘額、會計憑證、會計帳簿、財務報表、欠繳公共基金與應分攤或其他應負擔費用情形、管理委員會會議紀錄及前條會議紀錄，管理負責人或管理委員會不得拒絕。

第三十六條▲（管理委員會之職務範圍）

管理委員會之職務如下：

一、區分所有權人會議決議事項之執行。

二、共有及共用部分之清潔、維護、修繕及一般改良。

三、公寓大廈及其周圍之安全及環境維護事項。

四、住戶共同事務應興革事項之建議。

五、住戶違規情事之制止及相關資料之提供。

六、住戶違反第六條第一項規定之協調。

七、收益、公共基金及其他經費之收支、保管及運用。

八、規約、會議紀錄、使用執照謄本、竣工圖說、水電、消防、機械設施、管線圖說、會計憑證、會計帳簿、財務報表、公共安全檢查及消防安全設備檢修之申報文件、印鑑及有關文件之保管。

九、管理服務人之委任、僱傭及監督。

十、會計報告、結算報告及其他管理事項之提出及公告。

十一、共用部分、約定共用部分及其附屬設施設備之點收及保管。

十二、依規定應由管理委員會申報之公共安全檢查與消防安全設備檢修之申報及改善之執行。

十三、其他依本條例或規約所定事項。

第三十七條▲（管理委員會會議決議內容）

管理委員會會議決議之內容不得違反本條例、規約或區分所有權人會議決議。

第三十八條▲（管理委員會之當事人能力）

管理委員會有當事人能力。

管理委員會爲原告或被告時，應將訴訟事件要旨速告區分所有權人。

第三十九條▲（管理委員會之義務）

管理委員會應向區分所有權人會議負責，並向其報告會務。

第四十條▲（管理負責人之準用規定）

第三十六條、第三十八條及前條規定，於管理負責人準用之。

第四章　管理服務人

第四十一條▲（執業許可登記）

公寓大廈管理維護公司應經中央主管機關許可及辦理公司登記，並向中央主管機關申領登記證後，始得執業。

第四十二條▲（管理維護事務之執行）

公寓大廈管理委員會、管理負責人或區分所有權人會議，得委任或僱傭領有中央主管機關核發之登記證或認可證之公寓大廈管理維護公司或管理服務人員執行管理維護事務。

第四十三條▲（管理維護公司執行業務規定）

公寓大廈管理維護公司，應依下列規定執行業務：

一、應依規定類別，聘僱一定人數領有中央主管機關核發認可證之繼續性從業之管理服務人員，並負監督考核之責。

二、應指派前款之管理服務人員辦理管理維護事務。

三、應依業務執行規範執行業務。

第四十四條▲（受僱之管理服務人員執行業務規定）

受僱於公寓大廈管理維護公司之管理服務人員，應依下列規定執行業務：

一、應依核准業務類別、項目執行管理維護事務。

二、不得將管理服務人員認可證提供他人使用或使用他人之認可證執業。

三、不得同時受聘於二家以上之管理維護公司。

四、應參加中央主管機關舉辦或委託之相關機構、團體辦理之訓練。

第四十五條▲（其他管理服務人員執行業務規定）

前條以外之公寓大廈管理服務人員，應依下列規定執行業務：

一、應依核准業務類別、項目執行管理維護事務。

二、不得將管理服務人員認可證提供他人使用或使用他人之認可證執業。

三、應參加中央主管機關舉辦或委託之相關機構、團體辦理之訓練。

第四十六條▲（管理辦法之訂定）

第四十一條至前條公寓大廈管理維護公司及管理服務人

員之資格、條件、管理維護公司聘僱管理服務人員之類別與一定人數、登記證與認可證之申請與核發、業務範圍、業務執行規範、責任、輔導、獎勵、參加訓練之方式、內容與時數、受委託辦理訓練之機構、團體之資格、條件與責任及登記費之收費基準等事項之管理辦法，由中央主管機關定之。

第五章　罰則

第四十七條▲（罰則㈠）

有下列行為之一者，由直轄市、縣（市）主管機關處新臺幣三千元以上一萬五千元以下罰鍰，並得令其限期改善或履行義務、職務；屆期不改善或不履行者，得連續處罰：

一、區分所有權人會議召集人、起造人或臨時召集人違反第二十五條或第二十八條所定之召集義務者。

二、住戶違反第十六條第一項或第四項規定者。

三、區分所有權人或住戶違反第六條規定，主管機關受理住戶、管理負責人或管理委員會之請求，經通知限期改善，屆期不改善者。

第四十八條▲（罰則㈡）

有下列行為之一者，由直轄市、縣（市）主管機關處新臺幣一千元以上五千元以下罰鍰，並得令其限期改善或履行義務、職務；屆期不改善或不履行者，得連續處罰：

一、管理負責人、主任委員或管理委員未善盡督促第十七條所定住戶投保責任保險之義務者。

二、管理負責人、主任委員或管理委員無正當理由未執行第二十二條所定促請改善或訴請法院強制遷離或強制出讓該區分所有權之職務者。

三、管理負責人、主任委員或管理委員無正當理由違反第三十五條規定者。

四、管理負責人、主任委員或管理委員無正當理由未執行第三十六條第一款、第五款至第十二款所定之職務，顯然影響住戶權益者。

第四十九條▲（罰則㈢）

有下列行爲之一者，由直轄市、縣（市）主管機關處新臺幣四萬元以上二十萬元以下罰鍰，並得令其限期改善或履行義務；屆期不改善或不履行者，得連續處罰：

一、區分所有權人對專有部分之利用違反第五條規定者。

二、住戶違反第八條第一項或第九條第二項關於公寓大廈變更使用限制規定，經制止而不遵從者。

三、住戶違反第十五條第一項規定擅自變更專有或約定專用之使用者。

四、住戶違反第十六條第二項或第三項規定者。

五、住戶違反第十七條所定投保責任保險之義務者。

六、區分所有權人違反第十八條第一項第二款規定未繳納公共基金者。

七、管理負責人、主任委員或管理委員違反第二十條所定之公告或移交義務者。

八、起造人或建築業者違反第五十七條或第五十八條規定者。

有供營業使用事實之住戶有前項第三款或第四款行為，因而致人於死者，處一年以上七年以下有期徒刑，得併科新臺幣一百萬元以上五百萬元以下罰金；致重傷者，處六個月以上五年以下有期徒刑，得併科新臺幣五十萬元以上二百五十萬元以下罰金。

第四十九條之一▲（罰則(四)）

公寓大廈未依第二十九條之一第一項規定於期限內成立管理委員會或推選管理負責人並辦理報備者，由直轄市、縣（市）主管機關按每一專有部分處區分所有權人新臺幣四萬元以上二十萬元以下罰鍰，並令其限期辦理；屆期仍未辦理者，得按次處罰。

第五十條▲（罰則(五)）

從事公寓大廈管理維護業務之管理維護公司或管理服務人員違反第四十二條規定，未經領得登記證、認可證或經廢止登記證、認可證而營業，或接受公寓大廈管理委員會、管理負責人或區分所有權人會議決議之委任或僱傭執行公寓大廈管理維護服務業務者，由直轄市、縣（市）主管機關勒令其停業或停止執行業務，並處新臺幣四萬元以上二十萬元以下罰鍰；其拒不遵從者，得按次連續處罰。

第五十一條▲（罰則(六)）

㈠公寓大廈管理維護公司，違反第四十三條規定者，中央主管機關應通知限期改正；屆期不改正者，得予停業、廢止其許可或登記證或處新臺幣三萬元以上十五萬元以下罰鍰；其未依規定向中央主管機關申領登記證者，中央主管機關應廢止其許可。

㈡受僱於公寓大廈管理維護公司之管理服務人員，違反第四十四條規定者，中央主管機關應通知限期改正；屆期不改正者，得廢止其認可證或停止其執行公寓大廈管理維護業務三個月以上三年以下或處新臺幣三千元以上一萬五千元以下罰鍰。

㈢前項以外之公寓大廈管理服務人員，違反第四十五條規定者，中央主管機關應通知限期改正；屆期不改正者，得廢止其認可證或停止其執行公寓大廈管理維護業務六個月以上三年以下或處新臺幣三千元以上一萬五千元以下罰鍰。

第五十二條▲（罰鍰）

依本條例所處之罰鍰，經限期繳納，屆期仍不繳納者，依法移送強制執行。

第六章　附則

第五十三條▲（集居地區之管理及組織）

多數各自獨立使用之建築物、公寓大廈，其共同設施之使用與管理具有整體不可分性之集居地區者，其管理及組織準用本條例之規定。

第五十四條▲（催告事項）

本條例所定應行催告事項，由管理負責人或管理委員會以書面爲之。

第五十五條▲（已取得建照公寓大廈管理委員會或管理負責人之設置）

本條例施行前已取得建造執照之公寓大廈，其區分所有權人應依第二十五條第四項規定，互推一人爲召集人，並召開第一次區分所有權人會議，成立管理委員會或推選管理負責人，並向直轄市、縣（市）主管機關報備。

前項公寓大廈於區分所有權人會議訂定規約前，以第六十條規約範本視爲規約。但得不受第七條各款不得爲約定專用部分之限制。

對第一項未成立管理組織並報備之公寓大廈，直轄市、縣（市）主管機關得分期、分區、分類（按樓高或使用之不同等分類）擬定計畫，輔導召開區分所有權人會議成立管理委員會或推選管理負責人，並向直轄市、縣（市）主管機關報備。

第五十六條▲（建物所有權登記）

㈠公寓大廈之起造人於申請建造執照時，應檢附專有部分、共用部分、約定專用部分、約定共用部分標示之詳細圖說及規約草約。於設計變更時亦同。

㈡前項規約草約經承受人簽署同意後，於區分所有權人會議訂定規約前，視爲規約。

㈢公寓大廈之起造人或區分所有權人應依使用執照所記載之用途及下列測繪規定，辦理建物所有權第一次登記：

一、獨立建築物所有權之牆壁，以牆之外緣爲界。

二、建築物共用之牆壁，以牆壁之中心爲界。

三、附屬建物以其外緣爲界辦理登記。

四、有隔牆之共用牆壁，依第二款之規定，無隔牆設置者，以使用執照竣工平面圖區分範圍爲界，其面積應包括四周牆壁之厚度。

第一項共用部分之圖說，應包括設置管理維護使用空間之詳細位置圖說。

㈣本條例中華民國九十二年十二月九日修正施行前，領得使用執照之公寓大廈，得設置一定規模、高度之管理維護使用空間，並不計入建築面積及總樓地板面積；其免計入建築面積及總樓地板面積之一定規模、高度之管理維護使用空間及設置條件等事項之辦法，由直轄市、縣（市）主管機關定之。

第五十七條▲（檢測移交）

㈠起造人應將公寓大廈共用部分、約定共用部分與其附屬設施設備；設施設備使用維護手冊及廠商資料、使用執照謄本、竣工圖說、水電、機械設施、消防及管線圖說，於管理委員會成立或管理負責人推選或指定後七日內會同政府主管機關、公寓大廈管理委員會或管理負責人現場針對水電、機械設施、消防設施及各類管線進行檢測，確認其功能正常無誤後，移交之。

㈡前項公寓大廈之水電、機械設施、消防設施及各類管線不能通過檢測，或其功能有明顯缺陷者，管理委員會或管理負責人得報請主管機關處理，其歸責起造人者，主管機關命起造人負責修復改善，並於一個月內，起造人再會同管理委員會或管理負責人辦理移交手續。

第五十八條▲（銷售及讓售之限制）

㈠公寓大廈起造人或建築業者，非經領得建造執照，不得辦理銷售。

㈡公寓大廈之起造人或建築業者，不得將共用部分，包含法定空地、法定停車空間及法定防空避難設備，讓售於特定人或為區分所有權人以外之特定人設定專用使用權或為其他有損害區分所有權人權益之行為。

第五十九條▲（舉證報請處理）

區分所有權人會議召集人、臨時召集人、起造人、建築業者、區分所有權人、住戶、管理負責人、主任委員或管理委員有第四十七條、第四十八條或第四十九條各款所定情事之一時，他區分所有權人、利害關係人、管理負責人或管理委員會得列舉事實及提出證據，報直轄市、縣（市）主管機關處理。

第五十九條之一▲（爭議事件調處委員會之設立）

直轄市、縣（市）政府為處理有關公寓大廈爭議事件，得聘請資深之專家、學者及建築師、律師，並指定公寓大廈及建築管理主管人員，組設公寓大廈爭議事件調處委員會。

前項調處委員會之組織，由內政部定之。

第六十條▲（規約範本）

規約範本，由中央主管機關定之。

第五十六條規約草約，得依前項規約範本制作。

第六十一條▲（委託或委辦處理事項）

第六條、第九條、第十五條、第十六條、第二十條、第二十五條、第二十八條、第二十九條及第五十九條所定主管機關應處理事項，得委託或委辦鄉（鎮、市、區）公所辦理。

第六十二條▲（施行細則之訂定）

本條例施行細則，由中央主管機關定之。

第六十三條▲（施行日期）

本條例自公布日施行。

公寓大廈管理條例施行細則

中華民國八十五年十月二日內政部（85）台內營字第8585545 號令訂定發布全文 16 條
中華民國九十四年十一月十六日內政部台內營字第0940011177 號令修正發布全文 14 條；並自發布日施行

第一條

本細則依公寓大廈管理條例（以下簡稱本條例）第六十二條規定訂定之。

第二條

本條例所稱區分所有權比例，指區分所有權人之專有部分依本條例第五十六條第三項測繪之面積與公寓大廈專有部分全部面積總和之比。建築物已完成登記者，依登記機關之記載爲準。

同一區分所有權人有數專有部分者，前項區分所有權比例，應予累計。但於計算區分所有權人會議之比例時，應受本條例第二十七條第二項規定之限制。

第三條

本條例所定區分所有權人之人數，其計算方式如下：

一、區分所有權已登記者，按其登記人數計算。但數人共有一專有部分者，以一人計。

二、區分所有權未登記者，依本條例第五十六條第一項圖說之標示，每一專有部分以一人計。

第四條

本條例第七條第一款所稱公寓大廈本身所占之地面，指建築物外牆中心線或其代替柱中心線以內之最大水平投影範圍。

第五條

本條例第十八條第一項第一款所定按工程造價一定比例或金額提列公共基金，依下列標準計算之：

一、新臺幣一千萬元以下者爲千分之二十。

二、逾新臺幣一千萬元至新臺幣一億元者，超過新臺幣一千萬元部分爲千分之十五。

三、逾新臺幣一億元至新臺幣十億元者，超過新臺幣一億元部分爲千分之五。

四、逾新臺幣十億元者，超過新臺幣十億元部分爲千分之三。

前項工程造價，指經直轄市、縣（市）主管建築機關核發建造執照載明之工程造價。

政府興建住宅之公共基金，其他法規有特別規定者，依其規定。

第六條

本條例第二十二條第一項第一款所稱區分所有權總價，指管理負責人或管理委員會促請該區分所有權人或住戶改善時，建築物之評定標準價格及當期土地公告現值之和。

第七條

本條例第二十五條第三項所定由區分所有權人互推一人爲召集人，除規約另有規定者外，應有區分所有權人二人以上書面推選，經公告十日後生效。

前項被推選人爲數人或公告期間另有他人被推選時，以推選之區分所有權人人數較多者任之；人數相同時，以區分所有權比例合計較多者任之。新被推選人與原被推選人不爲同一人時，公告日數應自新被推選人被推選之次日起算。

前二項之推選人於推選後喪失區分所有權人資格時，除受讓人另爲意思表示者外，其所爲之推選行爲仍爲有效。

區分所有權人推選管理負責人時，準用前三項規定。

第八條

本條例第二十六條第一項、第二十八條第一項及第五十五條第一項所定報備之資料如下：

一、成立管理委員會或推選管理負責人時之全體區分所有權人名冊及出席區分所有權人名冊。

二、成立管理委員會或推選管理負責人時之區分所有權人會議會議紀錄或推選書或其他證明文件。

直轄市、縣（市）主管機關受理前項報備資料，應予建檔。

第九條

本條例第三十三條第二款所定無線電臺基地臺等類似強波發射設備，由無線電臺基地臺之目的事業主管機關認定之。

第十條

本條例第二十六條第一項第四款、第三十五條及第三十六條第八款所稱會計憑證，指證明會計事項之原始憑證；會計帳簿，指日記帳及總分類帳；財務報表，指公共基金之現金收支表及管理維護費之現金收支表及財產目錄、費用及應收未收款明細。

第十一條

本條例第三十六條所定管理委員會之職務，除第七款至第九款、第十一款及第十二款外，經管理委員會決議或管理負責人以書面授權者，得由管理服務人執行之。但區分所有權人會議或規約另有規定者，從其規定。

第十二條

本條例第五十三條所定其共同設施之使用與管理具有整體不可分性之集居地區，指下列情形之一：

一、依建築法第十一條規定之一宗建築基地。

二、依非都市土地使用管制規則及中華民國九十二年三月二十六日修正施行前山坡地開發建築管理辦法申請開發許可範圍內之地區。

三、其他經直轄市、縣（市）主管機關認定其共同設施之使用與管理具有整體不可分割之地區。

第十三條

本條例所定之公告，應於公寓大廈公告欄內爲之；未設公告欄者，應於主要出入口明顯處所爲之。

第十四條

本細則自發布日施行。

附錄二

不動產經紀相關法規最新國家考題解析

113年不動產經紀人普考
不動產經紀相關法規概要

甲、申論題部分：（50分）

一、依不動產經紀業管理條例規定，不動產經紀業應於營業處所明顯之處，揭示那些文件？那一文件代銷經紀業不適用之？違反此一規定者，應如何處罰之？

答：

（一）不動產經紀業應於營業處所明顯之處應揭示下列文件：

1. 經紀業許可文件。
2. 同業公會會員證書。
3. 不動產經紀人證書。
4. 報酬標準及收取方式。

前項第1款至第3款文件，得以影本為之。

（二）代銷經紀業不適用之文件：

上述「報酬標準及收取方式」規定，於代銷經紀業不適用之。

（三）違反此規定之罰則：

違反上開規定，直轄市、縣（市）主管機關應令其限期改正；屆期未改正，處新臺幣3萬元以上15萬元以下罰鍰。

二、依公寓大廈管理條例規定，區分所有權人會議之決議，除規約另有規定外，其出席人數、區分所有權比例及同意方式應依該條例規定如何辦理？另區分所有權人會議依前述方式未獲致決議、出席區分所有權人之人數或其區分所有權比例合計未達前述定額者，得如何處理？試分別詳細說明之。

答：

（一）區分所有權人會議之決議方式：

區分所有權人會議之決議，除規約另有規定外，應有區分所有權人三分之二以上及其區分所有權比例合計三分之二以上出席，以出席人數四分之三以上及其區分所有權比例占出席人數區分所有權四分之三以上之同意行之。

（二）未獲致決議或未達前述定額之處理方式：

1. 重新召集會議及其決議方式：

區分所有權人會議依前條規定未獲致決議、出席區分所有權人之人數或其區分所有權比例合計未達前條定額者，召集人得就同一議案重新召集會議；其開議除規約另有規定出席人數外，應有區分所有權人三人並五分之一以上及其區分所有權比例合計五分之一以上出席，以出席人數過半數及其區分所有權比例占出席人數區分所有權合計過半數之同意作成決議。

前項：

依規定送達各區分所有權人後，各區分所有權人得於七日內以書面表示反對意見。書面反對意見未超過全體區分所有權人及其區分所有權比例合計半數時，該決議視爲成立。

第一項：

會議主席應於會議決議成立後十日內以書面送達全體區分所有權人並公告之。

乙、測驗題部分：（50分）

（C）1. 不動產說明書係不動產交易過程中極為重要之資訊揭露文件，下列關於不動產說明書之敘述，何者與不動產經紀業管理條例之規定不符？（A）不動產之買賣如委由經紀業代銷者，不動產說明書應由經紀業指派經紀人簽章（B）經紀人員在執行業務過程中，應以不動產說明書向與委託人交易之相對人解說（C）經紀人員於提供解說後，應將不動產說明書交由委託人簽章（D）雙方當事人簽訂買賣契約書後，不動產說明書視為買賣契約書之一部分

（D）2. 依不動產經紀業管理條例規定，中華民國國民經不動產經紀人考試及格並領有不動產經紀人證書者，得充不動產經紀人。下列有關不動產經紀人證書之敘述，何者正確？（A）經不動產經紀人考試及格者，應具備一年以上經紀營業員經驗，始得向考試院考選部請領不動產經紀人證書（B）不動產經紀人證書有效期限為四年，期滿時，經紀人應檢附其於四年內在中央主管機關認可之機構、團體完成專業訓練二十個小時以上之證明文件，向中央主管機關指定之機構、團體辦理換證（C）不動產經紀人受申誡處分三次者，應廢止其經紀人證書（D）不動產經紀人受監護

宣告成爲無行爲能力人，應廢止其經紀人證書

（A）3. 經紀人員違反業務規範時，應負之法律責任，下列敘述何者錯誤？（A）未經所屬經紀業同意爲他經紀業執行業務，而爲自己或他經紀業執行仲介或代銷業務者，應予以六個月以上三年以下之停止執行業務之懲戒處分（B）在執行業務過程中，未向與委託人交易之相對人解說不動產說明書之內容者，應予申誡（C）對於因業務知悉或持有之他人秘密，無故洩漏者，應予申誡（D）執行業務因故意或過失不法侵害交易當事人致其受有損害者，應與經紀業負連帶賠償責任

（C）4. 有關公寓大廈專有部分、共用部分之修繕義務及費用負擔，下列敘述何者錯誤？（A）專有部分之修繕，由各該區分所有權人爲之，並負擔其費用（B）共用部分之修繕，由管理負責人或管理委員會爲之。其費用由公共基金支付或由區分所有權人按其共有之應有部分比例分擔之（C）共用部分之修繕，係因可歸責於區分所有權人之事由所致者，由區分所有權人爲之，並負擔其費用。但規約另有規定者，從其規定（D）共用部分之重大修繕，應依區分所有權人會議之決議爲之。其費用，由公共基金支付或由區分所有權人按其共有之應有部分比例分擔

（C）5. 按公寓大廈之共有部分爲區分所有人所分別共有。下列關於共有部分之使用、收益及處分權能之說明，何者與公寓大廈管理條例之規定不符？（A）各區分所有權人按其共有之應有部分比例，對建築物之共用部分有使用收益之權。但另

有約定者從其約定（B）共用部分得約定供特定區分所有權人使用。但有違法令使用限制之規定者，不得約定專用（C）共用部分之應有部分應隨同專有部分一併移轉或設定負擔。但另有約定者從其約定（D）共用部分之拆除，應依區分所有權人會議之決議爲之

（B）6. 某老舊公寓社區因近來地震頻繁嚴重毀損，有危害公共安全之虞。經召開臨時區分所有權人會議，在符合公寓大廈管理條例第30條及第31條規定下，決議同意重建。惟甲自始即反對重建，於臨時會議時，亦投下反對票。依公寓大廈管理條例之規定，應如何處理？（A）因未經全體區分所有權人之同意，該公寓社區不得進行重建（B）管理負責人或管理委員會得訴請法院命甲出讓其區分所有權及其基地所有權應有部分（C）管理負責人或管理委員會得訴請法院將甲強制遷離（D）管理負責人或管理委員會得請求主管機關爲必要之處置

（A）7. 依公寓大廈管理條例規定，起造人於符合下列何種情形後三個月內，應召集區分所有權人召開區分所有權人會議，成立管理委員會或推選管理負責人，並向直轄市、縣（市）主管機關報備？（A）公寓大廈建築物所有權登記之區分所有權人達半數以上及其區分所有權比例合計半數以上（B）公寓大廈建築物所有權登記之區分所有權人達半數以上及其區分所有權比例合計三分之二以上（C）公寓大廈建築物所有權登記之區分所有權人達三分之二以上及其區分所有權比例合計

半數以上（D）公寓大廈建築物所有權登記之區分所有權人達三分之二以上及其區分所有權比例合計三分之二以上

（A）8. 內政部公告之「預售屋買賣定型化契約應記載及不得記載事項」及「不動產說明書應記載或不得記載事項（預售屋部分）」，均要求預售屋之買賣須具備履約擔保制度。試問：由建商或起造人將建案土地及興建資金信託予某金融機構或經政府許可之信託業者執行履約管理。興建資金應依工程進度專款專用。簽定預售屋買賣契約時，賣方應提供上開信託之證明文件或影本予買方。此係屬何種履約擔保？（A）不動產開發信託（B）價金返還保證（C）價金信託（D）同業連帶擔保

（C）9. 甲建商於預售屋銷售廣告單中表示：「現場簽約，贈送德國進口高級廚衛設備」。首次購屋者乙於建商接待中心看完樣品屋後，隨即與銷售人員丙簽定預售屋買賣契約書。惟交屋時，始發現建商所贈送者，係國產中等品質設備，與廣告內容不符。就此案例，下列敘述，何者正確？（A）廣告係要約引誘，對甲並不具拘束力（B）廣告內容若未經甲、乙合意成爲個別磋商條款，並訂入預售屋買賣契約中，對甲不生效力（C）廣告內容即爲契約內容，於契約成立後，甲應確實履行（D）甲得以廣告內容係媒體經營者所爲，未註記其公司名稱，主張免除履約責任

（B）10. 下列關於公平交易法之敘述，何者錯誤？（A）維護消費者利益爲本法立法目的之一（B）依照

著作權法、商標法、專利法或其他智慧財產權法規行使權利之行為，不適用本法之規定（C）事業關於競爭之行為，優先適用本法之規定。但其他法律另有規定且不牴觸本法立法意旨者，不在此限（D）本法規定事項，涉及其他部會之職掌者，由主管機關商同各該部會辦理之

（B）11.不動產開發業者或不動產經紀業者銷售預售屋時，其所為之下列何種行為，並不構成公平交易法第25條「其他足以影響交易秩序之欺罔或顯失公平之行為」？（A）在向買方收取斡旋金前，未以書面告知買方得選擇支付斡旋金或採用內政部版「要約書」（B）向買方收取斡旋金後，因未能締結預售屋買賣契約，而拒絕返還（C）要求購屋人須給付定金或一定費用始提供預售屋買賣契約書攜回審閱（D）締結預售屋買賣契約後，要求繳回契約書

（D）12.不動產業者因炒作房地產所涉及之不實廣告、不當銷售行為，下列何者非屬內政部主管法規所及，應由公平交易委員會依公平交易法相關規定辦理？（A）散布不實成交價格、市場成交行情、銷售量，影響不動產交易價格（B）違規潛銷預售屋（未領得建造執照即廣告銷售）（C）利用人頭排隊、假客戶付訂金、簽訂虛假購屋預約單或不動產買賣契約書等與他人通謀或為虛偽交易，營造不動產交易活絡之表象（D）對服務品質、企業形象、行銷策略等內容之廣告，有虛偽不實或引人錯誤者

（A）13.事業申報結合，經公平交易委員會禁止其結合而

仍爲結合者，公平交易委員會除得處新臺幣二十萬元以上五千萬元以下罰鍰外，並得爲一定之處分。下列何者不包括在內？（A）停止營業（B）限期令分設事業（C）處分全部或部分股份（D）轉讓部分營業

（A）14.公平交易法原則禁止事業爲聯合行爲，但有益於整體經濟與公共利益，經申請主管機關許可者，不在此限。不動產經紀業者相互間之何種聯合行爲應予以禁止，不在得申請公平交易委員會許可之列？（A）共同劃分經營區域、共同劃分交易對象（B）爲降低成本、改良品質或增進效率，而統一服務之規格或型式（C）爲促進事業合理經營，而分別作專業發展（D）爲促進產業發展、技術創新或經營效率所必要之共同行爲

（C）15.有關不動產經紀業廣告，下列敘述何者正確？（A）經紀業於臉書社群網路平台刊登不動產銷售廣告，僅註明加盟於知名連鎖不動產經紀業「○○不動產」並使用其服務標章（B）主打買地送屋，實際卻沒有房屋處分權（C）廣告及相關銷售文宣註明不動產經紀業名稱（D）廣告使用未經明確定義之「使用面積」、「受益面積」、「銷售面積」等名詞

（B）16.下列何者不違反公平交易法第21條廣告不實？（A）不動產代銷業者於售屋網站公告35米泳池，而該泳池設置處於竣工圖爲景觀水池（B）不動產代銷業者於售屋廣告，標示近捷運站（C）不動產代銷業者於售屋廣告，對於使用分區爲乙種工業區之建案使用一般住宅之用語及圖

示說明（D）不動產代銷業者於銷售屬科技工業區之建案時，使用可供住家使用之傢俱配置參考圖

（A）17. 甲透過仲介公司看房，對某一間公寓頗為滿意，想請父母看房再決定，仲介公司業務員請他先付10萬元斡旋，可保留優先購買之權利，於是甲支付10萬元，並簽訂「不動產購買意願書」，下列何者錯誤？（A）仲介業者如提出斡旋金要求，應主動告知消費者亦可選擇採用內政部所訂定之要約書，並需支付斡旋費用（B）斡旋金是當消費者中意某房屋，欲與屋主進行議價時，仲介業常要求消費者支付一定金額，作為斡旋差價之用（C）如消費者選擇交付斡旋金，則仲介業者應以書面明定交付斡旋金之目的，明確告知消費者之權利義務（D）仲介業者未遵行公平交易委員會對斡旋金規範而有欺罔或顯失公平情事，將違反公平交易法第25條之規定

（D）18. 不動產經紀業違反不動產經紀業管理條例相關規定時，下列何種情形，直轄市、縣（市）主管機關應先令其限期改正，屆期未改正，始處一定金額之罰鍰？（A）設立之營業處所未置經紀人（B）僱用未具備經紀人員資格者從事仲介或代銷業務（C）收取差價或其他報酬（D）未將其仲介或代銷相關證照及許可文件連同經紀人證書揭示於營業處所明顯之處

（B）19. 不動產經紀業者告知消費者「今天不簽約就沒機會」、「不簽約就不能看契約」、並在契約中記載「已確實攜回本契約書審閱5日以上無誤或是

已詳閱並充分瞭解本契約書及附件內容，無須5日以上審閱期，本約簽訂後，確認即生契約效力無誤」，請問此定型化契約條款效力為何？（A）有效（B）無效（C）效力未定（D）部分有效，部分無效

（A）20.預售屋買賣定型化契約應記載及不得記載事項規定，接通自來水、電力之管線費及其相關費用（例如安裝配置設計費、施工費、道路開挖費、復原費及施工人員薪資等）應由誰負擔？（A）賣方（B）買方（C）買賣雙方平均分配（D）買賣雙方議定

（D）21.下列何者不是定型化契約條款推定顯失公平之情形？（A）違反平等互惠原則者（B）條款與其所排除不予適用之任意規定之立法意旨顯相矛盾者（C）契約之主要權利或義務，因受條款之限制，致契約之目的難以達成者（D）定型化契約中之定型化契約條款牴觸個別磋商條款之約定者

（C）22.1樓露台屬於全體住戶共有，為了有效利用露台空間，住戶間常會將露台給該特定住戶使用，此露台稱為？（A）專有部分（B）共用部分（C）約定專用部分（D）約定共用部分

（A）23.大樓規約約定1樓露台屬於1樓甲使用，嗣後3樓所有權人乙將其房地產權出售並過戶給丙，請問該規約對丙繼受人有無效力？（A）依公寓大廈管理條例第24條規定，區分所有權之繼受人丙，應於繼受後遵守原區分所有權人依規約所定之一切權利義務事項（B）丙未在規約簽章，對其不生效力（C）丙不知有該規約約定，對其不生效

力（D）該規約僅能拘束原區分所有權人乙

（D）24.3樓住戶因浴室漏水，經抓漏後發現是3、4樓樓地板內之管線自然損壞導致漏水，請問修繕費用由誰負擔？（A）3樓（B）4樓（C）3、4樓之住戶共同負擔（D）3、4樓之區分所有權人共同負擔

（B）25.依現行公寓大廈管理條例規定，公寓大廈住戶可以飼養動物？（A）原則可以，但社區管委會有權禁止住戶飼養動物（B）原則可以，但規約另有禁止飼養之規定時，則依規約約定（C）原則禁止，但社區管委會有權開放住戶飼養動物（D）原則禁止，但規約有權開放住戶飼養動物

112年不動產經紀人普考
不動產經紀相關法規概要

甲、申論題部分：（50分）

一、建商甲在銷售建案時，於廣告文宣文字說明該建案公共設施中含有泳池等設備，並使用某飯店之無邊際泳池圖片，乙受廣告吸引購買該建案其中一戶，但完工交屋時，乙發現只有一個景觀水池，並無廣告中之泳池。請問乙如何主張其權利？請就公平交易法相關規定說明之。

答：

（一）事業不得在商品或廣告上，或以其他使公眾得知之方法，對於與商品相關而足以影響交易決定之事項，為虛偽不實或引人錯誤之表示或表徵。

（二）乙得主張損害賠償。公平交易法有關損害賠償規定如下：

1. 事業違反公交易法之規定，致害他人權益者，負損害賠償責任。
2. 法院因被害人之請求，如為事業之故意行為，得依侵害情節，酌定損害額以上之賠償。但不得超過已證明損害額之三倍。侵害人如因侵害行為受有利益者，被害人得請求專依該項利益計算損害額。
3. 所定之請求權，自請求權人知有行為及賠償義務人時起，二年間不行使而消滅；自爲行爲時起，逾十年者亦同。

（三）主管機關對於違反虛僞不實記載或廣告薦證引人不實之賠償責任，得處新臺幣五萬元以上二千五百萬元以下罰鍰；屆期仍不停止、改正其行爲或未採取必要更正措施者，得繼續限期令停止、改正其行爲或採取必要更正措施，並按次處新臺幣十萬元以上五千萬元以下罰鍰，至停止、改正其行爲或採取必要更正措施爲止。

二、社區住戶甲以資源回收為業，經常將資源回收物堆放於樓梯間及梯廳， 經管理委員會多次要求移置，仍未處理。嗣後，管理委員會再報請環保 局罰鍰在案，依舊拒不處理。請問如何將此惡鄰居趕出社區？請依公寓 大廈管理條例相關規定說明之。

答：

惡鄰條款：

（一）住戶有下列情形之一者，由管理負責人或管理委員會促請其改善，於三個月內仍未改善者，管理負責人或管理委員會得依區分所有權人會議之決議，訴請法院強制其遷離：

1. 積欠依本條例規定應分擔之費用，經強制執行後再度積欠金額達其區分所有權總價百分之一者。
2. 違反本條例規定經依第四十九條第一項第一款至第四款規定處以罰鍰後，仍不改善或續犯者。
3 其他違反法令或規約情節重大者。

（二）前項之住戶如爲區分所有權人時，管理負責人或管理委員會得依區分所有權人會議之決議，訴請法院命區分所有權人出讓其區分所有權及其基地所有權應有部分；於判決確定後三個月內不自行出讓並完成移轉登記手續者，管理負責人或管理委員會得聲請法院拍賣之。

（三）前項拍賣所得，除其他法律另有規定外，於積欠本條例應分擔之費用，其受償順序與第一順位抵押權同。

乙、測驗題部分：（50分）

（B）1. 有關不動產經紀業營業保證金之敘述，下列何者錯誤？（A）營業保證金由中華民國不動產仲介經紀業或代銷經紀業同業公會全國聯合會統一於指定之金融機構設置營業保證基金專戶儲存（B）經紀業未依規定繳存營業保證金者，應予停止營業處分，其停止營業期間達一年者，應撤銷其許可（C）營業保證金獨立於經紀業及經紀人員之外，除不動產經紀業管理條例另有規定外，不因經紀業或經紀人員之債務債權關係而爲讓與、扣押、抵銷或設定負擔（D）經紀業申請解散者，得自核准註銷營業之日滿一年後二年內，請求退還原繳存之營業保證金

（C）2. 有關外國人任職不動產經紀業之規定，下列何者正確？（A）外國人得依中華民國法律參加營業員訓練，經內政部許可後得應不動產經紀人考試（B）經內政部許可後，始得受僱於經紀業爲經紀人員；如爲大陸地區人民，尙須經大陸委員會

許可（C）經內政部或其認可之機構、團體舉辦不動產經紀營業員訓練合格或不動產經紀人考試及格，並向內政部指定之機構、團體登錄及領有不動產經紀營業員證明者，得充任不動產經紀營業員（D）外國人經許可在中華民國充任經紀人員者，其有關業務上所爲之文件、圖說，可不限以中華民國文字爲之

（D）3. 經營代銷業務者，下列何種文件不適用經紀業指派經紀人簽章規定？（A）不動產說明書（B）不動產廣告稿（C）不動產租賃、買賣契約書（D）不動產出租、出售委託契約書

（C）4. 有關不動產說明書之敘述，下列何者正確？（A）不動產之買賣、互易、租賃或代理銷售，如委由經紀業仲介或代銷者，不動產說明書應由經紀業指派經紀營業員簽章（B）經紀人員應以不動產說明書向與委託人交易之相對人解說。提供解說前，應經委託人交易之相對人簽章（C）雙方當事人簽訂租賃或買賣契約書時，經紀人應將不動產說明書交付與委託人交易之相對人（D）不動產說明書應記載及不得記載事項，由所在地主管機關定之

（B）5. 根據不動產經紀業管理條例第24條之 1 之現行規定，下列何者正確？（A）中華民國一百零九年十二月三十日修正之條文施行前，提供查詢之申報登錄資訊，於修正施行後，維持以區段化、去識別化方式，提供查詢（B）中華民國一百零九年十二月三十日修正之條文施行前，提供查詢之申報登錄資訊，於修正施行後，應依同條第三項

規定，除涉及個人資料外，重新提供查詢（C）經營代銷業務，受起造人或建築業委託代銷預售屋者，應於簽訂買賣契約之日起三十日內，將委託代銷契約及買賣契約相關書件報請所在地直轄市、縣（市）主管機關備查（D）經營仲介業務者，對於居間或代理成交之租賃案件，應於租賃物交付後，承租人占有中之日起三十日內，向直轄市、縣（市）主管機關申報登錄成交案件實際資訊

（A）6. 不動產經紀業管理條例之「用辭定義」，下列何者正確？（A）不動產：指土地、土地定著物或房屋及其可移轉之權利（B）成屋：指領有建造執照之建築物（C）經紀人員：經紀營業員之職務爲執行仲介或代銷業務（D）營業處所：指經紀業經營仲介或代銷業務之店面、辦公室或常態之非固定場所

（D）7. 依據不動產經紀業管理條例之規定，直轄市、縣（市）同業公會關於會員入會、停權、退會情形應如何處理？（A）報請所在地主管機關核定（B）報請所在地主管機關備查（C）報請所在地主管機關層轉中央主管機關核定（D）報請所在地主管機關層轉中央主管機關備查

（A）8. 有關公寓大廈周圍上下、外牆面設置防墜設施之規定，下列何者錯誤？（A）須公寓大廈有十二歲以下兒童或六十歲以上老人之住戶（B）須於外牆開口部或陽臺設置（C）防墜設施須不妨礙逃生且不突出外牆面（D）防墜設施設置後，設置理由消失且不符公寓大廈管理條例之限制者，

區分所有權人應予改善或回復原狀

（B）9. 依公寓大廈管理條例之規定，有關公寓大廈管理委員會職務之敘述，下列何者正確？（A）住戶大會決議事項之執行（B）住戶違規情事之制止及相關資料之提供（C）共有及共用部分之清潔、維護、重大修繕及改良（D）住戶共同事務應興革事項之決定與管理

（B）10. 有關公寓大廈公共基金之設置，下列何者錯誤？（A）起造人就公寓大廈領得使用執照一年內之管理維護事項，應按工程造價一定比例或金額提列（B）起造人於該公寓大廈使用執照申請時，應提出繳交公庫代收之證明；於公寓大廈召開區分所有權人會議時，由公庫代爲撥付（C）公共基金應設專戶儲存，並由管理負責人或管理委員會負責管理（D）公共基金經區分所有權人會議決議交付信託者，其運用應依區分所有權人會議之決議爲之

（C）11. 依公寓大廈管理條例規定，有關起造人責任之敘述，下列何者錯誤？（A）就公寓大廈領得使用執照一年內之管理維護事項，起造人應按工程造價一定比例或金額提列公共基金（B）公寓大廈之起造人，非經領得建造執照，不得辦理銷售（C）公寓大廈之起造人於申請建造執照時，應檢附專有部分、共用部分、約定專用部分、約定共用部分標示之詳細圖說及規約（D）起造人應將公寓大廈共用部分、約定共用部分與其附屬設施設備等，確認其功能正常無誤後， 移交管理委員會或管理負責人

（B）12.關於公寓大廈住戶之權利義務，下列何者正確？（A）區分所有權人除法律另有限制外，對其共有部分，得自由使用、收益、處分，並排除他人干涉（B）區分所有權人對專有部分之利用，不得有妨害建築物之正常使用及違反區分所有權人共同利益之行為（C）專有部分不得與其所屬建築物共用部分之應有部分及其基地所有權或地上權之應有部分分離而為移轉，但設定負擔則可分別為之（D）於住戶因維護、修繕專有部分、約定專用部分或設置管線，必須進入或使用他住戶專有部分或約定專用部分時，應經管理負責人或管理委員會之同意後方得為之

（D）13.關於公寓大廈管理維護公司之執業，下列何者正確？（A）應經直轄市、縣（市）政府許可及辦理公司登記，並向直轄市、縣（市）政府申領登記證後， 始得執業（B）應經直轄市、縣（市）政府許可及辦理公司登記，並向中央主管機關申領登記證後，始得執業（C）應經中央主管機關許可及辦理公司登記，並向直轄市、縣（市）政府申領登記證後，始得執業（D）應經中央主管機關許可及辦理公司登記，並向中央主管機關申領登記證後，始得執業

（A）14.採加盟經營方式之不動產經紀業者如以不正當限制加盟店服務報酬標準，作為成立或持續加盟經營關係之條件，而有限制競爭之虞者，屬於下列何種違反公平交易法之情事？（A）以不正當限制交易相對人之事業活動為條件，而與其交易之行為（B）相互約束事業活動之行為，而足以影

響生產、商品交易或服務供需之市場功能，構成公平交易法之聯合行為（C）以脅迫、利誘或其他不正當方法，使他事業不為價格之競爭、參與結合、聯合或為垂直限制競爭之行為（D）以損害特定事業為目的，促使他事業對該特定事業斷絕供給、購買或其他交易之行為

（B）15.下列何者應以公平交易法之規定處理？（A）不動產經紀業加盟店，未於廣告、市招及名片等明顯處，標明加盟店或加盟經營字樣者（B）不動產經紀業者對於涉及事業服務品質、企業形象、行銷策略等內容之廣告，有虛僞不實或引人錯誤者（C）不動產經紀業者與委託人簽訂委託契約後，刊登之廣告及銷售內容與事實不符者（D）不動產經紀業者未依成屋買賣定型化契約書應記載及不得記載事項製作契約書者

（D）16.下列何者屬於限制競爭之行為，事業不得為之？（A）以著名之他人姓名、商號或公司名稱於同一或類似之商品，為相同或近似之使用，致與他人商品混淆（B）事業為競爭之目的，而陳述或散布足以損害他人營業信譽之不實情事（C）事業以不當提供贈品、贈獎之方法，爭取交易之機會（D）無正當理由，對他事業給予差別待遇之行為

（D）17.關於聯合行為，下列何者正確？（A）事業不得為聯合行為。但為降低成本、改良品質或增進效率，而統一商品或服務之規格或型式， 有益於個別經濟與股東利益，經申請主管機關許可者，不在此限（B）許可應附期限，其期限不得

逾三年（C）事業對於主管機關就其聯合行爲之許可及其有關之條件、負擔、期限，應主動公開（D）聯合行爲經許可後，因經濟情況變更者，主管機關得廢止該許可

（B）18.主管機關對於事業涉有違反公平交易法規定之行爲進行調查時，下列何者正確？（A）事業承諾在主管機關所定期限內，採取具體措施停止並改正涉有違法之行爲者，主管機關得終止調查（B）主管機關作成中止調查之決定係基於事業提供不完整或不眞實之資訊，應恢復調查（C）裁處權時效自終止調查之日起，停止進行（D）主管機關恢復調查者，裁處權時效自恢復調查之翌日起，重新起算

（D）19.關於事業以不當提供贈品、贈獎之方法，爭取交易之機會，下列何者正確？（A）構成獨占地位之濫用（B）構成事業之結合（C）構成限制轉售價格（D）構成不公平競爭

（C）20.有關消費資訊之規範，依消費者保護法規定，下列何者錯誤？（A）企業經營者應確保廣告內容之眞實，其對消費者所負之義務不得低於廣告之內容（B）企業經營者之商品或服務廣告內容，於契約成立後，應確實履行（C）媒體經營者刊登或報導廣告之內容與事實不符者，就消費者因信賴該廣告所受之損害與企業經營者負連帶責任（D）輸入之商品或服務，應附中文標示及說明書，其內容不得較原產地之標示及說明書簡略

（B）21.依消費者保護法規定，有關定型化契約應記載或不得記載事項之規定，下列何者正確？（A）應

公告後報請行政院備查（B）中央主管機關爲預防消費糾紛，保護消費者權益，促進定型化契約之公平化，得選擇特定行業擬訂之（C）違反公告之定型化契約，其定型化契約條款不構成契約之內容。但消費者得主張該條款仍構成契約之內容（D）中央主管機關公告應記載之事項，雖未記載於定型化契約，經消費者主張，仍構成契約之內容

（B）22. 消費者保護團體依消費者保護法提起消費者損害賠償訴訟之要件，下列何者正確？（A）消費者保護團體許可設立三年以上（B）消費者保護團體申請行政院評定優良者（C）得委任律師代理訴訟（D）消費者保護團體不得向消費者請求報酬，但得請求預付或償還必要費用

（A）23. 依消費者保護法之規定，關於小額消費爭議，當事人之一方無正當理由，不於調解期日到場者，下列何者錯誤？（A）調解委員得審酌情形，依到場當事人一造之請求或依職權提出解決方案，此方案應經參與調解委員過半數之同意（B）該解決方案之送達，不適用公示送達規定（C）當事人對該解決方案，得於送達後十日之不變期間內，提出異議；未於異議期間內提出異議者，視爲已依該解決方案成立調解（D）當事人於異議期間提出異議，經調解委員另定調解期日，無正當理由不到場者，視爲依該解決方案成立調解

（C）24. 關於輸入商品或服務之企業經營者，下列何者錯誤？（A）視爲該商品之設計、生產、製造者或服務之提供者（B）於提供商品流通進入市場，

或提供服務時，應確保該商品或服務，符合當時科技或專業水準可合理期待之安全性（C）消費者保護團體主張企業經營者不符合當時科技或專業水準可合理期待之安全性者，就其事實應負舉證責任（D）企業經營者違反相關規定，致生損害於消費者或第三人時，應負連帶賠償責任

（C）25.關於消費者保護團體，下列何者正確？（A）消費者保護團體以社團法人、財團法人或行政法人爲限（B）消費者保護團體之任務爲監督消費者保護主管機關及指揮消費者保護官行使職權（C）消費者保護團體從事商品或服務檢驗，發表檢驗結果而有錯誤時，應使相關企業經營者有澄清之機會（D）消費者保護團體爲商品或服務之調查、檢驗時，請求政府予以協助時，政府不應允許

111年不動產經紀人普考
不動產經紀相關法規概要

甲、申論題部分：（50分）

一、試依不動產經紀業管理條例及其施行細則說明，何謂加盟經營者？經紀業係加盟經營者，應於何處標明加盟經營字樣？經紀業違反規定者，直轄市、縣市主管機關如何處罰之？

答：

（一）加盟經營者定義

依不動產經紀業管理條例規定，所謂「加盟經營者」係指經紀業之一方以契約約定使用他方所發展之服務、營運方式、商標或服務標章等，並受其規範或監督。

（二）標明加盟字樣之處所

依不動產經紀業管理條例規定，經紀業應將其仲介或代銷相關證照及許可文件連同經紀人證書揭示於營業處所明顯之處；其爲加盟經營者，應併標明之。

（三）違反規定之處罰

依不動產經紀業管理條例規定，違反相關規定，直轄市、縣（市）主管機關應令其限期改正；屆期未改正，處新臺幣三萬元以上十五萬元以下罰鍰。

提示：不動產經紀業管理條例第4條第1項第8

款、不動產經紀業管理條例第18條規定、不動產經紀業管理條例第29條第1項第4款規定

二、區分所有權人會議於何種情形時，應召開臨時會議？召集人為何？請依公寓大廈管理條例規定說明之。

答：

（一）召開臨時會議之情形

依公寓大廈管理條例規定，有下列情形之一者，應召開臨時會議：

1. 發生重大事故有及時處理之必要，經管理負責人或管理委員會請求者。
2. 經區分所有權人五分之一以上及其區分所有權比例合計五分之一以上，以書面載明召集之目的及理由請求召集者。

（二）召集人

1. 依公寓大廈管理條例規定，區分所有權人會議除規定外，由具區分所有權人身分之管理負責人、管理委員會主任委員或管理委員爲召集人；管理負責人、管理委員會主任委員或管理委員喪失區分所有權人資格日起，視同解任。無管理負責人或管理委員會，或無區分所有權人擔任管理負責人、主任委員或管理委員時，由區分所有權人互推一人爲召集人。
2. 依公寓大廈管理條例規定，召集人無法依前項規定互推產生時，各區分所有權人得申請直轄市、縣（市）主管機關指定臨時召集人，區分所有權人不申請指定時，直轄市、

縣（市）主管機關得視實際需要指定區分所有權人一人爲臨時召集人，或依規約輪流擔任，其任期至互推召集人爲止。

提示：公寓大廈管理條例第25條第2項、公寓大廈管理條例第25條第3項、依公寓大廈管理條例第25條第4項

乙、測驗題部分：（50分）

（D）1. 依不動產經紀業管理條例規定，不動產經紀業得請求退還原繳存之營業保證金之情形，不包含那一項？（A）公司組織申請解散者（B）商號組織申請歇業者（C）營業項目經變更登記後，該公司或商號已無不動產仲介經紀業及不動產代銷經紀業而組織仍存續者（D）退出所在地或鄰近直轄市或縣（市）仲介經紀業同業公會

（C）2. 不動產經紀業管理條例對不動產經紀人員之規定，下列敘述何者正確？（A）經不動產經紀人考試及格者，應具備半年以上經紀營業員經驗，始得向直轄市或縣（市）政府請領經紀人證書（B）經紀人證書有效期限爲三年（C）經紀營業員訓練不得少於三十個小時（D）未具備經紀人員資格者，於簽訂專任約後，經紀業得僱用其從事仲介或代銷業務

（A）3. 依不動產經紀業管理條例之規定，經營仲介業務者應揭示於營業處所明顯之處的文件，不包含那一項？（A）不動產經紀人員之經歷與獲獎資料（B）不動產經紀人證書（C）報酬標準及收取

方式（D）仲介相關證照及許可文件

（B）4. 依不動產經紀業管理條例之規定，雙方當事人簽訂租賃或買賣契約書時，經紀人應將不動產說明書交付與委託人交易之相對人，並由何人在不動產說明書上簽章？（A）不動產經紀人（B）相對人（C）地政士（D）公司代表人

（C）5. 依不動產經紀業管理條例關於獎懲之規定，下列敘述何者錯誤？（A）非經紀業而經營仲介或代銷業務者，主管機關應禁止其營業，並處公司負責人、商號負責人或行為人罰鍰（B）經紀業開始營業後自行停止營業連續六個月以上者，直轄市或縣（市）主管機關得廢止其許可（C）中央主管機關對於經紀人員獎懲事項，應設置獎懲委員會處理之（D）依本條例所處罰鍰，經通知繳納而逾期不繳納者，移送法院強制執行

（A）6. 依公平交易法之規定，下列定義何者錯誤？（A）競爭指一以上事業在市場上以較有利之價格、數量、品質、服務或其他條件，爭取交易機會之行為（B）相關市場指事業就一定之商品或服務，從事競爭之區域或範圍（C）交易相對人指與事業進行或成立交易之供給者或需求者（D）事業所組成之同業公會視為本法所稱事業

（B）7. 公平交易法關於結合之規定，下列敘述何者錯誤？（A）直接或間接控制他事業之業務經營或人事任免屬於結合之一種（B）事業因結合而使其市場占有率達四分之一應先向主管機關提出申報（C）對於事業結合之申報，如其結合，對整體經濟利益大於限制競爭之不利益者，主管機關

不得禁止其結合（D）主管機關就事業結合之申報，得徵詢外界意見，必要時得委請學術研究機構提供產業經濟分析意見

（C）8. 甲建商爲廣告主，委託乙廣告代理業製作廣告，請來丙明星擔任廣告薦證者，在丁廣告媒體業之電子媒體刊登引人錯誤之廣告，下列敘述何者錯誤？（A）乙廣告代理業在明知或可得而知情形下，仍製作或設計有引人錯誤之廣告，與甲建商負連帶損害賠償責任（B）甲建商不得在商品或廣告上，或以其他使公眾得知之方法，對於與商品相關而足以影響交易決定之事項，爲虛僞不實或引人錯誤之表示或表徵（C）丙明星明知或可得而知其所從事之薦證有引人錯誤之虞，而仍爲薦證者，與乙廣告代理業負連帶損害賠償責任（D）丁廣告媒體業在明知或可得而知其所傳播或刊載之廣告有引人錯誤之虞，仍予傳播或刊載，與甲建商負連帶損害賠償責任

（D）9. 主管機關收到對於涉有違反公平交易法規定之檢舉，而發動調查得進行之程序敘述，何者錯誤？（A）通知當事人及關係人到場陳述意見（B）通知當事人及關係人提出帳冊、文件及其他必要之資料或證物（C）派員前往當事人及關係人之事務所、營業所或其他場所爲必要之調查（D）因被害人之請求，如爲事業之故意行爲，得依侵害情節，酌定損害額以上之賠償

（A）10. 當事人對主管機關依公平交易法所爲之處分或決定不服者，應如何處理？（A）直接適用行政訴訟程序（B）依訴願法提起訴願（C）對主管機

關提出民事訴訟（D）直接適用國家賠償程序

（C）11. 企業經營者未經邀約而與消費者在其住居所、工作場所、公共場所或其他場所所訂立之契約，依消費者保護法之規定，屬於下列何者之定義？（A）通訊交易（B）定型化契約（C）訪問交易（D）個別磋商契約

（D）12. 甲建商與乙消費者訂立預售屋定型化契約前，並沒有給合理期間供乙審閱全部條款內容，依消費者保護法之規定，乙可以如何主張權利？（A）要求甲建商回收該批商品或停止其服務（B）主張甲建商應負損害賠償責任（C）主張除去其危害（D）主張其條款不構成契約之內容。但乙得主張該條款仍構成契約之內容

（D）13. 中央主管機關得擬訂特定行業定型化契約應記載或不得記載事項。下列應記載或不得記載事項之敘述何者錯誤？（A）中央主管機關公告應記載之事項，雖未記載於定型化契約，仍構成契約之內容（B）違反中央主管機關公告之定型化契約應記載或不得記載事項之定型化契約，其定型化契約條款無效（C）企業經營者使用定型化契約者，主管機關得隨時派員查核（D）不得記載事項得包括預付型交易之履約擔保

（B）14. 企業經營者與消費者簽訂定型化之分期付款買賣契約，依消費者保護法規定，該契約書應載明之事項不包含下列那一項？（A）頭期款（B）企業經營者保留契約內容或期限之變更權或解釋權（C）各期價款與其他附加費用合計之總價款與現金交易價格之差額（D）利率

（C）15.企業經營者對於消費者之申訴，依消費者保護法規定，應於申訴之日起，至多幾日內妥適處理之？（A）七日（B）十日（C）十五日（D）三十日

（A）16.企業經營者在提供契約條款供他人參考時，下列那一種表示內容不會屬於定型化契約條款之一部分？（A）以書面傳真提供給單一個別客戶之優惠條款內容（B）以電視字幕放映提供之廣告字幕（C）以書面產品型錄提供之內容（D）以網際網路提供之廣告資訊

（D）17.依公寓大廈管理條例之規定，下列之定義何者正確？（A）約定專用部分：指公寓大廈專有部分經約定供共同使用者（B）管理負責人：指由區分所有權人會議決議執行建築物管理維護事務之公寓大廈管理服務人員或管理維護公司（C）專有部分：指數人區分一建築物而各有其專有部分，並就其共用部分按其應有部分有所有權（D）公寓大廈：指構造上或使用上或在建築執照設計圖樣標有明確界線，得區分爲數部分之建築物及其基地

（C）18.公寓大廈共用部分不得獨立使用供做專有部分。依公寓大廈管理條例之規定，其爲特定情形者，並不得爲約定專用部分。下列情形非屬前述之特定情形？（A）公寓大廈本身所占之地面（B）公寓大廈基礎、主要樑柱、承重牆壁、樓地板及屋頂之構造（C）其他有固定使用方法，並屬區分所有權人生活利用上不可或缺之專用部分（D）連通數個專有部分之走廊或樓梯，及其通

往室外之通路或門廳；社區內各巷道、防火巷弄

（B）19.依公寓大廈管理條例之規定，區分所有權人或住戶積欠應繳納之公共基金或應分擔或其他應負擔之費用，至少逾多少期或達相當金額，經定相當期間催告仍不給付者，管理負責人或管理委員會得訴請法院命其給付應繳之金額及遲延利息？（A）一期（B）二期（C）三期（D）六期

（D）20.規約除應載明專有部分及共用部分範圍外，有特定之情形，非經載明於規約者，不生效力。下列敘述何者非屬之？（A）違反義務之處理方式（B）禁止住戶飼養動物之特別約定（C）財務運作之監督規定（D）他住戶因維護、修繕專有部分，必須進入或使用其專有部分或約定專用部分時，不得拒絕

（C）21.下列有關定型化契約條款敘述中那幾項是正確的？①企業經營者在定型化契約中所用之定型化契約條款如有疑義時，條款內容應本公平之解釋，不應偏向企業經營者或消費者②企業經營者在與消費者訂立定型化契約前，須至少提供三十日以內之合理審閱期間，供消費者審閱全部條款內容③企業經營者以定型化契約條款訂定之使消費者拋棄合理審閱期間之條款爲有效條款④定型化契約中之主要權利或義務條款，因受條款之限制，致契約之目的難以達成者顯失公平，故爲無效。（A）②③（B）①③（C）②④（D）①②④

（B）22.依消費者保護法第17條之規定，定型化契約應記載事項，依契約之性質及目的，其內容不包括下

列那一項？（A）預付型交易之履約擔保（B）企業經營者之義務或責任之免除（C）契約之終止權（D）違反契約之法律效果

（C）23.如果有一交易違反公平交易法，下列有關於行使損害賠償之敘述何者正確？（A）自此一交易日起二年不行使請求權，請求權時效消滅（B）被害人不論何時得知損害，自得知之日起逾二年不行使請求權，請求權時效消滅（C）自此一交易日起逾十年，請求權時效消滅（D）被害人自此一交易日起，其請求權之行使沒有時效限制

（B）24.對經紀人違反不動產經紀業管理條例規定之懲戒，下列何者正確？（A）經紀人員違反規定收取差價或其他報酬，應予申誡（B）經紀人員在執行業務過程中，未以不動產說明書向與委託人交易之相對人解說，應予申誡（C）經紀人員無故洩漏對於因業務知悉或持有之他人秘密，應予六個月以上三年以下之停止執行業務處分（D）經紀人員受申誡處分三次者，應廢止其經紀人員證書或證明

（D）25.經紀業尚未與委託人簽訂委託契約書便刊登廣告及銷售時，依規定由直轄市、縣（市）主管機關處多少罰鍰？（A）新臺幣六千元以上三萬元以下罰鍰（B）新臺幣一萬元以上五萬元以下罰鍰（C）新臺幣三萬元以上十五萬元以下罰鍰（D）新臺幣六萬元以上三十萬元以下罰鍰

附錄三

不動產契約書範本

不動產委託銷售定型化契約應記載及不得記載事項

中華民國九十二年六月二十六日內授中辦地字第〇九二〇〇八二七四三號公告（自公告六個月後生效）
行政院消費者保護委員會第九十九次委員會議通過委售應（不應）記載草案無說明

壹、應記載事項

一、契約審閱期間

本定型化契約及其附件之審閱期間______（不得少於三日）

違反前項規定者，該條款不構成契約內容。但消費者得主張該條款仍構成契約內容。

二、委託銷售之標的

㈠土地標示（詳如登記簿謄本）：

所有權人	縣市	市區鄉鎮	段	小段	地號	都市計畫使用分區（或非都市土地使用地類別）	面積（平方公尺）	有無設定他項權利、權利種類	有無租賃或占用之情形	權利範圍

㈡建築改良物標示（詳如登記簿謄本）：

所有權人	縣市	市區鄉鎮	路街	段	巷	弄	號	樓	建築物完成日期		面積（平方公尺）	建號	權利範圍	有無設定抵押權、查登記或其他物權之設定	有無租賃或占用之情形
									民國　年　月　日	主建物					
										附屬建物					
										共用部分					

㈢車位標示（詳如登記簿謄本）：

本停車位屬□法定停車位□自行增設停車位□獎勵增設停車位□其他____（車位情況或無法得知者自行說明）爲地上（面、下）第____層□平面式□機械式□坡道式□升降式停車位，編號第____號車位。

□有編號登記。

□有土地及建築改良物所有權狀。

□有建築改良物所有權狀（土地持分合併於區分所有建物之土地面積內）。

□共用部分。

（如有停車位之所有權及使用權之約定文件，應檢附之。）

㈣□附隨買賣設備

□願意附贈買方現有設備項目，計有：

□燈飾□床組□梳妝台□窗廉□熱水器□冰箱□洗衣機□瓦斯爐□沙發____組□冷氣____台□廚具____式□電話____線□其他____。

前項㈠㈡㈢之標的未記載者，以地政機關所登載爲準；㈣未記載者，以不動產委託銷售定型化契約簽定時之現況爲準。

三、委託銷售價格

委託人願意出售之土地、建築改良物、______，總價格爲新台幣______元整，車位價格爲新台幣______元整，合計新台幣______元整。

前項之金額未記載者，不動產委託銷售定型化契約無效。

四、委託銷售期間

委託銷售期間自民國____年____月____日起至____年____月____日止。

未記載委託銷售期間者，委託人得隨時以書面終止。

五、服務報酬

買賣成交者，受託人得向委託人收取服務報酬，其數額爲實際成交價之百分之__________（最高不得超過中央主管機關之規定）。

前項空白處未記載者，受託人不得向委託人收取服務報酬。

六、受託人之義務

㈠受託人受託處理仲介事務應以善良管理人之注意爲之。

㈡受託人於簽約前，應據實提供該公司（或商號）近三個月之成交行情，供委託人訂定售價之參考；如有隱匿不實，應負賠償責任。

㈢受託人受託仲介銷售所做市場調查、廣告企劃、買賣交涉、諮商服務、差旅出勤等活動與支出，除有委託人與受託人雙方同意終止及委託人終止契約外，均由受託人負責，受託人不得以任何理由請求委託人補貼。

㈣受託人製作之不動產說明書，應指派不動產經紀人簽章，並經委託人簽認後，將副本交委託人留存；經紀人員並負有誠實告知買方之義務，如有隱瞞不實，受託人與其經紀人員應連帶負一切法律責任；其因而生損害於委託人者，受託人應負賠償責任。

㈤如買方簽立「要約書」（如附件），受託人應於二十四小時內將該要約書轉交委託人，不得隱瞞或扣留。但如因委託人之事由致無法送達者，不在此限。

㈥受託人應隨時依委託人之查詢，向委託人報告銷售狀況。

(七)契約成立後，除委託人同意授權受託人代為收受買方支付之定金外。否則視為不同意授權。

(八)受託人應於收受定金後廿四小時內送交委託人。但如因委託人之事由致無法送達者，不在此限。

(九)有前款但書情形者，受託人應於二日內寄出書面通知表明收受定金及無法送交之事實通知委託人。

(十)受託人於仲介買賣成交時，為維護交易安全，得協助辦理有關過戶及貸款手續。

(十一)受託人應委託人之請求，有提供相關廣告文案資料予委託人參考之義務。

七、沒收定金之處理

買方支付定金後，如買方違約不買，致定金由委託人沒收者，委託人應支付該沒收定金之百分之____（但不得逾約定定金百分之五十且不得逾約定之服務報酬）予受託人，以作為該次委託銷售服務之支出費用，且不得再收取服務報酬。

前項沒收定金百分比未記載者，受託人不得向委託人請求服務報酬或費用。

八、買賣契約之簽訂及所有權移轉

買賣雙方價金與條件一致時，委託人應與受託人所仲介成交之買方另行簽訂「不動產買賣契約書」，並約定由委託人及買方共同或協商指定地政士辦理所有權移轉登記及相關手續；如未約明者，由委託人指定之。

貳、不得記載事項

一、不得約定「不動產委託銷售契約書範本」內容僅供參考。

二、不得使用未經明確定義之「使用面積」、「受益面積」、「銷售面積」等名詞。

三、不得約定繳回委託銷售契約。

四、約定服務報酬不得超過中央主管機關之規定。

五、不得為其他違反強制或禁止規定之約定。

附件

要約書定型化契約應記載及不得記載事項

中華民國92年6月26日內授中辦公告（自公告6個月後生效）
行政院消費者保護委員會第99次委員會議通過

壹、應記載事項

一、契約審閱期間

本定型化契約及其附件之審閱期間______（不得少於三日）。

違反前項規定者，該條款不構成契約內容。但消費者得主張該條款仍構成契約內容。

二、不動產買賣標的

本要約書有關不動產買賣標的之土地標示、建築改良物標示、車位標示，均詳如不動產說明書。

不動產說明書之內容不得低於內政部公告之不動產說明書應記載事項。

三、承購總價款、付款條件及其他要約條件

㈠承購總價款及應同時履行條件

項　目	金額（新台幣：　元）	應同時履行條件
承購總價款	元整	
第一期（頭期款【含定金】）	元整	於簽訂□成屋□土地買賣契約同時，應攜帶國民身分證以供核對，並交付土地或建築改良物所有權狀正本予：□地政士□______。
第二期（備證款）	元整	賣方應備齊權狀正本，攜帶印鑑章並交付印鑑證明、身分證明文件及稅單。
第三期（完稅款）	元整	於土地增值稅、契稅單核下後，經□地政士□______通知日起__日內，於委託人收款同時由委託人與買方依約繳清土地增值稅、契稅及其他欠稅。
第四期（交屋款）	元整	房屋鎖匙及水電、瓦斯、管理費收據等。
貸款	元整	

㈡其他要約條件________________

四、要約之拘束

㈠本要約書須經賣方親自記明承諾時間及簽章並送達買方時，雙方即應負洽商簽立本約之一切義務。但賣方將要約擴張、限制或變更而為承諾時，視為拒絕原要約而為新要約，須再經買方承諾並送達賣方。本要約書須併同其附件送達之。

㈡賣方或其受託人（仲介公司或商號）所提供之不動產說明書，經買方簽章同意者，為本要約書之一部分，但本要約書應優先適用。

五、要約撤回權

㈠買方於要約期限內有撤回權。但賣方已承諾買方之要約條件，並經受託人（仲介公司或商號）送達買方者，不在此限。

㈡買方於行使撤回權時應以郵局存證信函送達，或以書面親自送達賣方，或送達至賣方所授權本要約書末頁所載______________公司（或商號）地址，即生撤回效力。

六、簽訂不動產買賣契約書之期間

本要約書依第四點承諾送達他方之日起____日內，買賣雙方應於共同指定之處所，就有關稅費及其他費用之負擔、委託人及買方共同申請辦理或協商指定地政士、付款條件、貸款問題、交屋約定及其他相關事項進行協商後，簽訂不動產買賣契約書。

七、要約之生效

本要約書及其附件壹式肆份，由買賣雙方及________公司（或商號）各執乙份為憑，另一份係為買賣雙方要約及承諾時之憑據，並自簽認日起即生要約之效力。

貳、不得記載事項

不得約定在契約成立前，受託人得向消費者收取斡旋金、訂金或其他任何名目之費用。

不動產委託銷售契約書範本

中華民國八十六年六月十四日內政部令公告頒行
中華民國八十七年八月十九日內政部公告修正
中華民國九十二年六月二十六日公告修正

契約審閱權

本契約於中華民國____年____月____日經委託人攜回審閱日。（契約審閱期間至少爲三日）

受託人簽章：

委託人簽章：

受託人______公司（或商號）接受委託人______之委託仲介銷售下列不動產，經雙方同意訂定本契約條款如下，以資共同遵守：

第一條▲（委託銷售之標的）

一、土地標示（詳如登記簿謄本）：

所有權人	縣市	市區鄉鎮	段	小段	地號	都市計畫使用分區（或非都市土地使用地類別）	面積（平方公尺）	有無設定他項權利、權利種類	有無租賃或占用之情形	權利範圍

二、建築改良物標示（詳如登記簿謄本）：

所有權人	縣市	市區鄉鎮	路街	段	巷	弄	號	樓	建築物完成日期		面積（平方公尺）	建號	權利範圍	有無設定抵押權、查登記或其他物權之設定	有無租賃或占用之情形
									民國　年　月　日	主建物					
										附屬建物					
										共用部分					

三、車位標示（詳如登記簿謄本）：

本停車位屬□法定停車位□自行增設停車位□獎勵增設停車位□其他____（車位情況或無法得知者自行說明）為地上（面、下）第____層□平面式□機械式□坡道式□升降式停車位，編號第____號車位。

□有編號登記。

□有土地及建築改良物所有權狀。

□有建築改良物所有權狀（土地持分合併於區分所有建物之土地面積內）。

□共用部分。（如有停車位之所有權及使用權之約定文件，應檢附之。）

四、□附隨買賣設備

□願意附贈買方現有設備項目，計有：

□燈飾　□床組　□梳妝台　□窗廉　□熱水器　□冰箱　□洗衣機　□瓦斯爐　□沙發____組　□冷氣____台　□廚具____式　□電話____線□其他____。

第二條▲（委託銷售價格）

委託人願意出售之土地、建築改良物、______，總價格為新台幣______元整，車位價格為新台幣______元整，合計新台幣______元整。

委託售價得經委託人及受託人雙方以書面變更之。

第三條▲（委託銷售期間）

委託銷售期間自民國______年______月______日起至______年______月______日止。

前項委託期間得經委託人及受託人雙方以書面同意延長之。

第四條▲（收款條件及方式）

一、委託人同意收款條件及方式如下：

收款期別	約定收款金額	應同時履行條件
第一期（簽約款）	新台幣____元整（即總價款____%）	於簽訂□成屋□土地買賣契約同時，應攜帶國民身分證以供核對，並交付土地或建築改良物所有權狀正本予：□地政士□____。
第二期（備證款）	新台幣____元整（即總價款____%）	應備齊權狀正本，攜帶印鑑章並交付印鑑證明、身分證明文件及稅單。
第三期（完稅款）	新台幣____元整（即總價款____%）	於土地增值稅、契稅單核下後，經□地政士□____通知日起____日內，於委託人收款同時由委託人與買方依約繳清土地增值稅、契稅及其他欠稅。
第四期（交屋款）	新台幣____元整（即總價款____%）	房屋鎖匙及水電、瓦斯、管理費收據等。

□委託人同意受託人爲促銷起見，配合買方協辦金融機構貸款，此一貸款視同交屋款。
□委託人在委託銷售標的物上原設定抵押權之處理：
□由買方向金融機構辦理貸款撥款清償並塗銷。
□由委託人於交付交屋款前清償並塗銷。
□由買方承受原債權及其抵押權。
□由買方清償並塗銷。
□＿＿＿＿＿＿＿＿＿＿＿＿＿＿。

第五條▲（服務報酬）

買賣成交者，受託人得向委託人收取服務報酬，其數額爲實際成交價之百分之＿＿＿＿（最高不得超過中央主管機關之規定）。

前項受託人之服務報酬，委託人於與買方簽訂買賣契約時，支付服務報酬百分之＿＿＿予受託人，餘百分之＿＿＿於交屋時繳清。

第六條▲（委託人之義務）

一、於買賣成交時，稅捐稽徵機關所開具以委託人爲納稅義務人之稅費，均由委託人負責繳納。
二、簽約代理人代理委託人簽立委託銷售契約書者，應檢附所有權人之授權書及印鑑證明交付受託人驗證並影印壹份，由受託人收執，以利受託人作業。
三、委託人應就不動產之重要事項簽認於不動產標的現況說明書（其格式如附件一），委託人對受託人負有誠實告知之義務，如有虛僞不實，由委託人負法律責任。
四、簽訂本契約時，委託人應提供本不動產之土地、建築改良物所有權狀影本及國民身分證影本，並交付房屋之鎖匙等物品予受託人，如有使用執照影本、管路配置圖及住戶使用維護手冊等，一併提供。

第七條▲（受託人之義務）

一、受託人受託處理仲介事務應以善良管理人之注意爲之。
二、受託人於簽約前，應據實提供該公司（或商號）近三個月之成交行情，供委託人訂定售價之參考；如有隱匿不實，應負賠償責任。
三、受託人受託仲介銷售所做市場調查、廣告企劃、買賣交涉、諮商服務、差旅出勤等活動與支出，除有第十條之規定外，均由受託人負責，受託人不得以任何理由請求委託人補貼。

四、受託人製作之不動產說明書，應指派不動產經紀人簽章，並經委託人簽認後，將副本交委託人留存；經紀人員並負有誠實告知買方之義務，如有隱瞞不實，受託人與其經紀人員應連帶負一切法律責任；其因而生損害於委託人者，受託人應負賠償責任。

五、如買方簽立「要約書」（如附件二），受託人應於二十四小時內將該要約書轉交委託人，不得隱瞞或扣留。但如因委託人之事由致無法送達者，不在此限。

六、受託人應隨時依委託人之查詢，向委託人報告銷售狀況。

七、契約成立後，委託人□同意□不同意授權受託人代爲收受買方支付之定金。

八、受託人應於收受定金後廿四小時內送達委託人。但如因委託人之事由致無法送交者，不在此限。

九、有前款但書情形者，受託人應於二日內寄出書面通知表明收受定金及無法送交之事實通知委託人。

十、受託人於仲介買賣成交時，爲維護交易安全，得協助辦理有關過戶及貸款手續。

十一、受託人應委託人之請求，有提供相關廣告文案資料予委託人參考之義務。

第八條▲（沒收定金之處理）

買方支付定金後，如買方違約不買，致定金由委託人沒收者，委託人應支付該沒收定金之百分之________予受託人，以作爲該次委託銷售服務之支出費用，且不得就該次再收取服務報酬。

第九條▲（買賣契約之簽訂及所有權移轉）

受託人依本契約仲介完成者，委託人應與受託人所仲介成交之買方另行簽訂「不動產買賣契約書」，並由委託人及買方□共同□協商指定地政士辦理一切所有權移轉登記及相關手續。

第十條▲（委託人終止契約之責任）

本契約非經雙方書面同意，不得單方任意變更之；如尚未仲介成交前因可歸責於委託人之事由而終止時，委託人應支付受託人必要之仲介銷售服務費用，本項費用視已進行之委託期間等實際情形，由受託人檢據向委託人請領之。但最高不得超過第五條原約定服務報酬之半數。

第十一條▲（違約之處罰）

一、委託人如有下列情形之一者，視爲受託人已完成仲介之義務，委託人仍應支付第五條約定之服務報酬，並應全額一次付予受託人：

㈠委託期間內，委託人自行將本契約不動產標的物出售或另行委託第三者仲介者。

㈡簽立書面買賣契約後，因可歸責於委託人之事由而解除買賣契約者。

㈢受託人已提供委託人曾經仲介之客戶資料，而委託人於委託期間屆滿後二個月內，逕與該資料內之客戶成交者。但經其他不動產經紀業仲介成交者，不在此限。

二、受託人違反第七條第四款、第五款或第八款情形之一者，委託人得解除本委託契約。

第十二條▲（廣告張貼）

委託人□同意□不同意受託人於本不動產標的物上張貼銷售廣告。

第十三條▲（通知送達）

委託人及受託人雙方所爲之徵詢、洽商或通知辦理事項，如以書面通知時，均依本契約所載之地址爲準，如任何一方遇有地址變更時，應即以書面通知他方，其因拒收或無法送達而遭退回者，均以退件日視爲已依本契約受通知。

第十四條▲（疑義之處理）

本契約各條款如有疑義時，應依消費者保護法第十一條第二項規定，爲有利於委託人之解釋。

第十五條▲（合意管轄法院）

因本契約發生之消費訴訟，雙方同意

□除專屬管轄外，以不動產所在地之法院爲第一審管轄法院。但不影響消費者依其他法律所得主張之管轄。

□依仲裁法規定進行仲裁。

第十六條▲（附件效力及契約分存）

本契約之附件一視爲本契約之一部分。本契約壹式貳份，由雙方各執乙份爲憑，並自簽約日起生效。

第十七條▲（未盡事宜之處置）

本契約如有未盡事宜，依相關法令、習慣及平等互惠與誠實信用原則公平解決之。

立契約書人

受託人：

姓名（公司或商號）：

地址：

電話：

營利事業登記證：（　　）字第　　　　號

負責人：　　　　　　　　　　（簽章）

國民身分證統一編號：

經紀人：

姓名：　　　　　　　　　　（簽章）

電話：

地址：

國民身分證統一編號：

經紀人證書字號：

委託人：

姓名：　　　　　　　（簽章）

電話：

地址：

國民身分證統一編號：

中　華　民　國　　　年　　　月　　　日

不動產委託銷售契約書範本

附件一

不動產標的現況說明書

填表日期　　　年　　　月　　　日

項次	內　容	是否	說　明
1	是否為共有土地	□□	若是，□有□無分管協議書
2	土地現況是否有出租情形	□□	若有，則□賣方於點交前終止租約 □以現況點交 □另外協議
3	土地現況是否有被他人占用情形	□□	若有，□賣方應於交屋前□拆除□排除 □以現況點交 □其他＿＿＿
4	是否有地上物	□□	若有，地上物□建築改良物 □農作改良物 □其他＿＿＿
5	是否有未登記之法定他項權利	□□	□不知 □知 □＿＿＿
6	建築改良物是否有包括未登記之改建、增建、加建、違建部分：	□□	□不知 □知 □壹樓　　　平方公尺 □　　樓　　　平方公尺 □頂樓　　平方公尺 □其他　　　平方公尺
7	是否有車位之分管協議及圖說	□□	□有書面或圖說（請檢附） □口頭約定 車位管理費□有，月繳新台幣＿＿＿元 □無 □車位包含在大樓管理費內 使用狀況□固定位置使用　□需承租 □需排隊等侯 □需定期抽籤，每＿月抽籤。 □每日先到先停。 □其他　　　　。
8	建築改良物是否有滲漏水之情形	□□	若有，滲漏水處：＿＿＿＿ □以現況交屋 □賣方修繕後交屋
9	建築改良物是否曾經做過輻射屋檢測	□□	檢測結果：＿＿＿＿ 輻射是否異常□是　□以現況交屋 □否　□賣方修繕後交屋 （民國七十一年至七十三年領得使用執照之建築物，應特別留意檢測。如欲進行改善，應向行政院原子能委員會洽詢技術協助。）

項次	內　　　容	是否	說　　　明
10	是否曾經做過海砂屋檢測（氯離子檢測事項）	□□	檢測日期：____年____月____日（請附檢測證明文件） 檢測結果：__________ （參考值：依CNS 3090規定預力混凝土爲0.15 kg/m³，鋼筋混凝土爲0.3 kg/m³）
11	本建築改良物（專有部分）於賣方產權是否曾發生兇殺或自殺致死之情事	□□	
12	屋內自來水及排水系統是否正常	□□	□以現況交屋 □若不正常，賣方修繕後交屋
13	建築改良物現況是否有出租之情形	□□	若有，則□賣方應於交屋前□排除 □終止租約 □以現況交屋 □其他____
14	建築改良物現況是否有被他人占用之情形	□□	若有，則□賣方應於交屋前排除 □以現況交屋 □其他____
15	建築改良物現況是否占用他人土地之情形	□□	若有，則□賣方應於交屋前解決 □以現況交屋
16	是否使用自來水廠之自來水	□□	
17	是否使用天然瓦斯	□□	
18	是否有住戶規約	□□	若有，詳見住戶規約
19	是否約定專用協議	□□	□有規約約定（請檢附） □依第____次區分所有權會議決定 管理費□有使用償金 □有增繳新台幣____元/月 使用範圍□空地　□露台 □非避難之屋頂平台 □非供車位使用之防空避難室 □其他
20	是否有管理委員會或管理負責人	□□	若有，管理費爲□月繳____元 □季繳____元 □年繳____元□其他__
21	管理費是否有積欠情形	□□	若有，管理費　　元， 由□買方□賣方支付。
22	是否有附屬設備	□□	□冷氣____台　□沙發____組 □床組____件　□熱水器____台 □窗簾____組　□燈飾____件 □梳妝台____件　□排油煙機 □流理台　□瓦斯爐　□天然瓦斯（買方負擔錶租保證金費用）　□電話：____具（買方負擔過戶費及保證金） □其他______

注意：一、輻射屋檢測，輻射若有異常，應洽請行政院原子能委員會確認是否爲輻射屋。
二、海砂屋檢測，海砂屋含氯量，將因採樣點及採樣時間之不同而異，目前海砂屋含氯量尚無國家標準値。

其他重要事項：
1、
2、
3、
受託人：______________（簽章）
委託人：______________（簽章）
簽章日期：　　　　年　　　　月　　　　日

不動產委託銷售契約書簽約注意事項

一、適用範圍

本契約範本適用於不動產所有權人將其不動產委託不動產仲介公司（或商號）銷售時之參考，本契約之主體應爲企業經營者（即仲介公司或商號），由其提供予消費者使用（即委託人）。惟消費者與仲介公司（或商號）參考本範本訂立委託銷售契約時，仍可依民法第一百五十三條規定意旨，就個別情況磋商合意而訂定之。

二、關於仲介業以加盟型態或直營型態經營時，在其廣告、市招及名片上加註經營型態之規定

㈠依據行政院公平交易委員會九十年五月二十二日公壹字第○一五二四號令發布「公平交易法對房屋仲介業之規範說明」之規定；倘房屋仲介加盟店未於廣告、市招及名片上明顯加註「加盟店」字樣，明確表示或表徵其經營之主體，而縱使施以普通注意力之消費者，仍無法分辨提供仲介服務之主體，究係該加盟體系之直營店，抑或是加盟店，並引起相當數量之交易相對人陷於錯誤之認知或決定，而與其簽訂委託買賣不動產者，將有違反公平交易法第二十一條規定之虞。故房屋仲介業者宜於廣告、市招及名片等明顯處加註「加盟店」字樣，以使消費者能清楚分辨提供仲介服務之行爲主體，至於標示方式，原則上由房屋仲介業者自行斟酌採行。

㈡依據行政院公平交易委員會九十年五月二十二日公壹字第○一五二四號令發布 依據不動產經紀業管理條例施行細則第二十二條規定；經紀業係加盟經營者，應於廣告、市招及名片等明顯處，標明加盟店或加盟經營字樣。

三、有關委託銷售契約書之性質

目前國內仲介業所使用之委託契約書有兩種，即專任委託銷售契約書及一般委託銷售契約書，如屬專任委託銷售契約書則有「在委託期間內，不得自行出售或另行委託其他第三者從事與受託人同樣的仲介行為」之規定，反之，則屬一般委託銷售契約書；依本範本第十一條第一款第（一）目之規定，本範本係屬專任委託銷售契約書性質。

四、有關服務報酬之規定

本範本第五條服務報酬額度，應依內政部規定不動產經紀業報酬計收標準計收。其內容如下：

不動產經紀業報酬計收標準規定事宜如下，並自八十九年七月一日實施。（89年5月2日台（89）中地字第8979087號函、八十九年七月十九日台（89）中地字第8979517號函）

(一)不動產經紀業或經紀人員經營仲介業務者，其向買賣或租賃之一方或雙方收取報酬之總額合計不得超過該不動產實際成交價金百分之六或一個半月之租金。

(二)前述報酬標準為收費之最高上限，並非主管機關規定之固定收費比率，經紀業或經紀人員仍應本於自由市場公平競爭原則個別訂定明確之收費標準，且不得有聯合壟斷、欺罔或顯失公平之行為。

(三)本項報酬標準應提供仲介服務之項目，不得少於內政部頒「不動產說明書應記載事項」所訂之範圍，不包括「租賃」案件。

(四)經紀業或經紀人員應將所欲收取報酬標準及買賣或租賃一方或雙方之比率，記載於房地產委託銷售契約書、要約書，或租賃委託契約書、要約書，俾使買賣或租賃雙方事先充分瞭解。

五、沒收定金之效力

依坊間一般買賣習慣，承買人支付定金後，該買賣契約視同成立，如承買人不買，出賣人得沒收定金並解除契約。

六、消費爭議之申訴與調解

因本契約所發生之消費爭議，依消費者保護法第四十三條及第四十四條規定，買方得向賣方、消費者保護團體或消費者服務中心申訴；未獲妥適處理時，得向房地所在地之直轄市或縣（市）政府消費者保護官申訴；再未獲妥適處理時，得向直轄市或縣（市）消費爭議調解委員會申請調解。

附件二

要約書

契約審閱權

本要約書及附件（不動產說明書及出售條款影本）於中華民國＿＿＿年＿＿＿月＿＿＿日經買方攜回審閱＿＿＿日。（契約審閱期間至少三日）

買方簽章：

立要約書人＿＿＿＿＿＿＿（以下簡稱買方）經由＿＿＿＿＿＿＿公司（或商號）仲介，買方願依下列條件承購上開不動產，爰特立此要約書：

第一條▲（不動產買賣標的）

本要約書有關不動產買賣標的之土地標示、建築改良物標示、車位標示，均詳如不動產說明書。

第二條▲（承購總價款、付款條件及其他要約條件）

一、承購總價款及同時履行條件

項　目	金額（新台幣：　元）	應同時履行條件
承購總價款	元整	
第一期（頭期款【含定金】）	元整	於簽訂□成屋□土地買賣契約同時，應攜帶國民身分證以供核對，並交付土地或建築改良物所有權狀正本予：□地政士□＿＿＿。
第二期（備證款）	元整	賣方應備齊權狀正本，攜帶印鑑章並交付印鑑證明、身分證明文件及稅單。
第三期（完稅款）	元整	於土地增值稅、契稅單核下後，經□地政士□＿＿＿通知日起＿日內，於委託人收款同時由委託人與買方依約繳清土地增值稅、契稅及其他欠稅。
第四期（交屋款）	元整	房屋鎖匙及水電、瓦斯、管理費收據等。
貸款	元整	

二、其他要約條件＿＿＿＿＿＿＿＿＿

第三條▲（要約之拘束）

一、本要約書須經賣方親自記明承諾時間及簽章並送達買方時，雙方即應負履行簽立本約之一切義務。但賣方將要約擴張、限制或變更而爲承諾時，視爲拒絕原要約而爲新要約，須再經買方承諾並送達賣方。本要約書須併同其附件送達之。

二、賣方或其受託人（仲介公司或商號）所提供之不動產說明書，經買方簽章同意者，爲本要約書之一部分，但本要約書應優先適用。

第四條▲（要約撤回權）

一、買方於第七條之要約期限內有撤回權。但賣方已承諾買方之要約條件，並經受託人（仲介公司或商號）送達買方者，不在此限。

二、買方於行使撤回權時應以郵局存證信函送達，或以書面親自送達賣方，或送達至賣方所授權本要約書末頁所載＿＿＿＿＿＿＿＿公司（或商號）地址，即生撤回效力。

第五條▲（簽訂不動產買賣契約書之期間）

本要約書依第三條承諾送達他方之日起＿＿日內，買賣雙方應於共同指定之處所，就有關稅費及其他費用之負擔、委託人及買方共同申請辦理或協商指定地政士、付款條件、貸款問題、交屋約定及其他相關事項進行協商後，簽訂不動產買賣契約書。

第六條▲（要約之生效）

本要約書及其附件壹式肆份，由買賣雙方及＿＿＿＿＿＿＿公司（或商號）各執乙份爲憑，另一份係爲買賣雙方要約及承諾時之憑據，並自簽認日起即生要約之效力。

第七條▲（要約之有效期間）

買方之要約期間至民國＿＿＿年＿＿＿月＿＿＿日＿＿＿時止。但要約有第三條第一款但書之情形時，本要約書及其附件同時失效。

立契約書人

買方：　　　　　　（簽章）於　　年　　月　　日　　時簽訂本要約書。（仲介公司或商號於收受買方之要約書時，應同時於空白處簽名並附註日期及時間）

電話：

地址：

國民身分證統一編號：

賣方：　　　　　　（簽章）於　　年　　月　　日　　時同意本要約書內容並簽章。（仲介公司或商號）於賣方承諾要約條件後送達至買方時，應同時於空白處簽名並附註日期及時間）

※賣方如有修改本要約書之要約條件時，應同時註明重新要約之要約有效期限。

電話：

地址：

國民身分證統一編號：

受託人：　　　　　　　（公司或商號）

地址：

電話：

營利事業登記證：（　　）字第　　　號

負責人：　　　　　　　（簽章）

國民身分證統一編號：

經紀人：　　　　　　　（簽章）

國民身分證統一編號：

經紀人證書字號：

中華民國　　　年　　　月　　　日　　　時

要約書簽約注意事項

一、要約書之性質

本範本附件二所訂要約書之性質爲預約，故簽訂本要約書後，買賣雙方有協商簽立本約（不動產買賣契約）之義務。

二、要約書之審閱期限

本要約書係爲消費者保護法第十七條所稱之定型化契約，故要約書前言所敘「……經買方攜回審閱____日（至少三日以上）……」旨在使買方於簽訂要約書前能充分了解賣方之出售條件、不動產說明書，以保障其權益。

三、要約書之效力

買方所簽訂之要約書，除有民法第一百五十四條第一項但書之規定外，要約人因要約而受拘束。故本要約書如經賣方簽章同意並送達買方時，預約即爲成立生效，除因買賣契約之內容無法合意外，雙方應履行簽立本約（不動產買賣契約書）之一切義務。

四、要約書送達之方式

關於送達之方式有許多種，舉凡郵務送達、留置送達、交付送達、囑託送達……等，皆屬送達之方式，其主要之目的在於證據保全，以便日後發生爭議時舉證之方便，故本要約書第三條並不限制送達的方式。謹提供部分民事訴訟法送達之方法以爲參考：

㈠送達人：

1.買方或賣方本人。

2.郵政機關之郵差。

3.受買賣雙方所授權（或委託）之人（如仲介業者、代理人）。

㈡應受送達之人：

1.可以送達的情況：

⑴由賣方或買方本人收受。

⑵未獲晤賣方或買方（如賣方或買方亦未委託或授權他人）時，由有辨別事理能力之同居人或受僱人代爲收受。

⑶由受買賣雙方所授權（或委託）之人收受。

2.無法送達的情況：

⑴寄存送達：將文書寄存送達地之自治（如鄉、鎮、市、區公所）或警察機關，並作送達通知書，黏貼於應受送達人住居所、事務所或營業所門首，以爲

送達。

⑵留置送達：應受送達人拒絕收領而無法律上理由者，應將文書置於送達處所，以爲送達。

五、爲提醒消費者簽立本約（不動產買賣契約書）時應注意之事項，謹提供有關稅費及其他費用之負擔、委託人及買方共同申請辦理或協商指定地政士及交屋約定等條文內容如下，以爲參考（其內容仍可經由雙方磋商而更改）

㈠**稅費及其他費用之負擔**

買賣雙方應負擔之稅費除依有關規定外，並依下列規定辦理：

1.地價稅以賣方通知之交屋日爲準，該日前由賣方負擔，該日後由買方負擔，其稅期已開始而尚未開徵者，則依前一年度地價稅單所載該宗基地課稅之基本稅額，按持分比例及年度日數比例分算賣方應負擔之稅額，由買方應給付賣方之買賣尾款中扣除，俟地價稅開徵時由買方自行繳納。

2.房屋稅以通知之交屋日爲準，該日前由賣方負擔，該日後由買方負擔，並依法定稅率及年度月份比例分算稅額。

3.土地增值稅、交屋日前之水電、瓦斯、電話費、管理費、簽約日前已公告並開徵之工程受益費、抵押權塗銷登記規費、抵押權塗銷代辦手續費等由賣方負擔。

4.登記規費、登記代辦手續費、印花稅、契稅、簽約日前尚未公告或已公告但尚未開徵之工程受益費等由買方負擔。

5.公證費用，得由雙方磋商由買方或賣方或當事人雙方平均負擔。

6.如有其他未約定之稅捐、費用應依法令或習慣辦理之。

㈡**辦理所有權移轉登記人之指定**

本買賣契約成立生效後，有關登記事宜，由買賣雙方共同申請辦理或協商指定地政士辦理一切產權過戶手續。

㈢**交付**

1.登記完竣____日內，賣方應依約交付不動產予買方。

2.本約不動產如有出租或有第三人佔用或非本約內之物品，概由賣方負責於點交前排除之。

3.買方給付之價款如爲票據者，應俟票據兌現時，賣方始交付房屋。

4.本約不動產含房屋及其室內外定著物、門窗、燈飾、廚廁、衛浴設備及公共設施等均以簽約時現狀爲準，賣方不得任意取卸、破壞，水、電、瓦斯設施應保持或恢復正常使用，如有增建建物等均應依簽約現狀連同本標的建物一併移交買方。約定之動產部份，按現狀全部點交予買方。

5.賣方應於交屋前將原設籍於本約不動產之戶籍或公司登記、營利事業登記、營業情事等全部移出。

六、仲介業者應提供消費者公平自由選擇交付「斡旋金」或使用內政部所頒「要約書」之資訊

爲促進公平合理之購屋交易秩序，行政院公平交易委員會業於九十年五月二十二日以公壹字第〇一五二四號令發布「公平交易法對房屋仲介業之規範說明」，明訂房屋仲介業者如提出斡旋金要求，未同時告知消費者亦得選擇採用內政部版要約書，及斡旋金契約與內政部版「要約書」之區別及其替代關係，將有違反公平交易法第二十四條規定之虞。故房屋仲介業者宜以另份書面告知購屋人有選擇採用內政部版要約書之權利，且該份書面之內容宜扼要說明「要約書」與「斡旋金」之區別及其替代關係，並經購屋人簽名確認，以釐清仲介業者之告知義務。另若仲介業者約定交付斡旋金，則宜以書面明訂交付斡旋金之目的，明確告知消費者之權利義務。

附錄

注意：購屋人得就內政部版要約書或斡旋金任選一種

爲保障購屋人您的權益，並防杜日後滋生糾紛，本公司依據行政院公平交易委員會決議，確實提供內政部版要約書與斡旋金契約二種文件及方式供您參考，購屋人您可自由選擇簽署其一，請您勾選所選擇簽署的文件：

□內政部版要約書（詳如仲介業者提供之要約書），主要內容包括：

1. 載明您提出要約的主要內容，由仲介業者轉達給賣方。
2. 購屋人您如果選擇簽訂要約書即不須支付仲介業斡旋金，在要約條件尚未經賣方承諾之前，無須支付其他任何款項。
3. 您在約定的要約期限內，仍然可以書面隨時撤回本要約。但是如果賣方的承諾已經到達購屋人您之後，那麼你就不能撤回本要約。
4. 本要約經賣方承諾之後，購屋人您就應依約定與賣方就買賣契約細節進行協商，您如果不履行簽立買賣契約的義務時，就必須依據要約書中的約定內容，支付責方損害賠償金額。

□斡旋金契約（如仲介業者所使用之斡旋金契約名稱）

購屋人：________________________________（簽章）

身分證字號：________________________________

公司名稱：________________________________

買方經紀人：____________________________（簽章）

簽署時間：__________年________月________日______時

不動產說明書應記載及不得記載事項

中華民國89年5月19日台（89）內中地字第8979453號函訂頒（中華民國89年7月1日實施）
中華民國89年7月15日台（89）內中地字第8912945號函修訂
中華民國91年3月19日台內中地字第0910083123號函修訂
中華民國101年9月11日內授中辦地字第1016651569號令修正壹第2點、第3點（中華民國101年10月1日實施）
中華民國104年4月13日內授中辦地字第1041302558號令修正（中華民國104年10月1日實施）
中華民國104年11月25日內授中辦地字第1041309504號令修正（中華民國105年1月1日實施）
中華民國108年10月31日內政部台內地字第1080265601號令修訂應記載事項第2點（中華民國109年5月1日生效）

壹、應記載事項

一、土地（素地）

㈠標示及權利範圍：

1. 坐落之縣（市）、鄉（鎮、市、區）、段、小段、地號。
2. 面積。

3. 權利範圍。

4. 地籍圖及土地相關位置略圖等。

㈡土地所有權人或他項權利人（登記簿有管理人時並應載明）。

㈢交易權利種類及其登記狀態：（詳如登記謄本）

1. 所有權（單獨或持分共有）。

2. 他項權利（包括：地上權、永佃權、農育權、不動產役權、抵押權、典權、耕作權）。

3. 有無信託登記？若有，應敘明信託契約之主要條款內容（依登記謄本及信託專簿記載）。

4. 基地權利有無設定負擔，若有，應敘明。

⑴有無他項權利之設定情形（包括：地上權、永佃權、農育權、不動產役權、抵押權、典權、耕作權）。

⑵有無限制登記情形？（包括：預告登記、查封、假扣押、假處分及其他禁止處分之登記。）。

⑶其他事項（包括：依民事訴訟法第二百五十四條規定及其他相關之註記等）。

㈣目前管理與使用情況：

⑴是否有依慣例使用之現況，若有，應敘明其內容。

⑵有無共有人分管協議或依民法第八百二十六條之一規定爲使用管理或分割等約定之登記，若有，應敘明其內容。

⑶有無出租或出借，若有，應敘明出租或出借情形。

⑷有無被他人無權占用，若有，應敘明被占用情形。

⑸有無供公眾通行之私有道路，若有，應敘明其位置及約略面積等情形。

㈤使用管制內容：

1. 使用分區或編定

⑴都市土地，以主管機關核發之都市計畫土地使用分區證明爲準。

⑵非都市土地，以土地登記謄本記載爲準。

⑶若未記載者，應敘明其管制情形。

2. 法定建蔽率。

3. 法定容積率。

4. 開發方式限制

如都市計畫說明書有附帶規定以徵收、區段徵收、市地重劃或其他方式開發或屬都市計畫法規定之禁限建地區者，應一併敘明。

5. 是否屬不得興建農舍或已提供興建農舍之農業用地，若是，應敘明其使用管制情形（非屬農業用地者免記載）。

6. 若屬土地開發者，應敘明下列事項：

⑴是否位屬山坡地範圍，若是，應敘明其限制重點。

⑵是否位屬依水土保持法公告禁止開發之特定水土保持區範圍，若是，應敘明其限制重點。

⑶是否位屬依水利法劃設公告之河川區域範圍，若是，應敘明其限制重點。

⑷是否位屬依水利法劃設公告之排水設施範圍，若是，應敘明其限制重點。

⑸是否屬國家公園區內之特別景觀區、生態保護區、史蹟保存區，若是，應敘明其限制重點。

⑹是否屬飲用水管理條例公告之飲用水水源水質保護區或飲用水取水口一定距離內之地區，若是，應敘明其限制重點。

⑺是否屬自來水法規定之水質水量保護區，若是，應敘明其限制重點。

⑻是否屬政府公告之土壤或地下水污染場址，若是，應敘明其限制重點。

㈥重要交易條件：

1. 交易種類：買賣（互易）。

2. 交易價金。

3. 付款方式。

4. 應納稅費項目、規費項目及負擔方式。

(1)稅費項目：土地增值稅、地價稅、印花稅等。
(2)規費項目: 工程受益費、登記規費、公證費等。
(3)其他費用：簽約費、所有權移轉代辦費等。
(4)負擔方式：由買賣雙方另以契約約定。

5. 他項權利及限制登記之處理方式（如無，則免填）。
6. 有無解約、違約之處罰等，若有，應敘明。
7. 其他交易事項：__。

(七)其他重要事項：

1. 周邊環境，詳如都市計畫地形圖或相關電子地圖並於圖面標示周邊半徑三百公尺範圍內之重要環境設施（包括：公（私）有市場、超級市場、學校、警察局（分駐所、派出所）、行政機關、體育場、醫院、飛機場、台電變電所用地、地面高壓電塔（線）、寺廟、殯儀館、公墓、火化場、骨灰（骸）存放設施、垃圾場（掩埋場、焚化場）、顯見之私人墳墓、加油（氣）站、瓦斯行（場）、葬儀社）。
2. 是否已辦理地籍圖重測，若否，主管機關是否已公告辦理？
3. 是否有被越界建築，若有，應敘明。
4. 是否公告徵收，若是，應敘明其範圍。
5. 有無電力、自來水、天然瓦斯、排水設施等公共基礎設施，若無，應敘明。

二、成屋

(一)建築改良物（以下簡稱建物）

1. 建物標示、權利範圍及用途：

(1)已辦理建物所有權第一次登記：
落、建號、門牌、樓層面積（主建物、附屬建物、共有部分）、主要建材、建築完成日期（以登記謄本所載爲主，謄本上未列明者，應依使用執照影本或稅籍資料等相關文件記載）、權利範圍。

(2)未辦理建物所有權第一次登記：
A.合法建物

房屋稅籍證明所載之房屋坐落、門牌、樓層、面積、所有權人及權利範圍、建築完成日期（依建造執照、使用執照或稅籍證明資料或買賣契約等相關文件記載）；若稅籍資料上所記載之權利人和現有之使用人姓名不符者，請賣方提出權利證明文件。

B. 違章建築

房屋稅籍證明所載之房屋坐落、門牌、樓層、面積、所有權人及權利範圍（依稅籍證明資料等相關文件記載）；若稅籍資料上所記載之權利人和現有之使用人姓名不符者，請賣方提出權利證明文件。若無房屋稅籍證明者（依買賣契約等相關文件記載），應敘明其房屋坐落、門牌、樓層、面積、所有權人及權利範圍。

C. 若含有未登記之增建、加建部分，應一併敘明。

⑶建物用途，詳如附建物使用執照、建物登記謄本或其他足資證明法定用途文件（如建物竣工平面圖）。

⑷建物測量成果圖或建物標示圖（已登記建物）及房屋位置略圖。

2. 建物所有權人或他項權利人（登記簿有管理人時並應載明）。

3. 建物型態與現況格局

⑴建物型態

A. 一般建物：單獨所有權無共有部分（包括：獨棟、連棟、雙併等。）

B. 區分所有建物：公寓（五樓含以下無電梯）、透天厝、店面（店鋪）、辦公商業大樓、住宅或複合型大樓（十一層含以上有電梯）、華廈（十層含以下有電梯）、套房（一房、一廳、一衛）等。

C. 其他特殊建物：如工廠、廠辦、農舍、倉庫等型態。

⑵現況格局（包括：房間、廳、衛浴數，有無隔間）。

4. 建物權利種類及其登記狀態

⑴所有權。

⑵有無他項權利之設定情形（包括：抵押權、不動產役權、典權，詳如登記謄本），若有，應敘明。

⑶有無限制登記情形？（包括：預告登記、查封、假扣押、假處分及其他禁止處分之登記，詳如附登記謄本。），若有，應敘明。

⑷有無信託登記？若有，應敘明信託契約之主要條款內容（依登記謄本及信託專簿記載）。

⑸其他事項（如：依民事訴訟法第二百五十四條規定及其他相關之註記等）。

5.建物目前管理與使用情況：

⑴是否爲共有，若是，有無分管協議或使用、管理等登記，若是，應敘明其內容。

⑵建物有無出租情形，若有，應敘明租金、租期，租約是否有公證等事項。

⑶建物有無出借情形，若有，應敘明出借內容。

⑷建物有無占用他人土地情形（依測量成果圖或建物登記謄本等相關文件記載），若有，應敘明占用情形。

⑸建物有無被他人占用情形，若有，應敘明被占用情形。

⑹目前作住宅使用之建物是否位屬工業區或不得作住宅使用之商業區或其他分區，若是，應敘明其合法性。

⑺有無獎勵容積之開放空間提供公共使用情形（依使用執照記載），若有，應敘明。

⑻水、電及瓦斯供應情形：

A.使用自來水或地下水。若使用自來水，是否正常，若否，應敘明。

B.有無獨立電表，若無，應敘明。

C.使用天然或桶裝瓦斯。

(9)有無積欠應繳費用（包括：水費、電費、瓦斯費、管理費或其他費用）情形，若有，應敘明金額。

(10)使用執照有無備註之注意事項，若有，應敘明。

(11)電梯設備有無張貼有效合格認證標章，若無，應敘明。

(12)有無消防設施，若有，應敘明項目。

(13)有無無障礙設施？若有，應敘明項目。

(14)水、電管線於產權持有期間是否更新？

(15)房屋有無施作夾層，若有，該夾層面積及合法性？

(16)所有權持有期間有無居住？

(17)集合住宅或區分所有建物（公寓大廈）應記載之相關事項

A.住戶規約內容：

(A)有無約定專用、約定共用部分（如有，應標示其範圍及使用方式並提供相關文件）。

(B)管理費或使用費之數額及其繳交方式。

(C)公共基金之數額、提撥及其運用方式。

(D)是否有管理組織及其管理方式。

(E)有無使用手冊？若有，應檢附。

B.有無規約以外特殊使用及其限制

(A)共用部分有無分管協議，若有，應敘明協議內容。

(B)使用專有部分有無限制，若有，應敘明限制內容。

(C)有無公共設施重大修繕（所有權人另須付費）決議？若有，應敘明其內容。

(D)有無管理維護公司？若有，應敘明。

6. 建物瑕疵情形：

(1)有無混凝土中水溶性氯離子含量及輻射檢測？（若

有，請附檢測結果，若無，則應敘明原因。）

⑵是否有滲漏水情形，若有，應敘明位置。

⑶有無違建或禁建情事?若有，應敘明位置、約略面積、及建管機關列管情形。

⑷是否曾經發生火災及其他天然災害或人為破壞，造成建築物損害及其修繕情形。

⑸目前是否因地震被建管單位公告列為危險建築？若是，應敘明危險等級。

⑹樑、柱部分是否有顯見間隙裂痕?若有，應敘明位置及裂痕長度、間隙寬度。

⑺房屋鋼筋有無裸露，若有，應敘明位置。

7. 停車位記載情形（如無停車位，則免填）：

⑴有否辦理單獨區分所有建物登記？

⑵使用約定。

⑶權利種類：（如專有或共有）

⑷停車位性質：（包括：法定停車位、自行增設停車位、獎勵增設停車位，如無法辨識者，應敘明無法辨識。）

⑸停車位之型式及位置（坡道平面、升降平面、坡道機械、升降機械、塔式車位、一樓平面或其他，長、寬、淨高為何？所在樓層為何？並應附位置圖。機械式停車位可承載之重量為何？）

⑹車位編號（已辦理產權登記且有登記車位編號者，依其登記之編號，未辦理者，依分管編號為準）。

㈡基地

1. 基地標示

⑴坐落之縣（市）、鄉（鎮、市、區）、段、小段、地號。

⑵面積。

⑶權利範圍、種類（所有權、地上權、典權、使用權）。

⑷地籍圖等。

2. 基地所有權人或他項權利人（登記簿有管理人時並應載明）。

3. 基地權利種類及其登記狀態（詳如登記謄本）：

⑴所有權（單獨或持分共有）。

⑵他項權利（包括：地上權、典權）。

⑶有無信託登記？若有，應敘明信託契約之主要條款內容（依登記謄本及信託專簿記載）。

⑷基地權利有無設定負擔，若有，應敘明。

A.有無他項權利之設定情形（包括：地上權、不動產役權、抵押權、典權）。

B.有無限制登記情形？（包括：預告登記、查封、假扣押、假處分及其他禁止處分之登記。）。

C.其他事項（包括：依民事訴訟法第二百五十四條規定及其他相關之註記等）。

4. 基地目前管理與使用情況：

⑴有無共有人分管協議或依民法第八百二十六條之一規定爲使用管理或分割等約定之登記，若有，應敘明其內容。

⑵有無出租或出借，若有，應敘明出租或出借情形。

⑶有無供公衆通行之私有道路，若有，應敘明其位置。

⑷有無界址糾紛情形，若有，應敘明與何人發生糾紛。

⑸基地對外道路是否可通行，若否，應敘明情形。

5. 基地使用管制內容：

⑴使用分區或編定

A.都市土地，以主管機關核發之都市計畫土地使用分區證明爲準。

B.非都市土地，以土地登記謄本記載爲準。

C.若未記載者，應敘明其管制情形。

⑵法定建蔽率。

⑶法定容積率。

⑷開發方式限制

都市計畫說明書有附帶規定以徵收、區段徵收、市地重劃或其他方式開發或屬都市計畫法規定之禁限建地區者，應一併敘明。

㈢重要交易條件：

1. 交易種類：買賣（互易）。
2. 交易價金。
3. 付款方式。
4. 應納稅費項目、規費項目及負擔方式。
   ⑴稅費項目：契稅、房屋稅、印花稅等。
   ⑵規費項目:登記規費、公證費。
   ⑶其他費用：所有權移轉代辦費用、水電、瓦斯、管理費及電話費等。
   ⑷負擔方式：由買賣雙方另以契約約定。
5. 賣方是否有附加之設備？如有，應敘明設備內容。
6. 他項權利及限制登記之處理方式（如無，則免填）。
7. 有無解約、違約之處罰等，若有，應敘明。
8. 其他交易事項：___。

㈣其他重要事項：

1. 周邊環境，詳如都市計畫地形圖或相關電子地圖並於圖面標示周邊半徑三百公尺範圍內之重要環境設施（包括：公（私）有市場、超級市場、學校、警察局（分駐所、派出所）、行政機關、體育場、醫院、飛機場、台電變電所用地、地面高壓電塔（線）、寺廟、殯儀館、公墓、火化場、骨灰（骸）存放設施、垃圾場（掩埋場、焚化場）、顯見之私人墳墓、加（氣）油站、瓦斯行（場）、葬儀社）。
2. 是否已辦理地籍圖重測，若否，主管機關是否已公告辦理？
3. 是否公告徵收，若是，應敘明其範圍。
4. 是否為直轄市或縣（市）政府列管之山坡地住宅社區，若是，應敘明。

5. 本建物（專有部分）於產權持有期間是否曾發生兇殺、自殺、一氧化碳中毒或其他非自然死亡之情形，若有，應敘明。
6. 本棟建物有無依法設置之中繼幫浦機械室或水箱，若有，應敘明其所在樓層。
7. 本棟建物樓頂平臺有無依法設置之行動電話基地台設施，若有，應敘明。

三、預售屋

㈠建物

1. 坐落：縣（市）、鄉（鎮、市、區）、段、小段、地號。
2. 建物型態與格局
   ⑴建物型態
   A.一建物：單獨所有權無共有部分（包括：獨棟、連棟、雙併等。）
   B.區分所有建物：公寓（五樓含以下無電梯）、透天厝、店面（店鋪）、辦公商業大樓、住宅或複合型大樓（十一層含以上有電梯）、華廈（十層含以下有電梯）、套房（一房、一廳、一衛）等。
   C.其他特殊建物：如工廠、廠辦、農舍、倉庫等型態。
   ⑵格局（包括：房間、廳、衛浴數，有無隔間）。
3. 主管建築機關核准之建照日期及字號（詳如建造執照暨核准圖說影本）。
4. 出售面積及權利範圍
   ⑴本戶建物總面積（如爲區分所有建物，包含主建物、附屬建物及共有部分面積）。
   ⑵主建物面積占本戶建物得登記總面積之比率。
   ⑶停車空間若位於共有部分且無獨立權狀者，應敘明面積及權利範圍計算方式。
   ⑷停車空間占共有部分總面積之比率。

5. 共有部分項目、總面積及其分配比率。
6. 主要建材及廠牌、規格。
7. 建物構造、高度及樓層規劃。
8. 工程進度
⑴開工、取得使用執照期限。
⑵通知交屋期限。
⑶保固期限及範圍。
9. 管理與使用之規劃：
公寓大廈應記載規約草約內容，無法記載者，應敘明原因。規約草約內容如下：
⑴專有部分之範圍。
⑵共用部分之範圍。
⑶有無約定專用部分、約定共用部分（如有，請註明其標示範圍及使用方式）。
⑷管理費或使用費之計算方式及其數額。
⑸起造人提撥公共基金之數額及其撥付方式。
⑹管理組織及其管理方式。
⑺停車位之管理使用方式。
10. 建物瑕疵擔保：
交屋時有無檢附「施工中建築物新拌混凝土氯離子含量檢測報告單」及「施工中建築物出具無輻射污染證明」？若無，應敘明原因。
11. 停車位產權型態及規格型式（如無停車位，則免填）：
⑴是否辦理單獨區分所有建物登記？
⑵權利種類：（如專有或共有）
⑶停車位性質：（包括：法定停車位、自行增設停車位、獎勵增設停車位）
⑷停車位之型式及位置（坡道平面、升降平面、坡道機械、升降機械、塔式車位、一樓平面或其他，長、寬、淨高為何？所在樓層為何？並應附位置圖。機械式停車位可承載之重量為何？）

⑸車位編號。

㈡基地

1. 基地標示

⑴坐落之縣（市）、鄉（鎮、市、區）、段、小段、地號。

⑵基地總面積。

⑶基地權利種類（所有權、地上權、典權、使用權）

⑷基地出售面積、權利範圍及其計算方式。

⑸地籍圖。

2. 基地所有權人或他項權利人（登記簿有管理人時並應載明）。

3. 基地權利種類及其登記狀態（詳如登記謄本）：

⑴所有權（單獨或持分共有）。

⑵他項權利（包括：地上權、典權）。

⑶有無信託登記？若有，應敘明信託契約之主要條款內容（依登記謄本及信託專簿記載）。

⑷基地權利有無設定負擔，若有，應敘明。

A.有無他項權利之設定情形（包括：地上權、不動產役權、抵押權、典權）。

B.有無限制登記情形？（包括：預告登記、查封、假扣押、假處分及其他禁止處分之登記。）。

C.其他事項（包括：依民事訴訟法第二百五十四條規定及其他相關之註記等）。

4. 基地管理及使用情況：

⑴有無共有人分管協議或依民法第八百二十六條之一規定爲使用管理或分割等約定之登記，若有，應敘明其內容。

⑵有無出租或出借予第三人，若有，應敘明出租或出借情形。

⑶有無供公衆通行之私有道路或因鄰地爲袋地而有之通行權，若有，應敘明其位置。

⑷有無界址糾紛情形，若有，應敘明與何人發生糾

紛。

⑸基地對外道路是否可通行，若否，應敘明情形。

5. 基地使用管制內容：

⑴使用分區或編定

A.都市土地，以主管機關核發之都市計畫土地使用分區證明爲準。

B.非都市土地，以土地登記謄本記載爲準。

C.若未記載者，應敘明其管制情形。

⑵本基地是否位屬工業區或不得作住宅使用之商業區或其他分區，若是，應敘明其建物使用之合法性。

⑶法定建蔽率。

⑷法定容積率。

⑸本基地有無辦理容積移轉，或有無開放空間設計或其他獎勵容積，若有，應敘明其內容及受限制之事項。

⑹是否位屬山坡地範圍，若是，應敘明。

㈢重要交易條件：

1. 交易種類：買賣（互易）。
2. 交易價金。
3. 付款方式。
4. 應納稅費項目、規費項目及負擔方式

⑴稅費項目：契稅、房屋稅、印花稅等。

⑵規費項目：工程受益費、登記規費、公證費等。

⑶其他費用：所有權移轉代辦費用、水電、瓦斯、管理費及電話費等。

⑷負擔方式：由買賣雙方另以契約約定。

5. 賣方是否有附加之設備？若有，應敘明設備內容。
6. 預售屋之飲用水、瓦斯及排水狀況。
7. 履約保證機制方式，及其受託或提供擔保者。
8. 有無解約、違約之處罰等，若有，應敘明。
9. 其他交易事項：___。

㈣其他重要事項

1. 周邊環境，詳如都市計畫地形圖或相關電子地圖並於圖面標示周邊半徑三百公尺範圍內之重要環境設施（包括：公（私）有市場、超級市場、學校、警察局（分駐所、派出所）、行政機關、體育場、醫院、飛機場、台電變電所用地、地面高壓電塔（線）、寺廟、殯儀館、公墓、火化場、骨灰（骸）存放設施、垃圾場（掩埋場、焚化場）、顯見之私人墳墓、加油（氣）站、瓦斯行（場）、葬儀社）。
2. 本基地毗鄰範圍，有無已取得建造執照尚未開工或施工中之建案，若有，應敘明其建案地點、總樓地板面積（m^2）、地上（下）層數、樓層高度（m）、建物用途資料。
3. 最近五年內基地周邊半徑三百公尺範圍內有無申請水災淹水救助紀錄，若有，應敘明。
4. 是否已辦理地籍圖重測，若否，主管機關是否已公告辦理？

貳、不得記載事項

一、不不得記載本說明書內容僅供參考。

二、不得記載繳回不動產說明書。

三、不得使用實際所有權面積以外之「受益面積」、「銷售面積」、「使用面積」等類似名詞。

四、預售屋出售標的，不得記載未經依法領有建造執照之夾層設計或夾層空間面積。

五、不得記載以不動產委託銷售標的現況說明書、不動產委託承購標的現況說明書、要約書標的現況說明書或建物現況確認書，替代不動產說明書之內容。

六、不得記載房價有上漲空間或預測房價上漲之情形。

成屋買賣定型化契約應記載及不得記載事項

中華民國101年10月29日內政部內授中辦地字第1016651846號公告（中華民國102年5月1日生效）行政院消費者保護會第7次會議通過
中華民國108年10月31日內政部台內地字第1080265629號公告（中華民國109年5月1日生效）行政院消費者保護會第63次會議通過
中華民國112年6月19日內政部台內地字第1120263816號公告修正應記載事項第8點、第12點之1、不得記載事項第5點（中華民國112年7月1日生效）行政院消費者保護會第81次會議通過

壹、應記載事項

一、契約審閱期

本契約於中華民國__年__月__日經買方攜回審閱__日（契約審閱期間至少五日）。

買方簽章：

賣方簽章：

二、買賣標的

成屋標示及權利範圍：已登記者應以登記簿登載之面積為準。

(一)土地標示：

土地坐落__縣（市）__鄉（鎮、市、區）__段__小段__地

號等__筆土地，面積__平方公尺（__坪），權利範圍__，使用分區爲都市計畫內__區（或非都市土地使用編定爲__區__用地）。

㈡建物標示：

1. 建號　。

2. 門牌　鄉（鎭、市、區）　街（路）　段　巷　弄　號　樓。

3. 建物坐落　段　小段　地號，面積　層　平方公尺　層　平方公尺　層　平方公尺其他　平方公尺共計　平方公尺，權利範圍　，用途　。

4. 附屬建物用途　面積　平方公尺。

5. 共有部分建號__，共有持分面積__平方公尺，權利範圍__。

㈢本買賣停車位（如無則免塡）爲：

1. □法定停車位□自行增設停車位□獎勵增設停車位□其他　。

2. 地上（下）第　層□平面式停車位□機械式停車位，總停車位　個。

3. □有獨立權狀面積__平方公尺（__坪）□無獨立權狀，編號第__號車位__個。（如附圖所示或登記簿記載）

本買賣範圍包括共有部分之持分面積在內，房屋現況除水電、門窗等固定設備外，買賣雙方應於建物現況確認書互爲確認（附件一），賣方於交屋時應維持原狀點交，但點交時另有協議者，從其協議。

三、買賣價款

本買賣總價款爲新臺幣__元整。

㈠土地價款：新臺幣__元整

㈡建物價款：新臺幣__元整

㈢車位總價款：新臺幣__元整

四、付款約定

買方應支付之各期價款，雙方同意依下列約定，於____（地址：____），交付賣方。

㈠簽約款，新臺幣__元，於簽訂本契約同時支付（本款項包括已收定金__元）。

㈡備證款，新臺幣__元，於__年__月__日，賣方備齊所有權移轉登記應備文件同時支付。

㈢完稅款，新臺幣__元，於土地增值稅、契稅稅單核下後，經__通知日起__日內支付；同時雙方應依約繳清稅款。

㈣交屋款，新臺幣__元

□無貸款者，於辦妥所有權移轉登記後，經__通知日起__日內支付；同時點交本買賣標的。

□有貸款者，依第六點及第七點約定。

賣方收取前項價款時，應開立收訖價款之證明交買方收執。

五、原設定抵押權之處理

本買賣標的物原有抵押權設定者，其所擔保之未償債務（包括本金、利息、遲延利息及違約金）依下列約定方式之一處理：

□買方貸款時：

□買方承受者，雙方應以書面另爲協議確認（附件二承受原貸款確認書）。

□買方依第六點第一款約定授權貸款銀行代爲清償並塗銷抵押權。

□買方不貸款，賣方應於完稅款或申請所有權移轉登記前清償並塗銷抵押權。如未依上述期限清償者，買方有權自價金中扣除未償債務金額並於交屋款交付前代爲清償。

□其他：________。

六、貸款處理之一

買方預定貸款新臺幣__元抵付部分買賣價款，並依下列約定辦理貸款、付款事宜：

㈠買方應於交付備證款同時提供辦理貸款必備之授權代償等文件及指定融資貸款之金融機構；未指定者，得由賣方指定之。

㈡貸款金額少於預定貸款金額，應依下列方式擇一處理：

1. 不可歸責於雙方時：

□買買方應於貸款核撥同時以現金一次補足。

□買賣雙方得解除契約。

□其他_____。

2. 可歸責於賣方時：

□方得解除契約，其已付價款於解除契約__日內，賣方應連同遲延利息一併返還買方。

□賣方同意以原承諾貸款相同年限及條件由買方分期清償。

□賣方同意依原承諾貸款之利率計算利息，縮短償還期限爲__年（期間不得少於七年）由買方按月分期攤還。

□其他_____。

3. 可歸責於買方時：

除經賣方同意分期給付其差額外，買方應於接獲通知之日起__日（不得少於十個金融機構營業日）給付其差額，逾期未給付賣方得解除契約。

七、貸款處理之二

買方應於交付完稅款前，依__通知之日期親自完成辦理貸款所需之開戶、對保及用印等，並依下列方式擇一處理：

㈠簽訂撥款委託書，授權金融機構依下列方式擇一辦理撥付。

□將實際核准之貸款金額悉數撥（匯）入賣方於__銀行__分行存款第__號帳戶。

□於實際核准貸款金額範圍內，撥（匯）入__銀行__分行第__號帳戶（還款專戶），以清償原設定抵押權所擔保之貸款，俟該抵押權塗銷後，由受託金融機構將剩餘款項悉數撥（匯）入__銀行__分行第__號，賣方所開立或指定之專戶。

□其他撥付方式：____。

㈡由__通知雙方會同領款交付。但買方應於交付備證款同時開立與完稅款及交屋款同額且註明以賣方爲受款人及「禁止背書轉讓」之本票（號碼：__）或提供相當之擔保予賣方；賣方收受該價款時應將本票返還買方或解除擔保。買方未依約交付未付價款，經催告仍拒絕履行者，賣方得行使本票或擔保權利。

㈢第一款撥款委託書所載金額不足支付交屋款者，其差額部分準用前款規定。

買方簽訂撥款委託書交付貸款之金融機構後，除房屋有附件一第五項至第七項所確認事項內容不實之重大瑕疵者外，買方不得撤銷、解除或變更前開貸款案之授信契約及撥款委託，或請求貸款之金融機構暫緩或停止撥付貸款。

八、所有權移轉

雙方應於備證款付款同時將所有權移轉登記所須檢附之文件書類備齊，並加蓋專用印章交予□受託地政士□受託律師□買方□賣方□其他__負責辦理。

本件所有權移轉登記及相關手續，倘須任何一方補繳證件、用印或為其他必要之行為者，應無條件於__通知之期日內配合照辦，不得刁難、推諉或藉故要求任何補貼。

本買賣標的如為領得使用執照且未辦竣建物所有權第一次登記之新建成屋（以下簡稱新建成屋），於本契約土地及建物所有權移轉登記完成前，買方不得將本契約讓與或轉售與第三人。但配偶、直系血親或二親等內旁系血親間之讓與或轉售；或其他中央主管機關公告得讓與或轉售之情形並經直轄市、縣（市）主管機關核准者，不在此限。

除新建成屋依前項本文規定，不得將本契約讓與或轉售與第三人外，買方於簽約時如指定第三人為登記名義人，應於交付必備文件前確認登記名義人，及提出以第三人為登記名義人聲明書（附件三），該第三人應在該聲明書上聲明是否同意與本契約買方所未履行之債務負連帶給付責任並簽章。

辦理所有權移轉時，除本契約另有約定外，依下列方式辦理：

㈠申報移轉現值：

□以本契約第三點之土地及建物價款申報。

□以__年度公告土地現值及建物評定現值申報。

㈡賣方若主張按自用住宅用地優惠稅率課徵土地增值稅時，應於契約書內（附件四：按優惠稅率申請核課土地增值稅確認書）另行確認後，據以辦理之。

九、稅費負擔之約定

本買賣標的物應繳納之稅費負擔約定如下：

㈠地價稅、房屋稅、水電費、瓦斯費、管理費、公共基金等稅捐或費用，在土地、建物交屋日前由賣方負責繳納，交屋日後由買方繳納；前開稅費以交屋日為準，按當年度日數比例負擔之。

㈡辦理所有權移轉、抵押權設定登記時應納之稅費負擔：

1. 所有權買賣移轉

⑴買方負擔：

印花稅、契稅、登記規費及火災或其他保險費等。

⑵賣方負擔：

土地增值稅由賣方負擔。但有延遲申報而可歸責於買方之事由，其因而增加之土地增值稅部分由買方負擔。

⑶其他：

簽約前如有已公告徵收工程受益費應由賣方負責繳納。其有未到期之工程受益費□由買方繳納者，買方應出具續繳承諾書。□由賣方繳清。

2. 抵押權設定登記

抵押權設定登記規費由買方負擔。

㈢辦理本買賣有關之手續費用：

1. 簽約費

□由買賣雙方各負擔新臺幣__元，並於簽約時付清。

□其他______。

2. 所有權移轉代辦費新臺幣__元

□由買方負擔。

□由賣方負擔。

□由雙方當事人平均負擔。

□其他______。

3. 如辦理公證者，加收辦理公證之代辦費新臺幣　元
□由買方負擔。
□由賣方負擔。
□由雙方當事人平均負擔。
□其他______。

4. 公證費用
□由買方負擔。
□由賣方負擔。
□其他______。

5. 抵押權設定登記或抵押權內容變更登記代辦費新臺幣　元
□由買方負擔。
□由賣方負擔。
□其他_____。

6. 塗銷原抵押權之代辦費新臺幣__元，由賣方負擔。

㈣如有其他未約定之稅捐、費用應依有關法令或習慣辦理。但交屋日逾第十點所載交屋日者，因逾期所產生之費用，由可歸責之一方負擔。

前項應由賣方負擔之稅費，買方得予代爲繳納並自未付之價款中憑單抵扣。

十、交屋

本買賣標的物，應於□尾款交付日□貸款撥付日□__年__月__日由賣方於現場交付買方或登記名義人，賣方應於約定交屋日前搬遷完畢。交屋時，如有未搬離之物件，視同廢棄物處理，清理費用由賣方負擔。

因可歸責於賣方之事由，未依前項所定日期交付標的物者，買方得請求賣方自應交付日起至依約交付日止，每日按已支付全部價款萬分之二單利計算之金額，賠償買方因此所受之損害。

本買賣標的物倘有使用執照（正本或影本）、使用現況之分管協議、規約、大樓管理辦法、停車位使用辦法、使用維護手冊等文件，賣方除應於訂約時將其情形告知買方外，並應

於本買賣標的物交屋時一併交付予買方或其登記名義人，買方或其登記名義人應繼受其有關之權利義務。

賣方應於交屋前將原設籍於本買賣標的之戶籍、公司登記、營利事業登記、營業情形等全部遷離。倘未如期遷離致買方受有損害者，賣方負損害賠償責任。

十一、賣方之瑕疵擔保責任

賣方擔保本買賣標的物權利清楚，並無一物數賣、被他人占用或占用他人土地等情事，如有出租或出借、設定他項權利或債務糾紛等情事，賣方應予告知，並於完稅款交付日前負責理清。有關本標的物之瑕疵擔保責任，悉依民法及其他有關法令規定辦理。

十二、違約之處罰

賣方違反第八點（所有權移轉）第一項或第二項、第十點（交屋）第一項前段約定時，買方得定相當期限催告賣方解決，逾期仍未解決者，買方得解除本契約。解約時賣方除應將買方已支付之房地價款並附加每日按萬分之二單利計算之金額，全部退還買方外，並應支付與已付房地價款同額之違約金；惟該違約金以不超過房地總價款百分之十五爲限。買方不得另行請求損害賠償。

買方因賣方違反第十點（交屋）第一項前段約定而依本條前項約定解除契約者，除依前項約定請求損害賠償及違約金外，不得另依第十點第二項約定請求損害賠償。

買方逾期達五日仍未付清期款或已付之票據無法兌現時，買方應附加自應給付日起每日按萬分之二單利計算之遲延利息一併支付賣方，如逾期一個月不付期款或遲延利息，經賣方以存證信函或其他書面催告後，自送達之次日起算逾七日仍未支付者，賣方得解除契約並沒收已付價款充作違約金；惟所沒收之已付價款以不超過房地總價款百分之十五爲限，賣方不得另行請求損害賠償。已過戶於買方或登記名義人名下之所有權及移交買方使用之不動產，買方應即無條件將標的物回復原狀並返還賣方。

賣方或買方有第一項或第三項可歸責之事由致本契約解除

時，第九點所定一切稅費均由違約之一方負擔。

除第一項、第三項之事由應依本條約定辦理外，因本契約所生其他違約事由，依有關法令規定處理。

十二之一、個人資料之蒐集、處理及利用

賣方為履行本契約特定目的，蒐集、處理或利用買方之個人資料，應依個人資料保護法規定辦理。

賣方如委託第三人代為處理事務而蒐集、處理或利用買方個人資料時，應督促並確保受託之第三人，遵照個人資料保護法規定蒐集、處理或利用買方個人資料。

十三、通知送達及寄送

履行本契約之各項通知均應以契約書上記載之地址為準，如有變更未經通知他方或＿，致無法送達時（包括拒收），均以第一次郵遞之日期視為送達。

本契約所定之權利義務對雙方之繼受人均有效力。

十四、當事人及其基本資料

本契約應記載當事人及其基本資料：

㈠買方之姓名、國民身分證統一編號、戶籍地址、通訊地址、連絡電話。

㈡賣方之名稱、法定代理人、公司（或商號）統一編號、公司（或商號）地址、公司（或商號）電話。

十五、契約及其相關附件效力

本契約自簽約日起生效，買賣雙方各執一份契約正本。

本契約廣告及相關附件視為本契約之一部分。

貳、不得記載事項

一、不得約定買方須繳回契約書。

二、不得約定買賣雙方於交屋後，賣方排除民法上瑕疵擔保責任。

三、不得約定廣告僅供參考。

四、不得約定使用與實際所有權面積以外之「受益面積」、「銷售面積」、「使用面積」等類似名詞。

五、不得約定超過民法第二百零五條所定週年百分之十六利率之利息。

六、不得約定拋棄審閱期間。

七、不得為其他違反強制或禁止規定之約定。

附件一

建物現況確認書

項次	內　　容	備註說明
1	□是□否有包括未登記之改建、增建、加建、違建部分： □壹樓__平方公尺□__樓__平方公尺 □頂樓__平方公尺□其他__平方公尺	若為違建（未依法申請增、加建之建物），賣方應確實加以說明使買方得以充分認知此範圍隨時有被拆除之虞或其他危險。
2	建物現況格局：__房__廳__衛　□無隔間 建物型態：__________。	建物現況格局以交易當時實際之現況格局為準。 建物型態依建物型態分為公寓(五樓含以下無電梯)、透天厝、店面(店鋪)、辦公商業大樓、住宅大樓(十一層含以上有電梯)、華廈(十層含以下有電梯)、套房(一房(一廳)一衛)、工廠、廠辦、農舍、倉庫、其他等型態。
3	□地上　□平面式 車位情況為□地面第__層□機械式車位 □地下　□其他（__） 編號：__號□有□無獨立權狀 □是□否檢附分管協議及圖說	有關車位之使用方式，依本契約第十點第二項規定。 所稱機械式係指須以機械移動進出者。
4	□是□否有滲漏水之情形，滲漏水處：_____。 若有滲漏水處，買賣雙方同意： □賣方修繕後交屋。 □以現況交屋：□減價□買方自行修繕 □其他______。	
5	□是□否曾經做過輻射屋檢測？ 若有，請檢附檢測證明文件。 檢測結果是否有輻射異常？□是□否 □賣方修繕後交屋。 □以現況交屋：□減價□買方自行修繕 □其他____。	民國七十一年至七十三年領得使用執照之建築物，應特別留意檢測。如欲進行改善，應向行政院原子能委員會洽詢技術協助。

6	□是□否曾經做過混凝土中水溶性氯離子含量檢測(例如海砂屋檢測事項) 檢測結果：＿＿＿＿＿＿。	一、八十四年六月三十日（含）以前已建築完成之建築物，參照八十三年七月二十二日修訂公布之CNS 3090檢測標準，混擬土中最大水溶性氯離子含量(依水溶法)容許值為0.6kg/m^3。八十四年七月一日（含）以後之建築物，混擬土中最大水溶性氯離子含量(依水溶法)容許值為0.3kg/m^3。 二、八十四年七月一日（含）以後依建築法規申報施工勘驗之建築物，混擬土中最大水溶性氯離子含量參照CNS 3090檢測標準，容許值含量為0.3kg/m^3，檢測資料可向建築主管機關申請。
7	本建物（專有部分）是否曾發生兇殺、自殺或一氧化碳中毒致死之情事： (1)於產權持有期間□是□否曾發生上列情事。 (2)於產權持有前，賣方 □確認無上列情事。 □知道曾發生上列情事。 □不知道曾否發生上列情事。	
8	□是□否有消防設施。 若有，項目：(1)＿＿(2)＿＿(3)＿＿。	
9	自來水及排水系統經雙方當場檢驗□是□否正常，若不正常，由□買方□賣方負責維修	
10	現況□是□否有出租或被他人占用之情形，若有，則 □賣方應於交屋前□終止租約 □拆除 □排除 □以現況交屋 □買賣雙方另有協議＿＿＿＿＿。	
11	現況□是□否有承租或占用他人土地之情形，若有，則 □賣方應於交屋前□終止租約 □拆除 □排除 □以現況交屋 □買賣雙方另有協議＿＿＿＿＿。	

12	□是□否為直轄市、縣（市）政府列管之山坡地住宅社區。 建築主管機關□有□無提供評估建議資料。	所有權人或其受託人可向縣市政府建築主管機關申請相關評估建議資料。
13	□是□否約定專用部分 □有(詳見規約)□無	
14	□是□否有規約；□有□無檢附規約	檢附住戶規約
15	□是□否有管理委員會統一管理 若有，管理費為□月繳__元□季繳__元□年繳__元□其他___。 □有 □無積欠管理費；若有，新臺幣____元。	
16	下列附屬設備 □計入建物價款中，隨同建物移轉 □不計入建物價款中，由賣方無償贈與買方 □不計入建物價款中，由賣方搬離 □冷氣__台□沙發__組□床頭__件□熱水器__台□窗簾__組□燈飾__件□梳妝台__件□排油煙機□流理台□瓦斯爐□天然瓦斯(買方負擔錶租保證金費用)□電話：__具(買方負擔過戶費及保證金)□其他__。	
賣方：______________（簽章） 買方：______________（簽章） 簽章日期：____年____月_____日		

附件二

承受原貸款確認書

本件買賣原設定之抵押權之債務，承受情形如下：

1. 收件字號：______年______月______日______地政事務所______登字第______號
2. 抵押權人________________________。
3. 設定金額：________________________元整
4. 約定時買方承受本件抵押權所擔保之未償債務（本金、遲延利息）金額新臺幣______元整。
5. 承受日期______年______月______日。
6. 債務承受日期前已發生之利息、遲延利息、違約金等概由賣方負擔。
7. 買受人承受債務後是否享有優惠利率，應以買受人之資格條件爲斷。

賣方：__________________（簽章）

買方：__________________（簽章）

簽章日期：______年______月____日

附件三

以第三人為登記名義人聲明書

買方______向賣方______購買座落__縣（市）__鄉（鎮、市、區）__段__小段__地號等__筆土地，及其地上建物　建號，茲指定______（國民身分證統一編號________）爲登記名義人，登記名義人□同意□不同意與本契約買方所應負之債務負連帶給付責任。

買　　方：__________________（簽章）

登記名義人：__________________（簽章）

簽章日期：______年______月____日

附件四

按優惠稅率核課土地增值稅確認書

賣方主張按自用住宅用地優惠稅率申請核課土地增值稅。但經稅捐稽徵機關否准其申請者，賣方同意即以一般稅率開單繳納之。以上事項確認無誤。

確認人：＿＿＿＿＿＿＿＿＿＿（簽章）

簽章日期：＿＿＿年＿＿＿月＿＿＿日

成屋買賣契約書範本

中華民國90年7月11日內政部台（90）內中地字第9082362二號函公告頒行（行政院消費者保護委員會第78次委員會議通過）
中華民國101年10月29日內政部內授中辦地字第1016651845號公告修正（行政院消費者保護會第7次會議通過）
內政部108年10月31日台內地字第1080265857號函公告修正
中華民國112年6月19日內政部台內地字第11202638164號函修正部分條文及其簽約注意事項第9點、第15點、第16點規定，自112年7月1日生效。

約審閱權

契約於中華民國　年　月　日經買方攜回審閱　日（契約審閱期間至少五日）

買方簽章：

賣方簽章：

立契約書人買方　　　　賣方　　　　茲爲下列成屋買賣事宜，雙方同意簽訂本契約，協議條款如下：

第一條▲買賣標的

成屋標示及權利範圍：已登記者應以登記簿登載之面積爲準。

一、土地標示：

土地坐落__縣（市）__鄉（鎮、市、區）__段__小段__地號等__筆土地，面積__平方公尺（__坪），權利範圍__，使用分區爲都市計畫內__區（或非都市土地使用編定爲__區__用地）。

二、建物標示

㈠建號__。

㈡門牌__鄉（鎮、市、區）__街（路）__段__巷__弄__號__樓。

㈢建物坐落__段__小段__地號，面積__層__平方公尺__層__平方公尺__層__ 平方公尺其他__平方公尺共計__平方公尺，權利範圍__，用途__。

㈢附屬建物用途__面積__平方公尺。

㈤共有部分建號__，共有持分面積__平方公尺，權利範圍__。

三、本買賣停車位（如無則免塡）爲：

㈠□法定停車位□自行增設停車位□獎勵增設停車位□其他__。

㈡地上（下）第__層□平面式停車位□機械式停車位，總停車位__個。

㈢□有獨立權狀面積__平方公尺（__坪）□無獨立權狀，編號第__號車位__個。（如附圖所示或登記簿記載）

本買賣範圍包括共有部分之持分面積在內，房屋現況除水電、門窗等固定設備外，買賣雙方應於建物現況確認書互爲確認（附件一），賣方於交屋時應維持原狀點交，但點交時另有協議者，從其協議。

第二條▲買賣價款

本買賣總價款爲新臺幣__整。

一、土地價款：新臺幣__元整

二、建物價款：新臺幣__元整

三、車位總價款：新臺幣__元整

第三條▲付款約定

買方應支付之各期價款，雙方同意依下列約定，於__（地址：__），交付賣方。

一、簽約款，新臺幣__元，於簽訂本契約同時支付（本款項包括已收定金__元）。

二、備證款，新臺幣__元，於__年__月__日，賣方備齊所有權移轉登記應備文件同時支付。

三、完稅款，新臺幣__元，於土地增值稅、契稅稅單核下後，經__通知日起 日內支付；同時雙方應依約繳清稅款。

四、交屋款，新臺幣__元

□無貸款者，於辦妥所有權移轉登記後，經 通知日起 日內支付；同時點交本買賣標的。

□有貸款者，依第五條及第六條約定。

賣方收取前項價款時，應開立收訖價款之證明交買方收執。

第四條▲原設定抵押權之處理

本買賣標的物原有抵押權設定者，其所擔保之未償債務（包括本金、利息、遲延利息及違約金）依下列約定方式之一處理：

□買方貸款時：

□買方承受者，雙方應以書面另爲協議確認（附件二承受原貸款確認書）。

□買方依第五條第一款約定授權貸款銀行代爲清償並塗銷抵押權。

□買方不貸款，賣方應於完稅款或申請所有權移轉登記前清償並塗銷抵押權。如未依上述期限清償者，買方有權自價金中扣除未償債務金額並於交屋款交付前代爲清償。

□其他__________。

第五條▲貸款處理之一

買方預定貸款新臺幣 元抵付部分買賣價款，並依下列約定辦理貸款、付款事宜：

一、買方應於交付備證款同時提供辦理貸款必備之授權代償等文件及指定融資貸款之金融機構；未指定者，得由賣方指定之。

二、貸款金額少於預定貸款金額，應依下列方式擇一處理：

(一)不可歸責於雙方時：

□買方應於貸款核撥同時以現金一次補足。

□買賣雙方得解除契約。

□其他＿＿＿＿＿。

(二)可歸責於賣方時：

□買方得解除契約，其已付價款於解除契約＿日內，賣方應連同遲延利息一併返還買方。

□賣方同意以原承諾貸款相同年限及條件由買方分期清償。

□賣方同意依原承諾貸款之利率計算利息，縮短償還期限爲＿年（期間不得少於七年）由買方按月分期攤還。

□其他＿＿＿＿＿。

(三)可歸責於買方時：

除經賣方同意分期給付其差額外，買方應於接獲通知之日起 日（不得少於十個金融機構營業日）給付其差額，逾期未給付賣方得解除契約。

第六條▲貸款處理之二

買方應於交付完稅款前，依＿通知之日期親自完成辦理貸款所需之開戶、對保及用印等，並依下列方式擇一處理：

一、簽訂撥款委託書，授權金融機構依下列方式擇一辦理撥付。

□將實際核准之貸款金額悉數撥（匯）入賣方於＿銀行＿分行存款第＿號帳戶。

□於實際核准貸款金額範圍內，撥（匯）入＿銀行＿分行第＿號帳戶（還款專戶），以清償原設定抵押權所擔保之貸款，俟該抵押權塗銷後，由受託金融機構將剩餘款項悉數撥（匯）入＿銀行＿分行第＿號，賣方所開立或指定之專戶。

□其他撥付方式：＿＿＿＿＿。

二、由__通知雙方會同領款交付。但買方應於交付備證款同時開立與完稅款及交屋款同額且註明以賣方為受款人及「禁止背書轉讓」之本票（號碼：__）或提供相當之擔保予賣方；賣方收受該價款時應將本票返還買方或解除擔保。買方未依約交付未付價款，經催告仍拒絕履行者，賣方得行使本票或擔保權利。

三、第一款撥款委託書所載金額不足支付交屋款者，其差額部分準用前款規定。

買方簽訂撥款委託書交付貸款之金融機構後，除房屋有附件一第五項至第七項所確認事項內容不實之重大瑕疵者外，買方不得撤銷、解除或變更前開貸款案之授信契約及撥款委託，或請求貸款之金融機構暫緩或停止撥付貸款。

第七條▲所有權移轉

雙方應於備證款付款同時將所有權移轉登記所須檢附之文件書類備齊，並加蓋專用印章交予□受託地政士□受託律師□買方□賣方□其他__負責辦理。

本件所有權移轉登記及相關手續，倘須任何一方補繳證件、用印或為其他必要之行為者，應無條件於__通知之期日內配合照辦，不得刁難、推諉或藉故要求任何補貼。

本買賣標的如為領得使用執照且未辦竣建物所有權第一次登記之新建成屋（以下簡稱新建成屋），於本契約土地及建物所有權移轉登記完成前，買方不得將本契約 讓與或轉售與第三人。但配偶、直系血親或二親等內旁系血親間之讓與或轉售；或 其他中央主管機關公告得讓與或轉售之情形並經直轄市、縣（市）主管機關核准者， 不在此限。

除新建成屋依前項本文規定，不得將本契約讓與或轉售與第三人外，買方於簽約時如指定第三人為登記名義人，應於交付必備文件前確認登記名義人，及提出以第三人為登記名義人聲明書（附件三），該第三人應在該聲明書上聲明是否同意與本契約買方所未履行之債務負連帶給付責任並簽章。

辦理所有權移轉時，除本契約另有約定外，依下列方式辦理：

一、申報移轉現值：

□以本契約第二條之土地及建物價款申報。

□以 年度公告土地現值及建物評定現值申報。

二、賣方若主張按自用住宅用地優惠稅率課徵土地增值稅時，應於契約書內（附件四：按優惠稅率申請核課土地增值稅確認書）另行確認後，據以辦理之。

第八條▲稅費負擔之約定

本買賣標的物應繳納之稅費負擔約定如下：

一、地價稅、房屋稅、水電費、瓦斯費、管理費、公共基金等稅捐或費用，在土地、建物交屋日前由賣方負責繳納，交屋日後由買方繳納；前開稅費以交屋日為準，按當年度日數比例負擔之。

二、辦理所有權移轉、抵押權設定登記時應納之稅費負擔：

㈠所有權買賣

移轉

1. 買方負擔：

印花稅、契稅、登記規費及火災或其他保險費等。

2. 賣方負擔：

土地增值稅由賣方負擔。但有延遲申報而可歸責於買方之事由，其因而增加之土地增值稅部分由買方負擔。

3. 其他：

簽約前如有已公告徵收工程受益費應由賣方負責繳納。其有未到期之工程受益費□由買方繳納者，買方應出具續繳承諾書。□由賣方繳清。

㈡抵押權設定登記

抵押權設定登記規費由買方負擔。

三、辦理本買賣有關之手續費用：

㈠簽約費

□由買賣雙方各負擔新臺幣__元，並於簽約時付清。

□其他__________。

㈡所有權移轉代辦費新臺幣 元

□由買方負擔。
□由賣方負擔。
□由雙方當事人平均負擔。
□其他＿＿＿＿＿＿。

㈢如辦理公證者，加收辦理公證之代辦費新臺幣 元
□由買方負擔。
□由賣方負擔。
□由雙方當事人平均負擔。
□其他＿＿＿＿＿＿。

㈣公證費用
□由買方負擔。
□由賣方負擔。
□其他＿＿＿＿＿＿。

㈤抵押權設定登記或抵押權內容變更登記代辦費新臺幣＿＿元
□由買方負擔。
□由賣方負擔。
□其他＿＿＿＿＿＿。

㈥塗銷原抵押權之代辦費新臺幣 元，由賣方負擔。

四、如有其他未約定之稅捐、費用應依有關法令或習慣辦理。但交屋日逾第九條所載交屋日者，因逾期所產生之費用，由可歸責之一方負擔。

前項應由賣方負擔之稅費，買方得予代爲繳納並自未付之價款中憑單抵扣。

第九條▲交屋

本買賣標的物，應於□尾款交付日□貸款撥付日□＿年＿月＿日由賣方於現場交付買方或登記名義人，賣方應於約定交屋日前搬遷完畢。交屋時，如有未搬離之物件，視同廢棄物處理，清理費用由賣方負擔。

因可歸責於賣方之事由，未依前項所定日期交付標的物者，買方得請求賣方自應交付日起至依約交付日止，每日按已支付全部價款萬分之二單利計算之金額，賠償買方因此所受之

損害。

本買賣標的物倘有使用執照（正本或影本）、使用現況之分管協議、規約、大樓管理辦法、停車位使用辦法、使用維護手冊等文件，賣方除應於訂約時將其情形告知買方外，並應於本買賣標的物交屋時一併交付予買方或其登記名義人，買方或其登記名義人應繼受其有關之權利義務。

賣方應於交屋前將原設籍於本買賣標的之戶籍、公司登記、營利事業登記、營業情形等全部遷離。倘未如期遷離致買方受有損害者，賣方負損害賠償責任。

第十條▲賣方之瑕疵擔保責任

賣方擔保本買賣標的物權利清楚，並無一物數賣、被他人占用或占用他人土地等情事，如有出租或出借、設定他項權利或債務糾紛等情事，賣方應予告知，並於完稅款交付日前負責理清。有關本標的物之瑕疵擔保責任，悉依民法及其他有關法令規定辦理。

第十一條▲違約之處罰

賣方違反第七條（所有權移轉）第一項或第二項、第九條（交屋）第一項前段約定時，買方得定相當期限催告賣方解決，逾期仍未解決者，買方得解除本契約。解約時賣方除應將買方已支付之房地價款並附加每日按萬分之二單利計算之金額，全部退還買方外，並應支付與已付房地價款同額之違約金；惟該違約金以不超過房地總價款百分之十五為限。買方不得另行請求損害賠償。

買方因賣方違反第九條（交屋）第一項前段約定而依本條前項約定解除契約者，除依前項約定請求損害賠償及違約金外，不得另依第九條第二項約定請求損害賠償。

買方逾期達五日仍未付清期款或已付之票據無法兌現時，買方應附加自應給付日起每日按萬分之二單利計算之遲延利息一併支付賣方，如逾期一個月不付期款或遲延利息，經賣方以存證信函或其他書面催告後，自送達之次日起算逾七日仍未支付者，賣方得解除契約並沒收已付價款充作違約金；惟所沒收之已付價款以不超過房地總價款百分之十五為限，賣方不得另行請求損害賠償。已過戶於買方或登記名義人名下之所有權及移交買方使用之不動產，買方應即無條件將標的物回復原狀並返還賣方。

賣方或買方有第一項或第三項可歸責之事由致本契約解除時，第八條所定一切稅費均由違約之一方負擔。

除第一項、第三項之事由應依本條約定辦理外，因本契約所生其他違約事由， 依有關法令規定處理。

第十二條▲通知送達及寄送

履行本契約之各項通知均應以契約書上記載之地址為準，如有變更未經通知他方或　　，致無法送達時（包括拒收），均以第一次郵遞之日期視為送達。

本契約所定之權利義務對雙方之繼受人均有效力。

第十三條▲個人資料之蒐集、處理及利用

賣方為履行本契約特定目的，蒐集、處理或利用買方之個人資料，應依個人資料保護法規定辦理。

賣方如委託第三人代為處理事務而蒐集、處理或利用買方個人資料時，應督促並確保受託之第三人，遵照個人資料保護法規定蒐集、處理或利用買方個人資料。

第十四條▲合意管轄法院

因本契約發生之爭議，雙方同意□依仲裁法規定進行仲裁。

□除專屬管轄外，以本契約不動產所在地之法院為第一審法院。

第十五條▲契約及其相關附件效力

本契約自簽約日起生效，買賣雙方各執一份契約正本。本契約廣告及相關附件視為本契約之一部分。

第十六條▲未盡事宜之處置

本契約如有未盡事宜，依民法等相關法令規定辦理，並本於平等互惠與誠實信用原則公平處理。

定型化契約條款如有疑義時，應為有利於消費者之解釋。

立契約人（買方）：　　　　　　簽章

國民身分證統一編號：

地址：

電話：

立契約人（賣方）： 簽章

國民身分證統一編號：

地址：

電話：

地政士：（由買賣雙方勾選下列方式之一）

□買賣雙方各自指定地政士

買方地政士：

賣方地政士：

□買賣雙方協議之地政士：

不動產經紀業：

□買方委託之不動產經紀業

□賣方委託之不動產經紀業

□買賣雙方委託之不動產經紀業

名稱（公司或商號）

地址：

電話：

統一編號：

負責人：（簽章）

國民身分證統一編號：

不動產經紀人

□買方委託之不動產經紀人：

□賣方委託之不動產經紀人：

□買賣方委託之不動產經紀人：

姓名：（簽章）

電話：

地址：

國民身分證統一編號：

證書字號：

中華民國　　年　　月　　日

附件一

建物現況確認書

項次	內　　容	備註說明
1	□有□無包括未登記之改建、增建、加建、違建部分： □壹樓__平方公尺□__平方公尺 □頂樓__平方公尺□其他__平方公尺	若爲違建（未依法申請增、加建之建物），賣方應確實加以說明，使買方得以充分認知此範圍之建物隨時有被拆除之虞或其他危險。
2	建物型態：________。 建物現況格局：□有□無隔間；若有，__房__廳__衛。	一、建物型態 (一)一般建物：單獨所有權無共有部分（包括：獨棟、連棟、雙併等）。 (二)區分所有建物：公寓（五樓含以下無電梯）、透天厝、店面（店鋪）、辦公商業大樓、住宅或複合型大樓（十一層含以上有電梯）、華廈（十層含以下有電梯）、套房（一房、一廳、一衛）等。 二、建物現況格局以交易當時實際之現況格局爲準。現況格局例如：房間、廳、衛浴數，有無隔間。
3	汽車停車位種類及編號： 地上（下）第__層□平面式停車位□機械式停車位□其他____。 編號：第__號停車位__個，□有□無獨立權狀。 □有□無檢附分管協議書及圖說。 □有□無約定專用部分；若有，詳見規約附	
4	□有□無滲漏水之情形，若有，滲漏水處：____。 滲漏水處之處理： □賣方修繕後交屋。 □以現況交屋：□減價□買方自行修繕。 □其他________。	

項次	內　　容	備註說明
5	□有□無曾經做過輻射屋檢測；若有，請檢附檢測證明文件。 檢測結果□有□無輻射異常；若有異常之處理： □賣方改善後交屋。 □以現況交屋：□減價□買方自行改善。 □其他＿＿＿＿。	七十一年至七十三年領得使用執照之建築物，應特別留意檢測。行政院原子能委員會網站已提供「現年劑量達1毫西弗以上輻射屋查詢系統」供民眾查詢輻射屋資訊，如欲進行改善，應向行政院原子能委員會洽詢技術協助。
6	□有□無曾經做過混凝土中水溶性氯離子含量檢測（例如海砂屋檢測事項）；若有，檢測結果：＿＿＿。 □有□無超過容許值含量，若有超過之處理： □賣方修繕後交屋。 □以現況交屋：□減價□買方自行修繕。 □其他＿＿＿＿。	一、八十三年七月二十一日以前，CNS3090無訂定鋼筋混凝土中最大水溶性氯離子含量（依水溶法）容許值。 二、八十三年七月二十二至八十七年六月二十四日依建築法規申報施工勘驗之建築物，參照八十三年七月二十二日修訂公布之CNS3090檢測標準，鋼筋混凝土中最大水溶性氯離子含量（依水溶法）容許值爲0.6kg/m³。 三、八十七年六月二十五日至一百零四年一月十二日依建築法規申報施工勘驗之建築物，鋼筋混凝土中最大水溶性氯離子含量參照八十七年六月二十五日修訂公布之CNS3090檢測標準，容許值含量爲0.3kg/m³。 四、一百零四年一月十三日（含）以後依建築法規申報施工勘驗之建築物，鋼筋混凝土中最大水溶性氯離子含量參照一百零四年一月十三日修訂公布之CNS 3090檢測標準，容許值含量爲0.15 kg/m³。 五、上開檢測資料可向建築主管機關申請，不同時期之檢測標準，互有差異，買賣雙方應自行注意。

項次	內　　容	備註說明
7	本建物（專有部分）是否曾發生兇殺、自殺、一氧化碳中毒或其他非自然死亡之情事： (1)於產權持有期間□有□無曾發生上列情事。 (2)於產權持有前，賣方 □確認無上列情事。 □知道曾發生上列情事。 □不知道曾否發生上列情事。	
8	□有□無住宅用火災警報器。 □有□無其他消防設施；若有，項目：(1)__(2)__(3)__。	非屬應設置火警自動警報設備之住宅所有權人應依消防法第六條第五項規定設置及維護住宅用火災警報器。
9	自來水供水及排水系統□是□否正常；若不正常，由□買方□賣方負責修繕。	
10	現況□有□無出租或被他人占用之情形；若有， □賣方應於交屋前：□終止租約□拆除□排除 □以現況交屋 □買賣雙方另有協議＿＿＿＿。	
11	現況□有□無承租或占用他人土地之情形；若有， □賣方應於交屋前：□終止租約□拆除□排除 □以現況交屋 □買賣雙方另有協議＿＿＿＿。	
12	□是□否爲直轄市、縣（市）政府列管之山坡地住宅社區。 建築主管機關□有□無提供評估建議資料。	所有權人或其受託人可向直轄市、縣（市）政府建築主管機關申請相關評估建議資料。
13	□有□無約定專用部分；若有，詳見規約。	
14	□有□無公寓大廈規約或其他住戶應遵行事項；若有，□有□無檢附規約或其他住戶應遵行事項。	

項次	內　　容	備註說明
15	□有□無管理委員會統一管理；若有， 管理費爲□月繳新臺幣__元□季繳新臺幣__元□年繳新臺幣__元□其他________。 □有□無積欠管理費；若有，新臺幣__元。	停車位管理費以清潔費名義收取者亦同。
16	下列附屬設備 □計入建物價款中，隨同建物移轉 □不計入建物價款中，由賣方無償贈與買方 □不計入建物價款中，由賣方搬離附屬設備項目如下： □電視__台□電視櫃__件□沙發__組□茶几__件□餐桌__張□餐桌椅__張□鞋櫃__件□窗簾__組□燈飾__件□冰箱__台□洗衣機__台□書櫃__件□床組（頭）__件□衣櫃__組□梳妝台__件□書桌椅__張□置物櫃__件□電話__具□保全設施__組□微波爐__台□洗碗機__台□冷氣__台□排油煙機__台□流理台__件□瓦斯爐__台□熱水器__台□天然瓦斯□其他________。	
17	本棟建物□有□無依法設置之中繼幫浦機械室或水箱；若有，位於第__層。	
18	本棟建物樓頂平臺□有□無依法設置之行動電話基地台設施。	行動電話基地台設施之設置，應經公寓大廈管理委員會或區分所有權人會 議決議同意設置。
		賣方：________________（簽章） 買方：________________（簽章） 簽章日期：____年____月____日

附件二

承受原貸款確認書

本件買賣原設定之抵押權之債務，承受情形如下：

1. 收件字號：____年____月____日____地政事務所____登字第____號
2. 抵押權人________________。
3. 設定金額：____元整
4. 約定時買方承受本件抵押權所擔保之未償債務（本金、遲延利息）金額新臺幣____元整。
5. 承受日期____年____月____日。
6. 債務承受日期前已發生之利息、遲延利息、違約金等概由賣方負擔。
7. 買受人承受債務後是否享有優惠利率，應以買受人之資格條件爲斷。

賣方：________________（簽章）

買方：________________（簽章）

簽章日期：____年____月____日

附件三

以第三人為登記名義人聲明書

買方____向賣方____購買座落____縣（市）____鄉（鎮、市、區）____段____小段____地號等____筆土地，及其地上建物____建號，茲指定____（國民身分證統一編號____）爲登記名義人，登記名義人□同意□不同意與本契約買方所應負之債務負連帶給付責任。

買　　方：________________（簽章）

登記名義人：________________（簽章）

簽章日期：______年______月______日

附件四
按優惠稅率核課土地增值稅確認書

賣方主張按自用住宅用地優惠稅率申請核課土地增值稅。但經稅捐稽徵機關否准其申請者，賣方同意即以一般稅率開單繳納之。以上事項確認無誤。 確認人：＿＿＿＿＿＿（簽章） 簽章日期：＿＿年＿＿月＿＿日

成屋買賣契約書範本簽約注意事項

一、適用範圍

本契約書範本提供消費者、企業經營者及社會大衆買賣成屋時參考使用。

前項成屋，指領有使用執照，或於實施建築管理前建造完成之建築物。

二、買賣意義

稱買賣者，謂當事人約定一方移轉財產權於他方，他方支付價金之契約（民法第三百四十五條）。當事人就標的物及其價金互爲同意時，買賣契約即爲成立。故買受人爲支付價金之人，出賣人爲負移轉標的物之人。民間一般契約多以甲方、乙方稱呼之，爲使交易當事人直接、清楚理解自已所處之立場與權利義務關係，乃簡稱支付價金之買受人爲買方，負移轉標的物之出賣人爲賣方。

三、買賣標的

㈠由於契約書之應記載事項繁多，爲防止塡寫筆誤或疏漏，建議將土地使用分區證明書、土地、建物權狀影本（或登記簿謄本）、共有部分附表、車位種類、位置、分管協議、規約等重要文件列爲本契約之附件，視爲契約之一部分。

㈡樓頂平台、法定空地、露台等，如爲約定專用部分，宜特別註明，如有分管協議或規約者宜列爲附件。

㈢買賣雙方對於買賣標的物是否包含違章建物、冷氣、傢俱……或其他附屬設備等，時有爭執，本契約範本乃設計「建物現況確認書」，由買賣雙方互爲確認，以杜糾紛。

㈣未依法申請增、加建之建物（定著物、工作物）仍得為買賣標的；惟政府編撰之契約書範本不鼓勵違章建築物之買賣，故未於契約本文明示，而移列於「建物現況確認書」。

㈤買賣標的之價值或其通常之效用，有滅失或減少之瑕疵，除當事人有免除擔保責任之特約外，出賣人應負法律上之擔保責任，為釐清瑕疵擔保責任歸屬，關於違章建物、房屋漏水……等瑕疵，由買賣雙方於「建物現況確認書」確認之。

㈥所有權人於公寓大廈有數專有部分者，於部分移轉時（如二戶僅移轉一戶）其基地之應有部分多寡，依內政部八十五年二月五日台（八五）內地字第八五七八三九四號函規定，係由當事人自行約定，惟不得約定為「零」或「全部」。然為防止基地應有部分不足致買方申請貸款被金融機構駁回等情事，買賣雙方於訂約時應查明基地應有部分比例是否合理、相當，以維護買方權益。

㈦由於停車位之登記方式不一，故簽約時應查明停車位之產權登記方式、有無分擔基地持分等事實。

四、價款議定

㈠本契約範本例示土地、房屋分別計價，有益建立土地及房屋各自之交易價格資訊，又分開計價可使房屋再出售時，本契約書得為財產交易所得之原始取得憑證，倘僅列明買賣總價，依財政部規定，出售時，必須按公告土地現值與房屋評定現值之比例計算房屋交易價格。

㈡賣方為法人時，其建物價金應註明營業稅內含或外加。

㈢如買賣標的包含違章建築，或整幢透天厝之空地、一樓前後院空地有被占用者，雙方得預為議定其扣減之價額，俾利違章建築物於交屋前被拆除或被占用部分無法於限期交付使用時，買方得自買賣總價額中扣除減損標的物效用之價值。

五、付款約定

㈠依一般交易習慣，買方按簽約、備證、完稅、交屋四期付款；賣方則同時履行其相對義務。但契約另有約定者，從其約定。

㈡民法第二百四十九條第一款規定「契約履行時，定金應返還或作爲給付之一部」，故明定第一次款包含定金在內，以杜買賣價金是否包括定金之爭議。

㈢關於各項付款之期間或對待給付之相對條件僅爲例示性質，當事人得斟酌「同時履行」原則，按實際需要增減之。

六、貸款處理

㈠買方應衡量個人債信或先向金融機構洽辦貸款額度。

㈡買賣標的物原已設定抵押權者，買賣雙方宜於附件「買方承受原貸款確認書」簽字確認，以明責任歸屬，並提示買方應爲債務人變更等行爲，以保障其權利。

七、所有權移轉

㈠課稅標準、買賣價格攸關稅費負擔之多寡，其申報日期、申報價格等應於契約書中約定。

㈡賣方若主張享受優惠稅率，應先查明是否符合平均地權條例第四十一條及土地稅法第三十四條自用住宅用地優惠稅率等相關規定。

八、擔保責任

㈠依民法第三百四十八條至第三百六十六條規定，賣方應於產權移轉登記前排除任何權利瑕疵，確保買方完整取得產權及使用權，賣方並應擔保標的物於交付時，無任何價值、效用或保證品質上之物之瑕疵。

㈡當事人就標的物之權利瑕疵擔保及物之瑕疵擔保，得另爲約定，但其約定不得違反民法第三百六十六條及其他強制或禁止規定。

九、違約罰則

違約金數額多寡之約定，買賣雙方於簽約時，得視簽約時社會經濟及房地產景氣狀況磋商協議，並不得較內政部公告「成屋買賣定型化契約應記載及不得記載事項」規定，更不利於消費者。

十、其他約定

㈠買賣雙方履行契約之各項權利義務，如以非對話之意思表示，其意思表示，以通知到達相對人時，發生效力，惟為慎重起見宜以「存證信函」方式通知，以利到達時間之舉證及避免糾紛。

㈡如有特殊情形者，應依相關法令規定及程序處理，例如：

1. 父母處分其未成年子女之財產。
2. 法人處分財產。
3. 土地法第三十四條之一、第一百零四條、第一百零七條優先購買權。

十一、契約分存

㈠契約附件種類，諸如：權狀影本、登記簿謄本、規約、車位分管協議書等。企業經營者採用本契約範本時，應向消費者說明附件之內容及效力，經消費者充分瞭解、確認，以杜糾紛。

㈡訂約時務必詳審契約條文，由雙方簽章並寫明戶籍住址及國民身分證統一編號，以免權益受損。

十二、經紀人簽章

買賣若透過不動產經紀業辦理者，應由該經紀業指派經紀人於本契約簽章。

十三、確定訂約者之身分

簽約時應先確定簽訂人之身分為真正，例如國民身分證或駕駛執照或健保卡等身分證明文件之提示。如限制行為能力人或無行為能力人訂定契約時，應依民法相關規定。

十四、辦理本契約相關事宜

㈠辦理本契約所有權移轉等相關事宜，得由買方或賣方委託另一方辦理；或由雙方共同委託或各自委託合法地政士，代理申請土地（建物）相關稅務及登記事務之處理。

㈡買賣雙方若各自委託合法地政士辦理買賣相關事務，可藉由買賣雙方之地政士確認、監督、稽核不動產的交易流程是否合理，保障雙方當事人權利。依土地登記規則第二十六條、第二十七條、第三十六條第二項及第三十七條規定，土地登記之申請，得委託代理人爲之，且除上開規則另有規定外，應由權利人及義務人會同申請之。亦即現行法令尚無禁止買賣雙方各自委託地政士申辦土地登記等相關事項，惟買賣雙方將增加服務費用支出。

十五、個人資料之蒐集、處理及利用

賣方爲履行本契約特定目的，蒐集、處理或利用買方之個人資料，應依個人資料保護法規定辦理。如爲特定目的外之利用如行銷等，依法應經買方同意者，賣方應明確告知特定目的外之其他利用目的、範圍及同意與否對其權益之影響後，由買方單獨爲意思表示。

十六、房地合一稅

消費者購買預售屋轉成屋後再出售，依所得稅法申報房地合一稅時，該成屋之持有期間不併計預售階段，消費者如有疑義，請洽詢戶籍地國稅局。

預售屋買賣定型化契約應記載及不得記載事項

中華民國90年9月3日內政部台(90)內中地字第9083626號公告（自公告6個月後生效）行政院消費者保護委員會第80次委員會議通過

中華民國103年4月28日內政部內授中辦地字第1036650687號公告修正壹第3點、第4點、第7點（中華民國104年1月1日生效）行政院消費者保護會第23次委員會議通過

中華民國108年5月2日台內地字第1080262183號修正公告（中華民國108年11月1日生效）

中華民國108年10月31日內政部台內地字第1080265928號公告本部108年5月2日台內地字第1080262183號公告修正第11點及第19點規定之生效日期，修正自109年5月1日生效

中華民國109年4月30日內政部台內地字第1090262271號公告本部108年10月31日台內地字第1080265928號公告修正第11點及第19點規定之生效日期，修正自110年1月1日生效

中華民國109年12月25日內政部台內地字第1090147669號公告修正部分規定，並廢止108年5月2日台內地字第1080262183號公告修正之第11點規定（中華民國110年1月1日生效）行政院消費者保護會第67次會議通過

中華民國112年6月19日內政部台內地字第1120263817號公告修正應記載事項第20點、第24點之1、不得記載事項第5點（中華民國112年7月1日生效）行政院消費者保護會第81次會議通過

壹、應記載事項

一、契約審閱期

本契約於中華民國__年__月__日經買方攜回審閱__日（契約審閱期間至少五日）

買方簽章：

賣方簽章：

二、賣方對廣告之義務

賣方應確保廣告內容之眞實，本預售屋之廣告宣傳品及其所記載之建材設備表、房屋及停車位平面圖與位置示意圖，爲契約之一部分。

三、房地標示及停車位規格

㈠土地坐落：

縣（市）__鄉（鎭、市、區）__段__小段__地號等__筆土地，面積共計__平方公尺（__坪），使用分區爲都市計畫內__區（或非都市土地使用編定爲__區__用地）。

㈡房屋坐落。

同前述基地內「__」編號第__棟第__樓第__戶（共計__戶），爲主管建築機關核准__年__月__日第__號建造執照（建造執照暨核准之該戶房屋平面圖影本如附件）。

㈢停車位性質、位置、型式、編號、規格。

1. 買方購買之停車位屬□法定停車位□自行增設停車空間□獎勵增設停車空間爲□地上□地面□地下第__層□平面式□機械式□其他__，依建造執照圖說編號第__號之停車空間計__位，該停車位□有□無獨立權狀，編號第__號車位__個，其車位規格爲長__公尺，寬__公尺，高__公尺。另含車道及其他必要空間，面積共計__平方公尺（__坪），如停車空間位於共有部分且無獨立權狀者，其面積應按車位（格）數量、型式種類、車位大小、位置、使用性質或其他與停車空間有關之因素，依第二目之比例計算之（計算方式如附表所示）。（建造執照核准之該層停車空間平面圖影本如附件）。
2. 前目停車空間如位於共有部分且無獨立權狀者，應列明停車空間面積占共有部分總面積之比例。

3. 買方購買之停車位屬自行增設或獎勵增設停車位者，雙方如有另訂該種停車位買賣契約書，其有關事宜悉依該契約約定為之。

四、房地出售面積及認定標準

(一)土地面積。

買方購買「__」__戶，其土地持分面積__平方公尺（__坪），應有權利範圍為__，計算方式係以主建物面積__平方公尺（__坪）占區分所有全部主建物總面積__平方公尺（__坪）比例計算（註：如有停車位應敘明車位權利範圍或以其他明確計算方式列明），如因土地分割、合併或地籍圖重測，則依新地號、新面積辦理所有權登記。

(二)房屋面積。

本房屋面積共計__平方公尺（__坪），包含。

1. 專有部分，面積計__平方公尺（__坪）。

(1)主建物面積計__平方公尺（__坪）。

(2)附屬建物面積計__平方公尺（__坪）。包括：

□陽臺__平方公尺（__坪）。

□中華民國一百零七年一月一日前已申請建造執照者，其屋簷__平方公尺（__坪）及雨遮__平方公尺（__坪）。

2.共有部分，面積計__平方公尺（__坪）。

3.主建物面積占本房屋得登記總面積之比例__%。

(三)前二款所列面積與地政機關登記面積有誤差時，買賣雙方應依第六點規定互為找補。

五、共有部分項目、總面積及面積分配比例計算

(一)本房屋共有部分項目包含□不具獨立權狀之停車空間、門廳、□走道、□樓梯間、□電梯間、□電梯機房、□電氣室、□機械室、□管理室、□受電室、□幫浦室、□配電室、□水箱、□蓄水池、□儲藏室、□防空避難室（未兼作停車使用）、□屋頂突出物、□健身房、□

交誼室□管理維護使用空間及其他依法令應列入共有部分之項目（__）。

㈡本「__」共有部分總面積計__平方公尺（__坪）；主建物總面積計__平方公尺（__坪）。前款共有部分之權利範圍係依買受主建物面積與主建物總面積之比例而為計算（註：或以其他明確之計算方式列明），其面積係以本「__」共有部分總面積乘以該權利範圍而為計算。

六、房地面積誤差及其價款找補

㈠房屋面積以地政機關登記完竣之面積為準，部分原可依法登記之面積，倘因簽約後法令改變，致無法辦理建物所有權第一次登記時，其面積應依公寓大廈管理條例第五十六條第三項之規定計算。

㈡依第四點計算之土地面積、主建物或本房屋登記總面積如有誤差，其不足部分賣方均應全部找補；其超過部分，買方只找補百分之二為限（至多找補不超過百分之二），且雙方同意面積誤差之找補，分別以土地、主建物、附屬建物、共有部分價款，除以各該面積所得之單價（應扣除車位價款及面積），無息於交屋時結算。

㈢前款之土地面積、主建物或本房屋登記總面積如有誤差超過百分之三者，買方得解除契約。

七、契約總價

本契約總價款合計新臺幣__仟__佰__拾__萬__仟元整。

㈠土地價款：新臺幣__仟__佰__拾__萬__仟元整。

㈡房屋價款：新臺幣__仟__佰__拾__萬__仟元整。

1. 專有部分：新臺幣__仟__佰__拾__萬__仟元整。

⑴主建物部分：新臺幣__仟__佰__拾__萬__仟元整。

⑵附屬建物陽臺部分：新臺幣__仟__佰__拾__萬__仟元整（除陽臺外，其餘項目不得計入買賣價格）。

2. 共有部分：新臺幣__仟__佰__拾__萬__仟元整。

㈢車位價款：新臺幣__佰__拾__萬__仟元整。

七之一　履約擔保機制

本預售屋應辦理履約擔保，履約擔保依下列方式擇一處理。

□不動產開發信託

由建商或起造人將建案土地及興建資金信託予某金融機構或經政府許可之信託業者執行履約管理。興建資金應依工程進度專款專用。又簽定預售屋買賣契約時，賣方應提供上開信託之證明文件或影本予買方。

□價金返還之保證

本預售屋由__（金融機構）負責承作價金返還保證。

價金返還之保證費用由賣方負擔。

賣方應提供第一項之保證契約影本予買方。

□價金信託

本預售屋將價金交付信託，由__（金融機構）負責承作，設立專款專用帳戶，並由受託機構於信託存續期間，按信託契約約定辦理工程款交付、繳納各項稅費等資金控管事宜。

前項信託之受益人為賣方（即建方或合建雙方）而非買方，受託人係受託為賣方而非.買方管理信託財產。但賣方未依約定完工或交屋者，受益權歸屬於買方。

賣方應提供第一項之信託契約影本予買方。

□同業連帶擔保

本公司與依公司章程規定得對外保證之○○公司（同業同級公司）等相互連帶擔保，賣方未依約定完工或交屋者，買方可持本契約向上列公司請求完成本建案後交屋。上列公司不得為任何異議，亦不得要求任何費用或補償。

前項同業同級分級之基準，由內政部定之。

賣方應提供連帶擔保之書面影本予買方。

□公會辦理連帶保證協定

本預售屋已加入由全國或各縣市不動產開發商業同業公會辦理之連帶保證協定，賣方未依約定完工或交屋者，買方可持本契約向加入本協定之○○公司請求共同完成本建案後交屋。加入本協定之○○公司不得為任何異議，亦不得要求任何費用或補償。

賣方應提供加入前項同業聯合連帶保證協定之書面影本予買方。

八、付款條件

付款，除簽約款及開工款外，應依已完成之工程進度所定付款明細表之規定於工程完工後繳款，其每次付款間隔日數應在二十日以上。

如賣方未依工程進度定付款條件者，買方得於工程全部完工時一次支付之。

九、逾期付款之處理方式

買方如逾期達五日仍未繳清期款或已繳之票據無法兌現時，買方應加付按逾期期款部分每日萬分之二單利計算之遲延利息，於補繳期款時一併繳付賣方。

如逾期二個月或逾使用執照核發後一個月不繳期款或遲延利息，經賣方以存證信函或其他書面催繳，經送達七日內仍未繳者，雙方同意依違約之處罰規定處理。但前項情形賣方同意緩期支付者，不在此限。

十、地下層、屋頂及法定空地之使用方式及權屬

㈠地下層停車位

本契約地下層共__層，總面積__平方公尺（__坪），扣除第五點所列地下層共有部分及依法令得為區分所有之標的者外，其餘面積__平方公尺（__坪），由賣方依法令以停車位應有部分（持分）設定專用使用權予本預售屋承購戶。

㈡法定空地

本建物法定空地之所有權應登記為全體區分所有權人共有，並為區分所有權人共用。但部分區分所有權人不需使用該共有部分者，得予除外。

㈢屋頂平臺及突出物

共有部分之屋頂突出物及屋頂避難平台，不得為約定專用部分，除法令另有規定外，不得作為其他使用。

㈣法定空地、露臺、非屬避難之屋頂平臺，如有約定專用部分，應於規約草約訂定之。

十一、建材設備及其廠牌、規格

㈠施工標準悉依核准之工程圖樣與說明書及本契約附件之建材設備表施工，除經買方同意，不得以同級品之名義變更建材設備或以附件所列舉品牌以外之產品替代，但賣方能證明有不可歸責於賣方之事由，致無法供應原建材設備，且所更換之建材設備之價值、效用及品質不低於原約定之建材設備或補償價金者，不在此限。

㈡賣方保證建造本預售屋不含有損建築結構安全或有害人體安全健康之輻射鋼筋、石棉、電弧爐煉鋼爐碴（石）、未經處理之海砂等材料或其他類似物。

㈢前款石棉或電弧爐煉鋼爐碴（石）之使用，不得違反使用時主管機關所定之管理方式及許可之目的用途，但如有造成買方生命、身體及健康之損害者，仍應依法負責。

㈣賣方如有違反前三款之情形，雙方同意依違約之處罰規定處理。

十二、開工及取得使用執照期限

㈠本預售屋之建築工程應在民國__年__月__日之前開工，民國__年__月__日之前完成主建物、附屬建物及使用執照所定之必要設施，並取得使用執照。但有下列情事之一者，得順延其期間。

1. 因天災地變等不可抗力之事由，致賣方不能施工者，其停工期間。
2. 因政府法令變更或其他非可歸責於賣方之事由發生時，其影響期間。

㈡賣方如逾前款期限未開工或未取得使用執照者，每逾一日應按已繳房地價款依萬分之五單利計算遲延利息予買方。若逾期三個月仍未開工或未取得使用執照，視同賣方違約，雙方同意依違約之處罰規定處理。

十三、驗收

賣方依約完成本戶一切主建物、附屬建物之設備及領得使用執照並接通自來水、電力、於有天然瓦斯地區，並應達成瓦斯配管之可接通狀態及完成契約、廣告圖說所示之設施後，應通知買方進行驗收手續。

雙方驗收時，賣方應提供驗收單，如發現房屋有瑕疵，應載明於驗收單上，由賣方限期完成修繕；買方並有權於自備款部分保留房地總價百分之五作爲交屋保留款，於完成修繕並經雙方複驗合格後支付。

第一項接通自來水、電力之管線費及其相關費用（例如安裝配置設計費、施工費、道路開挖費、復原費及施工人員薪資等）由賣方負擔；達成天然瓦斯配管之可接通狀態之約定，除契約另有約定，並於相關銷售文件上特別標明不予配設外，其管線費及相關費用依下列方式處理。

㈠預售屋基地範圍內之天然瓦斯配管，由賣方負擔。

㈡預售屋基地範圍外銜接公用事業外管線之天然瓦斯配管，由買賣雙方議定之；未議定者，由賣方負擔。

十四、房地所有權移轉登記期限

㈠土地所有權移轉登記

土地所有權之移轉，除另有約定，依其約定者外，應於使用執照核發後四個月內備妥文件申辦有關稅費及權利移轉登記。其土地增值稅之負擔方式，依有關稅費負擔之約定辦理。

㈡房屋所有權移轉登記

房屋所有權之移轉，應於使用執照核發後四個月內備妥文件申辦有關稅費及權利移轉登記。

㈢賣方違反前二款之規定，致各項稅費增加或罰鍰（滯納金）時，賣方應全數負擔；如損及買方權益時，賣方應負損害賠償之責。

㈣賣方應於買方履行下列義務時，辦理房地所有權移轉登記：

1. 依契約約定之付款辦法，除約定之交屋保留款外，應繳清房地移轉登記前應繳之款項及逾期加付之遲延利息。

2. 提出辦理所有權移轉登記及貸款有關文件，辦理各項貸款手續，繳清各項稅費，預立各項取款或委託撥付文件，並應開立受款人爲賣方及票面上註明禁止背書轉讓，及記載擔保之債權金額及範圍之本票予賣方。

3.本款第一目、第二目之費用如以票據支付，應在登記以前全部兌現。

(五)第一款、第二款之辦理事項，由賣方指定之地政士辦理之，倘爲配合各項手續需要，需由買方加蓋印章，出具證件或繳納各項稅費時，買方應於接獲賣方或承辦地政士通知日起七日內提供，如有逾期，每逾一日應按已繳房地價款依萬分之二單利計算遲延利息予賣方，另如因買方之延誤或不協辦，致各項稅費增加或罰鍰（滯納金）時，買方應全數負擔；如損及賣方權益時，買方應負損害賠償之責。

十五、通知交屋期限

(一)賣方應於領得使用執照六個月內，通知買方進行交屋。於交屋時雙方應履行下列各目義務。

1. 賣方付清因延遲完工所應付之遲延利息於買方。

2. 賣方就契約約定之房屋瑕疵或未盡事宜，應於交屋前完成修繕。

3. 買方繳清所有之應付未付款（含交屋保留款）及完成一切交屋手續。

4. 賣方如未於領得使用執照六個月內通知買方進行交屋，每逾一日應按已繳房地價款依萬分之五單利計算遲延利息予買方。

(二)賣方應於買方辦妥交屋手續後，將土地及建物所有權狀、房屋保固服務紀錄卡、使用維護手冊、規約草約、使用執照（若數戶同一張使用執照，則日後移交管理委員會）或使用執照影本及賣方代繳稅費之收據交付買方，並發給遷入證明書，俾憑換取鎖匙，本契約則無需返還。

(三)買方應於收到交屋通知日起__日內配合辦理交屋手續，

賣方不負保管責任。但可歸責於賣方時，不在此限。

㈣買方同意於通知之交屋日起三十日後，不論已否遷入，即應負本戶水電費、瓦斯基本費，另瓦斯裝錶費用及保證金亦由買方負擔。

十六、共有部分之點交

㈠賣方應擔任本預售屋共有部分管理人，並於成立管理委員會或推選管理負責人後移交之。雙方同意自交屋日起，由買方按月繳付共有部分管理費。

㈡賣方於完成管理委員會或推選管理負責人後七日內，應會同管理委員會或推選管理負責人現場針對水電、機械設施、消防設施及各類管線進行檢測，確認其功能正常無誤後，將共用部分、約定共用部分與其附屬設施設備；設施設備使用維護手冊及廠商資料、使用執照謄本、竣工圖說、水電、機械設施、消防及管線圖說等資料，移交之。上開檢測責任由賣方負責，檢測方式，由賣方及管理委員會或管理負責人，雙方協議爲之，賣方並通知政府主管機關派員會同見證雙方已否移交。

十七、保固期限及範圍

㈠本契約房屋自買方完成交屋日起，或如有可歸責於買方之原因時自賣方通知交屋日起，除賣方能證明可歸責於買方或不可抗力因素外，結構部分（如：基礎、樑柱、承重牆壁、樓地板、屋頂、樓梯、擋土牆、雜項工作物涉及結構部分……等)負責保固十五年，固定建材及設備部分（如：門窗、粉刷、地磚……等）負責保固一年，賣方並應於交屋時出具房屋保固服務紀錄卡予買方作爲憑證。

㈡前款期限經過後，買方仍得依民法及其他法律主張權利。

十八、貸款約定

㈠第七點契約總價內之部分價款新臺幣__元整，由買方與賣方洽定之金融機構之貸款給付，由買賣雙方依約定辦妥一切貸款手續。惟買方可得較低利率或有利於買方之貸款條件時，買方有權變更貸款之金融機構，自行辦理貸款，除享有政府所舉辦之優惠貸款利率外，買方應於賣方通知辦理貸款日起二十日內辦妥對保手續，並由承貸金融機構同意將約定貸款金額撥付賣方。

㈡前款由賣方洽定辦理之貸款金額少於預定貸款金額，其差額依下列各目處理。

1. 不可歸責於雙方時之處理方式如下。

⑴差額在預定貸款金額百分之三十以內者，賣方同意以原承諾貸 款相同年限及條件由買方分期清償。

⑵差額超過原預定貸款金額百分之三十者，賣方同意依原承諾貸款之利率計算利息，縮短償還期限為__年（期間不得少於七年），由買方按月分期攤還。

⑶差額超過原預定貸款金額百分之三十者，買賣雙方得選擇前述方式辦理或解除契約。

2. 可歸責於賣方時，差額部分，賣方應依原承諾貸款相同年限及條件由買方分期清償。如賣方不能補足不足額部分，買方有權解除契約。

3. 可歸責於買方時，買方應於接獲通知之日起__天（不得少於三十天）內一次給付其差額或經賣方同意分期給付其差額。

㈢有關金融機構核撥貸款後之利息，由買方負擔。但於賣方通知之交屋日前之利息應由賣方返還買方。

十九、貸款撥付

本契約有前點貸款約定者，於產權移轉登記完竣並由金融機構設定抵押權後，除有違反第十一點第二款、第三款或其他縱經修繕仍無法達到應有使用功能之重大瑕疵外，買方不得通知金融機構終止撥付前條貸款予賣方。

二十、房地讓與或轉售條件

㈠買方於簽約後，不得將本契約讓與或轉售與第三人。但配偶、直系血 親或二親等內旁系血親間之讓與或轉售；或其他中央主管機關公告得 讓與或轉售之情形並經直轄市、縣（市）主管機關核准者，不在此限。

㈡符合前款但書規定之買方，應繳清已屆滿之各期應繳款項，並以書面通知賣方，賣方除有法令依據外，不得拒絕配合辦理。

㈢前款情形，除第一款但書之受讓人爲買方之配偶、直系血親或二親等內旁系血親，免手續費外，賣方得向買方收取本契約房地總價款萬分之 （最高以萬分之五爲限）之手續費。

二十一、地價稅、房屋稅之分擔比例

㈠地價稅以賣方通知書所載之交屋日爲準，該日期前由賣方負擔，該日期後由買方負擔，其稅期已開始而尚未開徵者，則依前一年度地價稅單所載該宗基地課稅之基本稅額，按持分比例及年度日數比例分算賣方應負擔之稅額，由買方應給付賣方之買賣尾款中扣除，俟地價稅開徵時由買方自行繳納。

㈡房屋稅以賣方通知書所載之交屋日爲準，該日期前由賣方負擔，該日期後由買方負擔，並依法定稅率及年度月份比例分算稅額。

二十二、稅費負擔之約定

㈠土地增值稅應於使用執照核發後申報，並以使用執照核發日之當年度公告現值計算增值稅，其逾三十日申報者，以提出申報日當期之公告現值計算增值稅，由賣方負擔，但買方未依第十四點規定備妥申辦文件，其增加之增值稅，由買方負擔。

㈡所有權移轉登記規費、印花稅、契稅、代辦手續費、貸款保險費及各項附加稅捐由買方負擔。但起造人爲賣方時，建物所有權第一次登記規費及代辦手續費由賣方負擔。

㈢公證費由買賣雙方各負擔二分之一。但另有約定者從其約定。

㈣應由買方繳交之稅費，買方於辦理所有權移轉登記時，應將此等費用全額預繳，並於交屋時結清，多退少補。

二十三、賣方之瑕疵擔保責任

㈠賣方保證產權清楚，絕無一物數賣、無權占有他人土地、承攬人依民法第五百十三條行使法定抵押權或設定他項權利等情事之一；如有上述情形，賣方應於本預售屋交屋日或其他約定之期日__前負責排除、塗銷之。但本契約有利於買方者，從其約定。

㈡有關本契約標的物之瑕疵擔保責任，悉依民法及其他有關法令規定辦理。

二十四、違約之處罰

㈠賣方違反「建材設備及其廠牌、規格」、「開工及取得使用執照期限」之規定者，買方得解除本契約。

㈡賣方違反「賣方之瑕疵擔保責任」之規定者，即為賣方違約，買方得依法解除契約。

㈢買方依第一款或第二款解除契約時，賣方除應將買方已繳之房地價款退還予買方，如有遲延利息應一併退還，並應同時賠償房地總價款百分之__（不得低於百分之十五）之違約金。但該賠償之金額超過已繳價款者，則以已繳價款為限。

㈣買方違反有關「付款條件及方式」之規定者，賣方得沒收依房地總價款百分之__（最高不得超過百分之十五）計算之金額。但該沒收之金額超過已繳價款者，則以已繳價款為限，買賣雙方並得解除本契約。

㈤買賣雙方當事人除依前二款之請求外，不得另行請求其他損害賠償。

二十四之一、個人資料之蒐集、處理及利用

賣方為履行本契約特定目的，蒐集、處理或利用買方之個人資料，應依個人資料保護法規定辦理。

賣方如委託第三人代為處理事務而蒐集、處理或利用買方個人資料時， 應督促並確保受託之第三人，遵照個人資料保護法規定蒐集、處理或利用 買方個人資料。

二十五、當事人及其基本資料

本契約應記載當事人及其基本資料。

㈠買方之姓名、國民身分證統一編號、戶籍地址、通訊地址、連絡電話。

㈡賣方之名稱、法定代理人、公司（或商號）統一編號、公司（或商號）地址、公司（或商號）電話。

二十六、契約及其相關附件效力

本契約自簽約日起生效，賣方應將契約正本交付予買方。

本契約之相關附件視為本契約之一部分。

貳、預售屋買賣定型化契約不得記載事項

一、不得約定廣告僅供參考。

二、出售標的不得包括未經依法領有建造執照之夾層設計或夾層空間面積。

三、不得使用未經明確定義之「使用面積」、「受益面積」、「銷售面積」等名詞。

四、不得約定買方須繳回原買賣契約書。

五、不得約定超過民法第二百零五條所定週年百分之十六利率之利息。

六、不得為其他違反法律強制或禁止規定之約定。

七、附屬建物除陽臺外，其餘項目不得約定計入買賣價格。

預售屋買賣定型化契約應記載事項履約保證機制補充規定

中華民國99年12月29日內授中辦地字第0990725747號公告

中華民國102年9月13日內授中辦地字第1026651765號公告修正第2點第3款、第4款

一、預售屋買賣定型化契約應記載事項（以下簡稱應記載事項）第七點之一第一選項，內政部同意之履約保證方式爲「不動產開發信託」，其內容係指由建商或起造人將建案土地及興建資金信託予某金融機構或經政府許可之信託業者執行履約管理。興建資金應依工程進度專款專用。又簽定預售屋買賣契約時，賣方應提供上開信託之證明文件或影本予買方。

二、應記載事項第七點之一第二選項「其他替代 履約保證方式」之「同業連帶擔保」部分補充規定如下：

㈠所謂「同業公司」指經濟部之公司登記之營業項目列有「H701010住宅及大樓開發租售業」者。

㈡所謂「分級依據」指同業公司之市占率，以設立年資、資本額及營業額區分爲以下三級：

丙級：設立滿三年，資本額新臺幣二億元以下，營業總額新臺幣二億元以下。

乙級：設立三年以上，資本額逾新臺幣二億元，未達二十億元；營業總額逾新臺幣二億元，未達二十億元。

甲級：設立六年以上，資本額新臺幣二十億元以上，營業總額新臺幣二十億元以上。

營業總額以最近三年（整年度）「營業人銷售額與稅額申報書（401）」或會計師簽證財務報表銷售額爲準，惟土地銷售金額不計入。

㈢提供擔保之同業公司資格條件

1. 被擔保及提供擔保之業者，必須爲該直轄市或縣（市）不動產開發商業同業公會會員。
2. 提供擔保者，最近五年內不得有退票及欠稅紀錄。
3. 提供擔保者，僅得擔保一個建案至取得使用執照後，始得再擔保其他建案。
4. 被擔保業者推出之個案總樓地板面積於二萬平方公尺以下時，應由丙級以上之不動產投資業擔任其預售屋履約保證之同業連帶擔保公司。
5. 被擔保者推出之個案總樓地板面積逾二萬平方公尺，未達二十萬平方公尺時，由乙級以上之不動產投資業擔任其預售屋履約保證之同業連帶擔保公司。
6. 被擔保者推出之個案總樓地板面積二十萬平方公尺以上時，由甲級不動產投資業擔任其預售屋履約保證之同業連帶擔保公司。

㈣市占率及得提供連帶擔保資格，由不動產投資業者所屬之直轄市、縣（市）不動產開發商業同業公會審核。

預售屋買賣定型化契約應記載事項第13點補充規定

中華民國103年8月5日內受中辦地字第1036651638號

一、賣方（不動產開發業）通知買方驗收時，自來水、電力均應達接通狀態，賣方不得向買方另收自來水、電力之內、外管線費用。但預售屋買賣契約訂約日在一百零三年五月二日內授中辦地字第一〇三六〇〇二二五一號函示（未含當日）前有約定費用支付者，從其約定；未有約定者，賣方不得向買方收取該項費用。上開日期以後（含當日）悉依本補充規定辦理。

二、有天然瓦斯地區之預售屋買賣，除契約另有約定，並於相關銷售文件上特別標示不予配設天然瓦斯配管外，賣方均應於房地出售範圍內，達成瓦斯配管（內線管設施）之可接通狀態，不得向買方另收內線瓦斯管線費。但預售屋買賣契約訂約日在一百零三年二月二十七日內授中辦地字第一〇三六〇三一五五三號函示（未含當日）前有約定費用支付者，從其約定；未有約定者，賣方不得向買方收取該內線管費用。上開日期以後（含當日）悉依本補充規定辦理。至銜接公用事業外線管（房地出售範圍外）之瓦斯管線費，因非屬預售屋買賣定型化契約應記載及不得記載事項壹第十三點規定範疇，宜由買賣雙方本契約自由原則議定之。

預售屋買賣契約書範本

中華民國85年2月16日內政部台（85）內地字第8573654號函頒行
中華民國103年4月28日內政部內授中辦地字第1036650686號公告修正第2條、第3條、第6條（行政院消費者保護會第23次委員會議通過）
中華民國108年5月2日內政部台內地字第 10802623801 號函修正
中華民國109年12月25日內政部台內地字第10901476695號函修正，並廢止108年5月2日內政部台內地字第10802623801號函修正之第10條規定
中華民國112年6月19日內政部台內地字第1120263817號公告修正應記載事項第20點、第24點之1、不得記載事項第5點，自112年7月1日生效。

契約審閱權
契約於中華民國　年　月　日經買方攜回審閱　日（契約審閱期間至少五日）
買方簽章：
賣方簽章：

立契約書人：買方＿＿＿＿＿賣方　　　　　茲為「＿＿＿＿＿」房地買賣事宜，雙方同意訂定本買賣契約條款如下，以資共同遵守：

第一條▲賣方對廣告之義務

賣方應確保廣告內容之眞實，本預售屋之廣告宣傳品及其所記載之建材設備表、房屋及停車位平面圖與位置示意圖，爲契約之一部分。

第二條▲房地標示及停車位規格

一、土地坐落：

縣（市）__鄉（鎭、市、區）__段__小段__地號等__筆土地，面積共計__平方公尺（__坪），使用分區爲都市計畫內__區（或非都市土地使用編定爲__區__用地）。

二、房屋坐落：

同前述基地內「__」編號第__棟第__樓第__戶（共計__戶），爲主管建築機關核准__年__月__日第__號建造執照（建造執照暨核准之該戶房屋平面圖影本如附件）。

三、停車位性質、位置、型式、編號、規格：

㈠買方購買之停車位屬□法定停車位□自行增設停車空間□獎勵增設停車空間爲□地上□地面□地下第__層□平面式□機械式□其他__，依建造 執照圖說編號第__號之停車空間計__位，該停車位□有□無獨立權狀， 編號第__號車位__個，其車位規格爲長__公尺，寬__公尺，高__公尺。另含車道及其他必要空間，面積共計__平方公尺（__坪），如停車空間位 於共有部分且無獨立權狀者，其面積應按車位（格）數量、型式種類、車 位大小、位置、使用性質或其他與停車空間有關之因素，依第二目之比 例計算之（計算方式如附表所示）。（建造執照核准之該層停車空間平面圖影本如附件）。

㈡前目停車空間如位於共有部分且無獨立權狀者，應列明停車空間面積占共有部分總面積之比例。

㈢買方購買之停車位屬自行增設或獎勵增設停車位者，雙方如有另訂該種停車位買賣契約書，其有關事宜悉依該契約約定爲之。

第三條▲房地出售面積及認定標準

一、土地面積：

買方購買「__」__戶，其土地持分面積__平方公尺（__坪），應有權利範圍爲__，計算方式係以專有部分面積__平方公尺（__坪）占區分所有全部專有部分總面積__平方公尺（__坪）比例計算（註：或以其他明確之計算方式列明），如因土地分割、合併或地籍圖重測，則依新地號、新面積辦理所有權登記。

二、房屋面積：

本房屋面積共計__平方公尺（__坪），包含：

(一)專有部分，面積計__平方公尺（__坪）。

1. 主建物面積計__平方公尺（__坪）。

2. 附屬建物面積計__平方公尺（__坪）。包括：

□陽臺 平方公尺（坪）。

□中華民國一百零七年一月一日前已申請建造執照者，其屋簷__平方公尺（__坪）及雨遮__平方公尺（__坪）。

(二)共有部分，面積計__平方公尺（__坪）。

(三)主建物面積占本房屋得登記總面積之比例__%。

三、前二款所列面積與地政機關登記面積有誤差時，買賣雙方應依第五條規定互爲找補。

第四條▲共有部分項目、總面積及面積分配比例計算

一、本房屋共有部分項目包含□不具獨立權狀之停車空間、□門廳、□走道、□ 樓梯間、□電梯間、□電梯機房、□電氣室、□機械室、□管理室、□受電室、□幫浦室、□配電室、□水箱、□蓄水池、□儲藏室、□防空避難室（未兼作停車使用）、□屋頂突出物、□健身房、□交誼室□管理維護使用空間及其他依法令應列入共有部分之項目（__）。

二、本「__」共有部分總面積計__平方公尺（__坪）；專有部分總面積計__平方公尺（__坪）。前款共有部分之權利範圍係依買受專有部分面積與專有部分總面積之比例而爲計算（註：或以其他明確之計算方式列明），其面積係以本「__」共有部分總面積乘以該權利範圍而為計算。

第五條▲房地面積誤差及其價款找補

一、房屋面積以地政機關登記完竣之面積為準，部分原可依法登記之面積，倘因簽約後法令改變，致無法辦理建物所有權第一次登記時，其面積應依公寓大廈管理條例第五十六條第三項之規定計算。

二、依第三條計算之土地面積、主建物或本房屋登記總面積如有誤差，其不足部 分賣方均應全部找補；其超過部分，買方只找補百分之二為限（至多找補不超過百分之二），且雙方同意面積誤差之找補，分別以土地、主建物、附屬建物、共有部分價款，除以各該面積所得之單價（應扣除車位價款及面積），無息於 交屋時結算。

三、前款之土地面積、主建物或本房屋登記總面積如有誤差超過百分之三者，買方得解除契約。

第六條▲契約總價

本契約總價款合計新臺幣__仟__佰__拾__萬__仟元整。

一、土地價款：新臺幣__仟__佰__拾__萬__仟元整。

二、房屋價款：新臺幣__仟__佰__拾__萬__仟元整。

㈠專有部分：新臺幣__仟__佰__拾__萬__仟元整。

1. 主建物部分：新臺幣__仟__佰__拾__萬__仟元整。
2. 附屬建物陽臺部分：新臺幣__仟__佰__拾__萬__仟元整（除陽臺外， 其餘項目不得計入買賣價格）。

㈡共有部分：新臺幣__仟__佰__拾__萬__仟元整。

三、車位價款：新臺幣__佰__拾__萬__仟元整。

第六條之一▲履約擔保機制

本預售屋應辦理履約擔保，履約擔保依下列方式擇一處理：

□不動產開發信託

由建商或起造人將建案土地及興建資金信託予某金融機構或經政府許可之信託業者執行履約管理。興建資金應依工程進度專款專用。又簽定本契約時，賣方應提供上開信託之證明文件或影本予買方。

□價金返還之保證

本預售屋由（金融機構）負責承作價金返還保證。

價金返還之保證費用由賣方負擔。

賣方應提供第一項之保證契約影本予買方。

□價金信託

本預售屋將價金交付信託，由__（金融機構）負責承作，設立專款專用帳戶，並由受託機構於信託存續期間，按信託契約約定辦理工程款交付、繳納各項稅費等資金控管事宜。

前項信託之受益人爲賣方（即建方或合建雙方）而非買方，受託人係受託爲賣方而非爲買方管理信託財產。但賣方未依約定完工或交屋者，受益權歸屬於買方。賣方應提供第一項之信託契約影本予買方。

□同業連帶擔保

本公司與依公司章程規定得對外保證之○○公司（同業同級公司）等相互連帶擔保，賣方未依約定完工或交屋者，買方可持本契約向上列公司請求完成本建案後交屋。上列公司不得爲任何異議，亦不得要求任何費用或補償。

前項同業同級分級之基準，由內政部定之。

賣方應提供連帶擔保之書面影本予買方。

□公會辦理連帶保證協定

本預售屋已加入由全國或各縣市不動產開發商業同業公會辦理之連帶保證協定，賣方未依約定完工或交屋者，買方可持本契約向加入本協定之○○公司請求共 同完成本建案後交屋。加入本協定之○○公司不得爲任何異議，亦不得要求任 何費用或補償。

賣方應提供加入前項連帶保證協定之書面影本予買方。

第七條▲付款條件

付款，除簽約款及開工款外，應依已完成之工程進度所定付款明細表之規定於工程完工後繳款，其每次付款間隔日數應在二十日以上。

如賣方未依工程進度定付款條件者，買方得於工程全部完工時一次支付之。

第八條▲逾期付款之處理方式

買方如逾期達五日仍未繳清期款或已繳之票據無法兌現時，買方應加付按逾期期款部分每日萬分之二單利計算之遲延利息，於補繳期款時一併繳付賣方。

如逾期二個月或逾使用執照核發後一個月不繳期款或遲延利息，經賣方以存證信函或其他書面催繳，經送達七日內仍未繳者，雙方同意依違約之處罰規定處理。但前項情形賣方同意緩期支付者，不在此限。

第九條▲地下層、屋頂及法定空地之使用方式及權屬

一、地下層停車位

本契約地下層共__層，總面積__平方公尺（__坪），扣除第四條所列地下層不具獨立權狀之停車空間以外之共有部分及依法令得爲區分所有之標的者，其餘面積__平方公尺（__坪），由賣方依法令以停車位應有部分（持分）設定專用使用權予本預售屋承購戶。

二、法定空地

本建物法定空地之所有權應登記爲全體區分所有權人共有，並爲區分所有權人共用。但部分區分所有權人不需使用該共有部分者，得予除外。

三、屋頂平臺及突出物

共有部分之屋頂突出物及屋頂避難平台，不得爲約定專用部分，除法令另有規定外，不得作爲其他使用。

四、法定空地、露臺、非屬避難之屋頂平臺，如有約定專用部分，應於規約草約訂定之。

第十條▲建材設備及其廠牌、規格

一、施工標準悉依核准之工程圖樣與說明書及本契約附件之建材設備表施工，除 經買方同意、不得以同級品之名義變更建材設備或以附件所列舉品牌以外之 產品替代，但賣方能證明有不可歸責於賣方之事由，致無法供應原建材設備， 且所更換之建材設備之價值、效用及品質不低於原約定之建材設備或補償價 金者，不在此限。

二、賣方建造本預售屋不得使用有損建築結構安全或有害人體安全健康之輻射鋼筋、石棉、電弧爐煉鋼爐碴(石)、未經處理之海砂等材料或其他類似物。

三、前款材料之檢測，應符合檢測時中華民國國家標準或主管機關所定之檢測規範，如有造成買方生命、身體、健康及財產之損害者，仍應依法負責。

四、賣方如有違反前三款之情形，雙方同意依違約之處罰規定處理。

第十一條▲開工及取得使用執照期限

一、本預售屋之建築工程應在民國__年__月__日之前開工，民國__年__月__日之前完成主建物、附屬建物及使用執照所定之必要設施，並取得使用執照。但有下列情事之一者，得順延其期間：

㈠因天災地變等不可抗力之事由，致賣方不能施工者，其停工期間。

㈡因政府法令變更或其他非可歸責於賣方之事由發生時，其影響期間。

二、賣方如逾前款期限未開工或未取得使用執照者，每逾一日應按已繳房地價款依萬分之五單利計算遲延利息予買方。若逾期三個月仍未開工或未取得使用執照，視同賣方違約，雙方同意依違約之處罰規定處理。

第十二條▲建築設計變更之處理

一、買方申請變更設計之範圍以室內隔間及裝修爲限，如需變更污水管線，以不影響下層樓爲原則，其他有關建築主要結構、大樓立面外觀、管道間、消防設施、公共設施等不得要求變更。

二、買方若要求室內隔間或裝修變更時，應經賣方同意於賣方指定之相當期限內爲之，並於賣方所提供之工程變更單上簽認爲準，且此項變更之要求以一次爲限。辦理變更時，買方需親自簽認，並附詳圖配合本工程辦理之，且不得有違反建管法令之規定，如須主管機關核准時，賣方應依規定申請之。

三、工程變更事項經雙方於工程變更單上簽認後，由賣方於簽認日起 日內提出追加減帳，以書面通知買方簽認。工程變更若為追加帳，買方應於追加減帳簽認日起十天內繳清工程追加款始為有效，若未如期繳清追加款，視同買方無條件取消工程變更要求，賣方得拒絕受理並按原設計施工。工程變更若為減帳，則於交屋時一次結清。若賣方無故未予結清，買方得於第十三條之交屋保留款予以扣除。雙方無法簽認時，則依原圖施工。

第十三條▲驗收

賣方依約完成本戶一切主建物、附屬建物之設備及領得使用執照並接通自來水、電力、於有天然瓦斯地區，並應達成瓦斯配管之可接通狀態及完成契約、廣告圖說所示之設施後，應通知買方進行驗收手續。

雙方驗收時，賣方應提供驗收單，如發現房屋有瑕疵，應載明於驗收單上， 由賣方限期完成修繕；買方並有權於自備款部分保留房地總價百分之五作為交屋保留款，於完成修繕並經雙方複驗合格後支付。

第一項接通自來水、電力之管線費及其相關費用(例如安裝配置設計費、施工費、道路開挖費、復原費及施工人員薪資等)由賣方負擔；達成天然瓦斯配管之可接通狀態之約定，除契約另有約定，並於相關銷售文件上特別標明不予配設外，其管線費及相關費用依下列方式處理：

一、預售屋基地範圍內之天然瓦斯配管，由賣方負擔。

二、預售屋基地範圍外銜接公用事業外管線之天然瓦斯配管，由買賣雙方議定之； 未議定者，由賣方負擔。

第十四條▲房地所有權移轉登記期限

一、土地所有權移轉登記

土地所有權之移轉，除另有約定，依其約定者外，應於使用執照核發後四個月內備妥文件申辦有關稅費及權利移轉登記。其土地增值稅之負擔方式，依有關稅費負擔之約定辦理。

二、房屋所有權移轉登記

房屋所有權之移轉，應於使用執照核發後四個月內備妥文件申辦有關稅費及權利移轉登記。

三、賣方違反前二款之規定，致各項稅費增加或罰鍰（滯納金）時，賣方應全數負擔；如損及買方權益時，賣方應負損害賠償之責。

四、賣方應於買方履行下列義務時，辦理房地所有權移轉登記：

㈠依契約約定之付款辦法，除約定之交屋保留款外，應繳清房地移轉登記前應繳之款項及逾期加付之遲延利息。

㈡提出辦理所有權移轉登記及貸款有關文件，辦理各項貸款手續，繳清各項稅費，預立各項取款或委託撥付文件，並應開立受款人爲賣方及票面上註明禁止背書轉讓，及記載擔保之債權金額及範圍之本票予賣方。

㈢本款第一目、第二目之費用如以票據支付，應在登記以前全部兌現。

五、第一款、第二款之辦理事項，由賣方指定之地政士辦理之，倘爲配合各項手續需要，需由買方加蓋印章，出具證件或繳納各項稅費時，買方應於接獲賣方或承辦地政士通知日起七日內提供，如有逾期，每逾一日應按已繳房地價款依萬分之二單利計算遲延利息予賣方，另如因買方之延誤或不協辦，致各項稅費增加或罰鍰（滯納金）時，買方應全數負擔；如損及賣方權益時，買方應負損害賠償之責。

第十五條▲通知交屋期限

一、賣方應於領得使用執照六個月內，通知買方進行交屋。於交屋時雙方應履行下列各目義務：

㈠賣方付清因延遲完工所應付之遲延利息於買方。

㈡賣方就契約約定之房屋瑕疵或未盡事宜，應於交屋前完成修繕。

㈢買方繳清所有之應付未付款（含交屋保留款）及完成一切交屋手續。

㈣賣方如未於領得使用執照六個月內通知買方進行交屋，

每逾一日應按已繳房地價款依萬分之五單利計算遲延利息予買方。

二、賣方應於買方辦妥交屋手續後，將土地及建物所有權狀、房屋保固服務紀錄卡、使用維護手冊、規約草約、使用執照（若數戶同一張使用執照，則日後移交管理委員會）或使用執照影本及賣方代繳稅費之收據交付買方，並發給遷入證明書，俾憑換取鎖匙，本契約則無需返還。

三、買方應於收到交屋通知日起__日內配合辦理交屋手續，賣方不負保管責任。但可歸責於賣方時，不在此限。

四、買方同意於通知之交屋日起三十日後，不論已否遷入，即應負本戶水電費、瓦斯基本費，另瓦斯裝錶費用及保證金亦由買方負擔。

第十六條▲共有部分之點交

一、賣方應擔任本預售屋共有部分管理人，並於成立管理委員會或推選管理負責人後移交之。雙方同意自交屋日起，由買方按月繳付共有部分管理費。

二、賣方於完成管理委員會或推選管理負責人後七日內，應會同管理委員會或推 選管理負責人現場針對水電、機械設施、消防設施及各類管線進行檢測，確 認其功能正常無誤後，將共用部分、約定共用部分與其附屬設施設備；設施 設備使用維護手冊及廠商資料、使用執照謄本、竣工圖說、水電、機械設施、消防及管線圖說等資料，移交之。上開檢測責任由賣方負責，檢測方式，由賣方及管理委員會或管理負責人，雙方協議為之，賣方並通知政府主管機關 派員會同見證雙方已否移交。

第十七條▲保固期限及範圍

一、本契約房屋自買方完成交屋日起，或如有可歸責於買方之原因時自賣方通知交屋日起，除賣方能證明可歸責於買方或不可抗力因素外，結構部分（如：基礎、樑柱、承重牆壁、樓地板、屋頂、樓梯、擋土牆、雜項工作物涉及結構部分……等）負責保固十五年，固定建材及設備部分（如：門窗、粉刷、地磚……等）負責保固一年，賣方並應於交屋時出具房屋保固服務紀錄卡予買方作為憑證。

二、前款期限經過後，買方仍得依民法及其他法律主張權利。

第十八條▲貸款約定

一、第六條契約總價內之部分價款新臺幣__元整，由買方與賣方洽定之金融機構之貸款給付，由買賣雙方依約定辦妥一切貸款手續。惟買方可得較低利率或有利於買方之貸款條件時，買方有權變更貸款之金融機構，自行辦理貸款， 除享有政府所舉辦之優惠貸款利率外，買方應於賣方通知辦理貸款日起二十日內辦妥對保手續，並由承貸金融機構同意將約定貸款金額撥付賣方。

二、前款由賣方洽定辦理之貸款金額少於預定貸款金額，其差額依下列各目處理：

㈠不可歸責於雙方時之處理方式如下：

1. 差額在預定貸款金額百分之三十以內部分，賣方同意以原承諾貸款相同年限及條件由買方分期清償。
2. 差額超過原預定貸款金額百分之三十部分，賣方同意依原承諾貸款之利率，計算利息，縮短償還期限為__年（期間不得少於七年）由買方按月分期攤還。
3. 差額超過原預定貸款金額百分之三十者，買賣雙方得選擇前述方式辦理或解除契約。

㈡可歸責於賣方時，差額部分，賣方應依原承諾貸款相同年限及條件由買方分期清償。如賣方不能補足不足額部分，買方有權解除契約。

㈢可歸責於買方時，買方應於接獲通知之日起__天（不得少於三十天）內一次給付其差額或經賣方同意分期給付其差額。

三、有關金融機構核撥貸款後之利息，由買方負擔。但於賣方通知之交屋日前之利息應由賣方返還買方。

第十九條▲貸款撥付

本契約有前條貸款約定者，於產權移轉登記完竣並由金融機構設定抵押權後， 除有違反第十條第二款、第三款或其他縱經修繕仍無法達到應有使用功能之重大瑕 疵外，買方不得通知金融機構終止撥付前條貸款予賣方。

第二十條▲房地讓與或轉售條件

一、買方於簽約後，不得將本契約讓與或轉售與第三人。但配偶、直系血親或二親等內旁系血親間之讓與或轉售；或其他中央主管機關公告得讓與或轉售之情形並經直轄市、縣（市）主管機關核准者，不在此限。

二、符合前款但書規定之買方，應繳清已屆滿之各期應繳款項，並以書面通知賣方，賣方除有法令依據外，不得拒絕配合辦理。

三、前款情形，除第一款但書之受讓人爲買方之配偶、直系血親或二親等內旁系血親，免手續費外，賣方得向買方收取本契約房地總價款萬分之__（最高以萬分之五爲限）之手續費。

第二十一條▲地價稅、房屋稅之分擔比例

一、地價稅以賣方通知書所載之交屋日爲準，該日期前由賣方負擔，該日期後由買方負擔，其稅期已開始而尚未開徵者，則依前一年度地價稅單所載該宗基地課稅之基本稅額，按持分比例及年度日數比例分算賣方應負擔之稅額，由買方應給付賣方之買賣尾款中扣除，俟地價稅開徵時由買方自行繳納。

二、房屋稅以賣方通知書所載之交屋日爲準，該日期前由賣方負擔，該日期後由買方負擔，並依法定稅率及年度月份比例分算稅額。

第二十二條▲稅費負擔之約定

一、土地增值稅應於使用執照核發後申報，並以使用執照核發日之當年度公告現 值計算增值稅，其逾三十日申報者，以提出申報日當期之公告現值計算增值 稅，由賣方負擔，但買方未依第十四條規定備妥申辦文件，其增加之增值稅， 由買方負擔。

二、所有權移轉登記規費、印花稅、契稅、代辦手續費、貸款保險費及各項附加稅捐由買方負擔。但起造人為賣方時，建物所有權第一次登記規費及代辦手續費由賣方負擔。

三、公證費由買賣雙方各負擔二分之一。但另有約定者從其約定。

四、應由買方繳交之稅費，買方於辦理所有權移轉登記時，應將此等費用全額預繳，並於交屋時結清，多退少補。

第二十三條▲賣方之瑕疵擔保責任

一、賣方保證產權清楚，絕無一物數賣、無權占有他人土地、承攬人依民法第五百十三條行使法定抵押權或設定他項權利等情事之一；如有上述情形，賣方應於本預售屋交屋日或其他約定之期日__前負責排除、塗銷之。但本契約有利於買方者，從其約定。

二、有關本契約標的物之瑕疵擔保責任，悉依民法及其他有關法令規定辦理。

第二十四條▲不可抗力因素之處理

如因天災、地變、政府法令變更或不可抗力之事由，致本契約房屋不能繼續興建時，雙方同意解約。解約時賣方應將所收價款按法定利息計算退還買方。

第二十五條▲違約之處罰

一、賣方違反「建材設備及其廠牌、規格」、「開工及取得使用執照期限」之規定者， 買方得解除本契約。

二、賣方違反「賣方之瑕疵擔保責任」之規定者，即為賣方違約，買方得依法解除契約。

三、買方依第一款或第二款解除契約時，賣方除應將買方已繳之房地價款退還予買方，如有遲延利息應一併退還，並應同時賠償房地總價款百分之__（不得低於百分之十五）之違約金。但該賠償之金額超過已繳價款者，則以已繳價款為限。

四、買方違反有關「付款條件及方式」之規定者，賣方得沒收依房地總價款百分之__（最高不得超過百分之十五）

計算之金額。但該沒收之金額超過已繳價款者，則以已繳價款為限，買賣雙方並得解除本契約。

五、買賣雙方當事人除依前二款之請求外，不得另行請求其他損害賠償。

第二十六條▲個人資料之蒐集、處理及利用

賣方為履行本契約特定目的，蒐集、處理或利用買方之個人資料，應依個人資料保護法規定辦理。

賣方如委託第三人代為處理事務而蒐集、處理或利用買方個人資料時，應督促並確保受託之第三人，遵照個人資料保護法規定蒐集、處理或利用買方個人資料。

第二十七條▲疑義之處理

本契約各條款如有疑義時，應依消費者保護法第十一條第二項規定，為有利於買方之解釋。

第二十八條▲合意管轄法院

因本契約發生之消費訴訟，雙方同意以房地所在地之地方法院為第一審管轄法院。

第二十九條▲附件效力及契約分存

本契約自簽約日起生效，賣方應將契約正本交付予買方。本契約之相關附件視為本契約之一部分。

第三十條▲未盡事宜之處置

本契約如有未盡事宜，依民法等相關法令規定辦理，並本於平等互惠與誠實信用原則公平處理。

附件：

一、建造執照暨核准之房屋平面圖影本乙份。

二、停車空間平面圖影本乙份。

三、付款明細表乙份。

四、建材設備表乙份。

五、申請建造執照所附之規約草約。

立契約書人

買方（姓名或公司名稱）：

國民身分證統一編號：

戶籍地址：

通訊地址： 連絡電話：

賣方（姓名或公司名稱）：

法定代理人：

公司（或商號）統一編號：

公司（或商號）地址：

公司（或商號）電話：

不動產經紀業：

名稱：（公司或商號）

公司（或商號）統一編號：

負責人：

國民身分證統一編號：

公司（或商號）地址：

公司（或商號）電話：

不動產經紀人：（簽章）

國民身分證統一編號：

電話：

地址：

中華民國　　年　　月　　日

預售屋買賣契約書範本簽約注意事項

一、適用範圍

本契約書範本提供消費者、企業經營者及社會大衆買賣預售屋時參考使用。前項預售屋，指領有建造執照尙未建造完成而以將來完成之建築物爲交易標的之物。

二、契約審閱

關於契約審閱，按預售屋買賣契約屬消費者契約之一種，買賣雙方對於契約 內容之主客觀認知頗有差異，是以不動產開發業者所提供之定型化契約應給予消 費者合理期間以瞭解契約條款之內容，此於消費者保護法第十一條之一已有明訂。另外，參照「公平交易委員會對於預售屋銷售行爲案件之處理原則」第四點規 定，不動產開發業者或不動產經紀業者銷售預售屋時，有下列限制購屋人契約審 閱之顯失公平行爲，且足以影響交易秩序者，將違反公平交易法第二十五條規定：

㈠要求購屋人須給付定金或一定費用始提供預售屋買賣契約書攜回審閱。

㈡簽約前未提供購屋人至少五日審閱期。但經購屋人已充分審閱契約並同意縮短期限者，不在此限。

前項第一款預售屋買賣契約書得以樣本、影本及足以呈現內容之光碟或其他電子媒體之形式提供之。

三、廣告效力

第一條廣告效力中之建材設備表、房屋平面圖與位置示意圖係指廣告宣傳品所記載者，至房屋平面圖及建材設備表則指賣方提供之定型化契約所附之附件。

四、土地使用分區部分

第二條房地標示第一款土地坐落部分，依法令規定，如屬都市計畫內住宅區者，係供住宅居住使用；如屬非都市土地編定爲甲種建築用地者，係供農業區內建築使用；如屬非都市土地編定爲乙種建築用地者，係供鄉村區內建築使用，如屬非都市土地編定爲丙種建築用地者，係供森林區、山坡地保育區及風景區內建築使用；如屬非都市土地編定爲丁種建築用地者，係供工廠及有關工業設施建築使用（即一般所稱之工業住宅）。

五、車位部位

㈠第二條房地標示第三款車位部分，若勾選自行增設停車位或獎勵增設停車位且可作爲獨立產權登記者，宜另訂預售停車位買賣契約書，其有關事宜悉依該契約約定爲之。

㈡本契約範本有關停車位部分，適用於不具獨立權狀之停車位。

六、屋簷、雨遮測繪登記規定

一百零七年一月一日前已送件申請建造執照者，其屋簷、雨遮仍得依一百零六年一月九日修正前之地籍測量實施規則第二百七十三條規定辦理測繪及登記。

七、第四條共有部分項目、總面積及面積分配比例計算

㈠本房屋共有部分之項目，乃屬例示性質，應依房屋買賣個案之實際情況於契約中列舉共有部分項目名稱。

㈡第二款本房屋共有部分面積之分配比例計算，係依買受專有部分面積與專有部分總面積之比例而為計算或以其他明確之計算方式列明。故本房屋共有部分面積計算，係以上述分配比例乘以本建案共有部分總面積。

㈢參照「公平交易委員會對於預售屋銷售行為案件之處理原則」第三點第三款、第四款規定，不動產開發業者或不動產經紀業者銷售預售屋時，未以書面提 供下列重要交易資訊予購屋人審閱，構成顯失公平行為，且足以影響交易秩 序者，將違反公平交易法第二十五條規定：

1. 銷售時最近一次建管機關核准之各戶持分總表（應足以顯示全區各戶之主建物、附屬建物與共有部分之面積及共有部分之分攤比例）。
2. 預售屋買賣契約書（應含共有部分之項目、面積或比例分攤之計算方式）。

㈣依內政部一百零五年一月二十二日台內地字第一〇五一三〇〇八二二號令意旨，區分所有建物共有部分之區分，應與依據公寓大廈管理條例第五十六條第一項規定檢附之專共用圖說及規約草約內容相符；如該圖說標示未區分全部區分所有權人共有及一部分區分所有權人共有之範圍，則該區分所有建物共有部分應編列為一個建號，由全部區分所有權人共有。

八、交屋保留款之付款規定

本契約範本附件付款明細表所訂自備款之各期期款，賣方應依已完成之工程進度訂定之。房地總價之百分之五交屋保留款訂於最後一期（交屋時），但賣方未依已完成之工程進度定付款明細者，買方得於工程全部完工時一次支付

之。

九、輻射鋼筋及未經處理海砂之檢測

㈠第十條第二款有關本預售屋之材料不含輻射鋼筋之檢測，請洽詢行政院原子能委員會。

㈡同款有關本預售屋之材料不含未經處理海砂之檢測，消費者除可請賣方提供 相關檢測報告外，亦可攜帶600公克結構物之混凝土塊或50至100公克之砂樣， 逕向取得財團法人全國認證基金會（TAF）認證之測試實驗室委託檢驗（檢驗費用由委託者負擔），並得向當地主管建築機關洽詢。

十、有關擅自變更設計之責任

第十二條第二款之室內隔間或裝修變更，如有違建築法令或未經主管機關核准時，將有導致保固請求權喪失及損及鄰近房屋之損害賠償之虞。

十一、規約草約

第九條第四款、第十五條第二款之規約草約，經買方簽署同意後，於區分所有權人會議訂定規約前，視同規約。

十二、買方自行辦理貸款之規定

買方如欲自行辦理貸款，除於訂約時明示自行辦理外，並預立貸款撥款委託書予賣方，賣方則須配合買方貸款需要提供房地權狀或配合辦理貸款手續， 賣方如因而增加之費用支出得向買方求償。

十三、優惠貸款之類別

第十九條第一款所稱政府所舉辦之優惠貸款係指國民住宅貸款、公教人員貸款及勞工貸款等。

十四、房地讓與或轉售條件

關於第二十條房地讓與或轉售條件，按預售屋賣方會同買方辦理房地轉售時，需說明契約內容及提供相關資料，俾辦理契約簽訂等其他相關事宜，其所 需成本得准收手續費。故本範本爰例示約定手續費爲房地總價款最高萬分之五，以供參考。

十五、違約金之約定

違約金數額多寡之約定，買賣雙方於簽約時，得視簽約時社會經濟及房地產景氣狀況磋商協議，並不得較內政部公告「預售屋買賣定型化契約應記載及不得記載事項」規定，更不利於消費者。

十六、消費爭議之申訴與調解

㈠因本契約發生之消費爭議，雙方得選擇利用訴訟外紛爭處理方式：

1. 依消費者保護法第四十三條及第四十四條規定，消費者得向企業經營者、消費者保護團體或消費者服務中心申訴；未獲妥適處理時，得向直轄市 或縣（市）政府消費者保護官申訴；消費者申訴未獲妥適處理時得向直轄市或縣（市）消費爭議調解委員會申請調解。
2. 依鄉鎮市調解條例規定，向鄉、鎮、市、區調解委員會聲請調解。
3. 依民事訴訟法第四百零三條及第四百零四條規定，向法院聲請調解。
4. 依仲裁法規定，向仲裁機構聲請調解，或另行訂立仲裁協議後向仲裁機構聲請仲裁。

㈡消費爭議調解委員會、鄉、鎮、市、區調解委員會調解成立之調解書經法院核定後與民事確定判決有同一效力；仲裁人作成之調解書，與仲裁判斷有同一效力；仲裁判斷，於當事人間，與法院之確定判決，有同一效力。

㈢訴訟外紛爭處理方式相關網址：

1. 行政院消費者保護會申訴及調解系統：https://appeal.cpc.ey.gov.tw/WWW/Default.aspx/
2. 司法院訴訟外紛爭解決機構查詢平台：http://adrmap.judicial.gov.tw/

十七、消費者保護法對消費者權益之保障

本預售屋買賣契約所訂之條款，均不影響買方依消費者保護法規定之權利。

十八、經紀業及經紀人員之責任

預售屋買賣，若透過不動產經紀業務之公司（或商號）居間或代理者，應由該公司（或商號）指派經紀人員於本契約簽章及解說等事宜。

十九、個人資料之蒐集、處理及利用

賣方爲履行本契約特定目的，蒐集、處理或利用買方之個人資料，應依個人 資料保護法規定辦理。如爲特定目的外之利用如行銷等，依法應經買方同意者， 賣方應明確告知特定目的外之其他利用目的、範圍及同意與否對其權益之影響後， 由買方單獨爲意思表示。

二十、房地合一稅

消費者購買預售屋轉成屋後再出售，依所得稅法申報房地合一稅時，該成屋之持有期間不併計預售階段，消費者如有疑義，請洽詢戶籍地國稅局。

預售屋買賣契約書範本履約保證機制補充規定

中華民國99年12月29日內授中辦地字第0990725745號公告
中華民國102年9月13日內授中辦地字第1026651767號公告修正第2點第3款、第4款

一、預售屋買賣契約書範本（以下簡稱範本）第六條之一第一選項，內政部同意之履約保證方式爲「不動產開發信託」，其內容係指由建商或起造人將建案土地及興建資金信託予某金融機構或經政府許可之信託業者執行履約管理。興建資金應依工程進度專款專用。又簽定預售屋買賣契約時，賣方應提供上開信託之證明文件或影本予買方。

二、範本第六條之一第二選項「其他替代性履約保證方式」之

「同業連帶擔保」部分補充規定如下：

㈠所謂「同業公司」指經濟部之公司登記之營業項目列有「H701010住宅及大樓開發租售業」者。

㈡所謂「分級依據」指同業公司之市占率，以設立年資、資本額及營業額區分為以下三級：

丙級：設立滿三年，資本額新臺幣二億元以下，營業總額新臺幣二億元以下。

乙級：設立三年以上，資本額逾新臺幣二億元，未達二十億元；營業總額逾新臺幣二億元，未達二十億元。

甲級：設立六年以上，資本額新臺幣二十億元以上，營業總額新臺幣二十億元以上。

營業總額以最近三年（整年度）「營業人銷售額與稅額申報書（401）」或會計師簽證財務報表銷售額為準，惟土地銷售金額不計入。

㈢提供擔保之同業公司資格條件

1. 被擔保及提供擔保之業者，必須為該直轄市或縣（市）不動產開發商業同業公會會員。
2. 提供擔保者，最近五年內不得有退票及欠稅紀錄。
3. 提供擔保者，僅得擔保一個建案至取得使用執照後，始得再擔保其他建案。
4. 被擔保業者推出之個案總樓地板面積於二萬平方公尺以下時，應由丙級以上之不動產投資業擔任其預售屋履約保證之同業連帶擔保公司。
5. 被擔保者推出之個案總樓地板面積逾二萬平方公尺，未達二十萬平方公尺時，由乙級以上之不動產投資業擔任其預售屋履約保證之同業連帶擔保公司。
6. 被擔保者推出之個案總樓地板面積二十萬平方公尺以上時，由甲級不動產投資業擔任其預售屋履約保證之同業連帶擔保公司。

㈣市占率及得提供連帶擔保資格，由不動產投資業者所屬之直轄市、縣（市）不動產開發商業同業公會審核。

預售停車位買賣定型化契約應記載及不得記載事項

中華民國95年1月23日內授中辦地字第0950724727號公告（自公告6個月後生效）行政院消費者保護委員會第129次委員會議通過
中華民國101年1月3日內授中辦地字第1000726257號公告修正（中華民國101年7月1日生效）行政院消費者保護委員會第192次委員會議通過

壹、應記載事項

一、契約審閱期

本契約於中華民國____年____月____日經買方攜回審閱____日（契約審閱期間至少五日）

買方簽章：

賣方簽章：

二、賣方對於廣告之義務

賣方應確保廣告內容之眞實，本預售停車位之廣告宣傳品及其所記載之建材設備表、停車位平面圖與位置示意圖，爲契約之一部分。

三、買賣標示及停車位規格

(一)停車位基地座落

____縣（市）____鄉（鎭、市、區）____段____小段____地號等____筆土地，使用分區爲都市計畫內__區（或非都市土地使用編定爲____區____用地）。

㈡停車位面積之權利範圍

停車位面積____平方公尺、買賣權利範圍____。（全部車位加總之面積，應等於全部停車場部分主建物面積。）

㈢基地持分

土地面積____平方公尺（____坪），應有權利範圍____，持分計算方式係以非停車位之專有部分面積____平方公尺（____坪）及停車位（格）面積（機械車位則以其垂直投影面積為準）之總和為分母，個別車位（格）面積為分子計算應分攤之基地持分比例（註：或以其他明確計算方式列明）。

㈣停車位性質、位置、型式、規格、編號

買方購買之停車位屬□停車塔□自行增設停車空間□獎勵增設停車空間為□地上□地面□地下第__層□平面式□機械式□其他__，依建造執照圖說編號第__號之停車空間計__位。其規格為長____公尺，寬__公尺，高__公尺。

㈤停車位平面圖及建造執照

本停車位以主管建築機關核准之停車空間平面圖為準（影本如附件一），建造執照為主管建築機關______年______月______日______字第______號。

四、停車位數量及價款

本契約總價款合計新臺幣____千____百____十____萬元整。

本契約停車位數量為______位，個別價款如下：

編　號	土地價款(新台幣／元)	建物價款(新台幣／元)	合計價款(新台幣／元)
第　號	百　十　萬元整	百　十　萬元整	百　十　萬元整
第　號	百　十　萬元整	百　十　萬元整	百　十　萬元整
第　號	百　十　萬元整	百　十　萬元整	百　十　萬元整
第　號	百　十　萬元整	百　十　萬元整	百　十　萬元整

五、付款條件

付款，除簽約款及開工款外，應依已完成之工程進度所定付款明細表之規定於工程完工後繳款，其每次付款間隔日數應在二十日以上。

如賣方未依工程進度定付款條件者，買方得於工程全部完工時一次支付之。

六、逾期付款之處理方式

買方如逾期達五日仍未繳清期款或已繳之票據無法兌現時，買方應加付按逾期期款部分每日萬分之二單利計算之遲延利息，於補繳期款時一併繳付賣方。

如逾期二個月或逾使用執照核發後一個月不繳期款或遲延利息，經賣方以存證信函或其他書面催繳，經送達七日內仍未繳者，雙方同意依違約之處罰規定處理。但前項情形賣方同意緩期支付者，不在此限。

七、主要建材及其廠牌、規格

㈠施工標準悉依核准之工程圖樣與說明書及本契約附件之建材設備表施工，除經買方同意、不得以同級品之名義變更建材設備或以附件所列舉品牌以外之產品替代。但賣方能證明有不可歸責於賣方之事由，致無法供應原建材設備，且所更換之建材設備之價值、效用及品質不低於原約定之建材設備或補償價金者，不在此限。

㈡賣方保證建造本預售停車位不含有損建築結構安全或有害人體安全健康之輻射鋼筋、石綿、未經處理之海砂等材料或其他類似物。

㈢前款建築材料或其他類似物之使用，如有造成買方生命、身體及健康之損害者，買方除依第二十點解除契約外，並得請求賠償，不受第二十點第五款限制。

㈣賣方如有違反前三款之情形，雙方同意依違約之處罰規定處理。

八、開工及取得使用執照期限

㈠賣方應提供預售停車位種類及所有權登記說明書（如附件）予買方，並就說明書內各項詳實填註，如有虛偽不實，由賣方負法律責任。

㈡本預售停車位之建築工程應在民國__年__月__日之前開

工，民國__年__月__日之前完成使用執照所定之必要設施，並取得使用執照。但有下列情事之一者，得順延其期間：

1. 因天災地變等不可抗力之事由，致賣方不能施工者，其停工期間。
2. 因政府法令變更或其他非可歸責於賣方之事由發生時，其影響期間。

㈢賣方如逾前款期限未開工或未取得使用執照者，每逾一日應按已繳停車位價款依萬分之五單利計算遲延利息予買方。若逾期三個月仍未開工或未取得使用執照，視同賣方違約，雙方同意依違約之處罰規定處理。

九、驗收

賣方依約完成預售停車位必要設施及領得使用執照後，應通知買方進行驗收手續。

雙方驗收時，賣方應提供驗收單，如發現停車位有瑕疵，應載明於驗收單上，由賣方限期完成修繕；買方並有權於自備款部分保留停車位總價百分之五作為點交保留款，於完成修繕並經雙方複驗合格後支付。

十、停車位所有權移轉登記期限

㈠土地所有權移轉登記

土地所有權之移轉，除另有約定，依其約定者外，應於使用執照核發後四個月內備妥文件申辦有關稅費及所有權移轉登記。其土地增值稅之負擔方式，依有關稅費負擔之約定辦理。

㈡建物所有權移轉登記

建物所有權之移轉，應於使用執照核發後四個月內備妥文件申辦有關稅費及所有權移轉登記。

㈢賣方違反前二款之規定，致各項稅費增加或罰鍰（滯納金）時，賣方應全數負擔；如損及買方權益時，賣方應負損害賠償之責。

㈣賣方應於買方履行下列義務時，辦理停車位所有權移轉登記：

1. 依契約約定之付款辦法，除約定之點交保留款外，應繳清停車位移轉登記前應繳之款項及逾期加付之遲延利息。
2. 提出辦理所有權移轉登記及貸款有關文件，辦理各項貸款手續，繳清各項稅費，預立各項取款或委託撥付文件，並應開立受款人為賣方及票面上註明禁止背書轉讓，及記載擔保之債權金額及範圍之本票予賣方。
3. 本款第一目、第二目之費用如以票據支付，應在登記以前全部兌現。

㈤第一款、第二款之辦理事項，由賣方指定之地政士辦理之，倘為配合各項手續需要，需由買方加蓋印章，出具證件或繳納各項稅費時，買方應於接獲賣方或承辦地政士通知日起七日內提供，如有逾期，每逾一日應按已繳停車位價款依萬分之二單利計算遲延利息予賣方，另如因買方之延誤或不協辦，致各項稅費增加或罰鍰（滯納金）時，買方應全數負擔；如損及賣方權益時，買方應負損害賠償之責。

十一、通知點交期限

㈠賣方應於領得使用執照六個月內，通知買方進行點交。於點交時雙方應履行下列各目義務：
1. 賣方付清因延遲完工所應付之遲延利息於買方。
2. 賣方就契約約定之停車位瑕疵或未盡事宜，應於點交前完成修繕。
3. 買方繳清所有之應付未付款（含點交保留款）及完成一切點交手續。
4. 賣方如未於領得使用執照六個月內通知買方進行點交，每逾一日應按已繳停車位價款依萬分之五單利計算遲延利息予買方。

㈡賣方應於買方辦妥點交停車位手續後，將土地及建物所有權狀、保固服務紀錄卡、規約草約、停車場管理規章、使用執照（若數戶同一張使用執照，則日後移交管理委員會）或使用執照影本及賣方代繳稅費之收據交付買方，本契約則無需返還。

㈢買方應於收到點交通知日起__日內配合辦理點交停車位手續，賣方不負保管責任。但可歸責於賣方時，不在此限。

㈣買方同意於通知之點交日起三十日後，不論已否使用，即應負本停車位水電及管理費等。

十二、保固期限及範圍

㈠本契約停車位自買方完成點交停車位日起，或如有可歸責於買方之原因時自賣方通知點交日起，除賣方能證明可歸責於買方或不可抗力因素外，結構部分（如：樑柱、樓梯、擋土牆、雜項工作……等）負責保固十五年，機械設備及固定建材部分負責保固三年，賣方並應於點交停車位時出具停車位保固服務紀錄卡予買方作為憑證。

㈡前款期限經過後，買方仍得依民法及其他法律主張權利。

十三、貸款約定

㈠停車位總價內之部分價款新臺幣__元整，由買方與賣方洽定之金融機構之貸款給付，由買賣雙方依約定辦妥一切貸款手續。惟買方可得較低利率或有利於買方之貸款條件時，買方有權變更貸款之金融機構，自行辦理貸款，除享有政府所舉辦之優惠貸款利率外，買方應於賣方通知辦理貸款日起二十日內辦妥對保手續，並由承貸金融機構同意將約定貸款金額撥付賣方。

㈡前款由賣方洽定辦理之貸款金額少於預定貸款金額，其差額依下列各目處理：

1. 不可歸責於雙方時之處理方式如下：

⑴差額在預定貸款金額百分之三十以內部分，賣方同意以原承諾貸款相同年限及條件由買方分期清償。

⑵差額超過原預定貸款金額百分之三十部分，賣方同意依原承諾貸款之利率，計算利息，縮短償還期限為__年（期間不得少於七年）由買方按月分期攤還。

⑶差額超過原預定貸款金額百分之三十者，買賣雙方得選擇前述方式辦理或解除契約。

2. 可歸責於賣方時，差額部分，賣方應依原承諾貸款相同年限及條件由買方分期清償。如賣方不能補足不足額部分，買方有權解除契約。

3. 可歸責於買方時，買方應於接獲通知之日起__天（不得少於三十天）內一次給付其差額或經賣方同意分期給付其差額。

㈢有關金融機構核撥貸款後之利息，由買方負擔。但於賣方通知之點交停車位日前之利息應由賣方返還買方。

十四、貸款撥付

買賣契約如訂有點交停車位保留款者，於所有權移轉登記完竣並由金融機構設定抵押權後，除有輻射鋼筋、未經處理之海砂或其他縱經修繕仍無法達到應有使用功能之重大瑕疵外，買方不得通知金融機構終止撥付前條貸款予賣方。

十五、停車位轉讓條件

㈠買方繳清已屆滿之各期應繳款項者，於本契約停車位所有權移轉登記完成前，如欲將本契約轉讓他人時，必須事先以書面徵求賣方同意，賣方非有正當理由不得拒絕。

㈡前款之轉讓，除配偶、直系血親間之轉讓免手續費外，賣方得向買方收取本契約停車位總價款千分之____（最高以千分之一爲限）之手續費。

十六、地價稅、房屋稅之分擔比例

㈠地價稅以賣方通知書所載之點交日爲準，該日期前由賣方負擔，該日期後由買方負擔，其稅期已開始而尚未開徵者，則依前一年度地價稅單所載該宗基地課稅之基本稅額，按持分比例及年度日數比例分算賣方應負擔之稅額，由買方應給付賣方之買賣尾款中扣除，俟地價稅開徵時由買方自行繳納。

㈡房屋稅以賣方通知書所載之點交日爲準，該日期前由賣方負擔，該日期後由買方負擔，並依法定稅率及年度月份比例分算稅額。

十七、稅費負擔之約定

㈠土地增值稅應於使用執照核發後申報，並以使用執照核發日之當年度公告現值計算增值稅，其逾三十日申報者，以提出申報日當期之公告現值計算增值稅，由賣方負擔，但買方未依第九條規定備妥申辦文件，其增加之增值稅，由買方負擔。

㈡所有權移轉登記規費、印花稅、契稅、代辦手續費、貸款保險費及各項附加稅捐由買方負擔。但起造人為賣方時，建物所有權第一次登記規費及代辦手續費由賣方負擔。

㈢公證費由買賣雙方各負擔二分之一。但另有約定者從其約定。

㈣應由買方繳交之稅費，買方應於辦理所有權移轉登記時，應將此等費用全額預繳，並於點交時結清，多退少補。

十八、規格誤差之處理

停車位竣工規格之尺寸產生誤差，買方得就減少部分請求減少價金。

雙方未達成前項協議者，買方得主張解除契約，但依情形，解除契約顯失公平者，買方僅得請求減少價金。

十九、賣方之瑕疵擔保責任

㈠賣方保證產權清楚，絕無一物數賣、無權占有他人土地、承攬人依民法第五百十三條行使法定抵押權或設定他項權利等情事之一；如有上述情形，賣方應於本停車位點交日或其他約定之期日__前負責排除、塗銷之。但本契約有利於買方者，從其約定。

㈡有關本契約標的物之瑕疵擔保責任，悉依民法及其他有關法令規定辦理。

二十、違約之處罰

㈠賣方違反「主要建材及其廠牌、規格」、「開工及取得使用執照期限」之規定者，買方得解除本契約。

㈡賣方違反「賣方之瑕疵擔保責任」之規定者，即為賣方違約，買方得依法解除契約。

㈢買方依第一款或第二款解除契約時，賣方除應將買方已繳之停車位價款退還予買方，如有遲延利息應一併退還，並應同時賠償停車位總價款百分之__（不得低於百分之十五）之違約金。但該賠償之金額超過已繳價款者，則以已繳價款爲限。

㈣買方違反有關「付款條件」之規定者，賣方得沒收依停車位總價款百分之__（最高不得超過百分之十五）計算之金額。但該沒收之金額超過已繳價款者，則以已繳價款爲限，買賣雙方並得解除本契約。

㈤買賣雙方當事人除依前二款之請求外，不得另行請求其他損害賠償。

二十一、當事人及其基本資料

本契約應記載當事人及其基本資料：

㈠買方之姓名、國民身分證統一編號、戶籍地址、通訊地址、連絡電話。

㈡賣方之名稱、法定代理人、公司（或商號）統一編號、公司（或商號）地址、公司（或商號）電話。

二十二、契約及其相關附件效力

本契約自簽約日起生效，賣方應將契約正本交付予買方。

本契約之相關附件視爲本契約之一部分。

貳、不得記載事項

一、不得約定廣告僅供參考。

二、不得使用未經明確定義之「使用面積」、「受益面積」、「銷售面積」名詞，如有使用「使用面積」、「受益面積」、「銷售面積」名詞，須以不小於表示面積之字體註明其意義。

三、不得約定繳回預售停車位買賣契約書。

四、不得約定請求超過民法第二百零五條所訂百分之二十年利率之利息。

五、不得爲其他違反強制或禁止規定之約定。

六、不得約定拋棄審閱期間。

附件

停車位種類及產權登記說明書

項次	內容	選項	備註
1	種類	□停車塔＿＿＿＿＿＿＿＿＿位 □自行增設停車空間＿＿＿＿位 □獎勵增設停車空間＿＿＿＿位	編號第＿＿號 編號第＿＿號 編號第＿＿號
2	位置	□室內：□地上＿層□地面□地下＿層 □室外：□地上□地面	
3	型式	□平面式　　　　□立體式 □機械式：□垂直循環式□平面往復式□升降機式 □水平循環式□多層循環式 □方向轉換裝置□汽車用升降機 □簡易升降式□多段式□升降滑動式 □塔臺式	
4	規格	長：□5.5公尺□5.75公尺□6.0公尺 □12.15公尺□12.4公尺□其他＿公尺 寬：□2.2公尺□2.25公尺□2.5公尺 □3.75公尺□4.0公尺□其他＿公尺 淨高：□1.6公尺□1.8公尺□2.1公尺□其他＿公尺	
5	登記方式	□以主建物持分編號登記 □以主建物持分登記 □其他＿＿＿＿＿＿	
6	使用性質	□標準型車停車位□小型車停車位 □機械設備停車位□大型客車停車位 □小貨車裝卸位□大貨車裝卸位 □機車停車位□其他＿＿＿	
7	使用方式	□須供公眾使用 □須簽立分管協議書□租用□其他＿＿＿ □所有權人自用（約定專用）	
8	車道寬度	□3.5公尺□5.5公尺□10.0公尺 □其他＿＿公尺	
9	出入口高度	□1.6公尺□1.8公尺□2.0公尺□2.2公尺 □其他＿＿＿公尺	

賣方保證以上記載屬實，如有虛偽不實，願負一切法律責任。

賣方簽章＿＿＿＿＿＿＿＿＿＿＿＿＿＿＿＿＿＿＿＿＿＿＿＿

預售停車位買賣契約書範本

中華民國87年2月11日內政部台(87)內地字第8780610號公告頒行
中華民國95年1月23日內授中辦地字第0950724728號公告修正（行政院消費者保護委員會第129次委員會議通過）
中華民國101年1月3日內授中辦地字第1000726248號公告修正（行政院消費者保護委員會第192次委員會議通過）

契約審閱權

本契約於中華民國____年____月____日經買方攜回審閱____日。（契約審閱期間至少爲五日）

買方簽章：

賣方簽章：

立契約書人 買方：______________________________
　　　　　 賣方：______________________________

茲爲停車位所有權之買賣事宜，雙方同意訂定本買賣契約條款如下，以資共同遵守：

第一條　賣方對廣告之義務

賣方應確保廣告內容之眞實，本預售停車位之廣告宣傳品及其所記載之建材設備表、停車位平面圖與位置示意圖，爲契約之一部分。

第二條　買賣標示及停車位規格

一、停車位基地座落

______縣（市）______鄉（鎮、市、區）______段____

小段＿＿＿地號等＿＿＿筆土地，使用分區為都市計畫內＿＿＿區（或非都市土地使用編定為＿＿＿區＿＿＿用地）。

二、停車位面積之權利範圍

停車位面積＿＿＿平方公尺、買賣權利範圍＿＿＿。（全部車位加總之面積，應等於全部停車場部分主建物面積。）

三、基地持分

土地面積＿＿＿平方公尺（＿＿＿坪），應有權利範圍為＿＿＿，持分計算方式係以非停車位之專有部分面積＿＿＿平方公尺（＿＿＿坪）及停車位（格）面積（機械車位則以其垂直投影面積為準）之總和為分母，個別車位（格）面積為分子計算應分攤之基地持分比例（註：或以其他明確計算方式列明）。

四、停車位性質、位置、型式、規格、編號

買方購買之停車位屬□停車塔□自行增設停車空間□獎勵增設停車空間為□地上□地面□地下第＿＿＿層□平面式□機械式□其他＿＿＿，依建造執照圖說編號第＿＿＿號之停車空間計＿＿＿位。其規格為長＿＿＿公尺，寬＿＿＿公尺，高＿＿＿公尺。

五、停車位平面圖及建造執照

本停車位以主管建築機關核准之停車空間平面圖為準（影本如附件一），建造執照為主管建築機關＿＿＿年＿＿＿月＿＿＿日＿＿＿字第＿＿＿號。

第三條　停車位數量及價款

本契約總價款合計新台幣＿＿＿千＿＿＿百＿＿＿十＿＿＿萬元整。

本契約停車位數量為＿＿＿位，個別價款如下：

編　　號	土地價款(新台幣／元)	建物價款(新台幣／元)	合計價款(新台幣／元)
第　　號	百　十　萬元整	百　十　萬元整	百　十　萬元整
第　　號	百　十　萬元整	百　十　萬元整	百　十　萬元整
第　　號	百　十　萬元整	百　十　萬元整	百　十　萬元整
第　　號	百　十　萬元整	百　十　萬元整	百　十　萬元整

第四條　付款條件

付款，除簽約款及開工款外，應依已完成之工程進度所定付款條件之規定於工程完工後繳款，其每次付款間隔日數應在二十日以上。

如賣方未依工程進度定付款條件者，買方得於工程全部完工時一次支付之。

第五條　逾期付款之處理方式

買方如逾期達五日仍未繳清期款或已繳之票據無法兌現時，買方應加付按逾期期款部分每日萬分之二單利計算之遲延利息，於補繳期款時一併繳付賣方。

如逾期二個月或逾使用執照核發後一個月不繳期款或遲延利息，經賣方以存證信函或其他書面催繳，經送達七日內仍未繳者，雙方同意依違約之處罰規定處理。但前項情形賣方同意緩期支付者，不在此限。

第六條　主要建材及其廠牌、規格

一、施工標準悉依核准之工程圖樣與說明書及本契約附件之建材設備表施工，除經買方同意、不得以同級品之名義變更建材設備或以附件所列舉品牌以外之產品替代。但賣方能證明有不可歸責於賣方之事由，致無法供應原建材設備，且所更換之建材設備之價值、效用及品質不低於原約定之建材設備或補償價金者，不在此限。

二、賣方保證建造本預售停車位不含有損建築結構安全或有害人體安全健康之輻射鋼筋、石綿、未經處理之海砂等材料或其他類似物。

三、前款建築材料或其他類似物之使用，如有造成買方生命、身體及健康之損害者，買方除依第二十條解除契約外，並得請求賠償，不受第二十條第五款限制。

四、賣方如有違反前三款之情形，雙方同意依違約之處罰規定處理。

第七條　開工及取得使用執照期限

一、賣方應提供預售停車位種類及所有權登記說明書（格式如附件五）予買方，並就說明書內各項詳實填註，如有虛僞不實，由賣方負法律責任。

二、本預售停車位之建築工程應在民國__年__月__日之前開工，民國__年__月__日之前完成使用執照所定之必要設施，並取得使用執照。但有下列情事之一者，得順延其期間：

㈠因天災地變等不可抗力之事由，致賣方不能施工者，其停工期間。

㈡因政府法令變更或其他非可歸責於賣方之事由發生時，其影響期間。

三、賣方如逾前款期限未開工或未取得使用執照者，每逾一日應按已繳停車位價款依萬分之五單利計算遲延利息予買方。若逾期三個月仍未開工或未取得使用執照，視同賣方違約，雙方同意依違約之處罰規定處理。

第八條　驗收

賣方依約完成預售停車位必要設施及領得使用執照後，應通知買方進行驗收手續。

雙方驗收時，賣方應提供驗收單，如發現停車位有瑕疵，應載明於驗收單上，由賣方限期完成修繕；買方並有權於自備款部分保留停車位總價百分之五作爲點交保留款，於完成修繕並經雙方複驗合格後支付。

第九條　停車位所有權移轉登記期限

一、土地所有權移轉登記

土地所有權之移轉，除另有約定，依其約定者外，應於使用執照核發後四個月內備妥文件申辦有關稅費及權利移轉登記。其土地增值稅之負擔方式，依有關稅費負擔之約定辦理。

二、建物所有權移轉登記

建物所有權之移轉，應於使用執照核發後四個月內備妥文件申辦有關稅費及權利移轉登記。

三、賣方違反前二款之規定，致各項稅費增加或罰鍰（滯納金）時，賣方應全數負擔；如損及買方權益時，賣方應負損害賠償之責。

四、賣方應於買方履行下列義務時，辦理停車位所有權移轉登記：

㈠依契約約定之付款條件，除約定之點交停車位保留款外，應繳清停車位移轉登記前應繳之款項及逾期加付之遲延利息。

㈡提出辦理所有權移轉登記及貸款有關文件，辦理各項貸款手續，繳清各項稅費，預立各項取款或委託撥付文件，並應開立受款人為賣方及票面上註明禁止背書轉讓，及記載擔保之債權金額及範圍之本票予賣方。

㈢本款第一目、第二目之費用如以票據支付，應在登記以前全部兌現。

五、第一款、第二款之辦理事項，由賣方指定之地政士辦理之，倘為配合各項手續需要，需由買方加蓋印章，出具證件或繳納各項稅費時，買方應於接獲賣方或承辦地政士通知日起七日內提供，如有逾期，每逾一日應按已繳停車位價款依萬分之二單利計算遲延利息予賣方，另如因買方之延誤或不協辦，致各項稅費增加或罰鍰（滯納金）時，買方應全數負擔；如損及賣方權益時，買方應負損害賠償之責。

第十條　通知點交期限

一、賣方應於領得使用執照六個月內，通知買方進行點交。於點交時雙方應履行下列各目義務：

㈠賣方付清因延遲完工所應付之遲延利息於買方。

㈡賣方就契約約定之停車位瑕疵或未盡事宜，應於點交前完成修繕。

㈢買方繳清所有之應付未付款（含點交保留款）及完成一切點交手續。

㈣賣方如未於領得使用執照六個月內通知買方進行點交，每逾一日應按已繳停車位價款依萬分之五單利計算遲延利息予買方。

二、賣方應於買方辦妥點交停車位手續後，將土地及建物所有權狀、保固服務紀錄卡、規約草約、停車場管理規章、使用執照（若數戶同一張使用執照，則日後移交管理委員會）或使用執照影本及賣方代繳稅費之收據交付買方，本契約則無需返還。

三、買方應於收到點交通知日起__日內配合辦理點交停車位手續，賣方不負保管責任。但可歸責於賣方時，不在此限。

四、買方同意於通知之點交日起三十日後，不論已否使用，即應負本停車位水電及管理費等。

第十一條　保固期限及範圍

一、本契約停車位自買方完成點交停車位日起，或如有可歸責於買方之原因時自賣方通知點交日起，除賣方能證明可歸責於買方或不可抗力因素外，結構部分（如：樑柱、樓梯、擋土牆、雜項工作……等）負責保固十五年，機械設備及固定建材部分負責保固三年，賣方並應於點交停車位時出具停車位保固服務紀錄卡予買方作為憑證。

二、前款期限經過後，買方仍得依民法及其他法律主張權利。

第十二條　貸款約定

一、停車位總價內之部分價款新臺幣__元整，由買方與賣方洽定之金融機構之貸款給付，由買賣雙方依約定辦妥一切貸款手續。惟買方可得較低利率或有利於買方之貸款條件時，買方有權變更貸款之金融機構，自行辦理貸款，除享有政府所舉辦之優惠貸款利率外，買方應於賣方通知辦理貸款日起二十日內辦妥對保手續，並由承貸金融機構同意將約定貸款金額撥付賣方。

二、前款由賣方洽定辦理之貸款金額少於預定貸款金額，其差額依下列各目處理：

㈠不可歸責於雙方時之處理方式如下：

1. 差額在預定貸款金額百分之三十以內部分，賣方同意以原承諾貸款相同年限及條件由買方分期清償。

2. 差額超過原預定貸款金額百分之三十部分，賣方同意依原承諾貸款之利率，計算利息，縮短償還期限爲__年（期間不得少於七年）由買方按月分期攤還。

3. 差額超過原預定貸款金額百分之三十者，買賣雙方得選擇前述方式辦理或解除契約。

㈡可歸責於賣方時，差額部分，賣方應依原承諾貸款相同年限及條件由買方分期清償。如賣方不能補足不足額部分，買方有權解除契約。

㈢可歸責於買方時，買方應於接獲通知之日起__天（不得少於三十天）內一次給付其差額或經賣方同意分期給付其差額。

三、有關金融機構核撥貸款後之利息，由買方負擔。但於賣方通知之點交停車位日前之利息應由賣方返還買方。

第十三條　貸款撥付

買賣契約如訂有點交停車位保留款者，於所有權移轉登記完竣並由金融機構設定抵押權後，除有輻射鋼筋、未經處理之海砂或其他縱經修繕仍無法達到應有使用功能之重大瑕疵外，買方不得通知金融機構終止撥付前條貸款予賣方。

第十四條　停車位轉讓條件

一、買方繳清已屆滿之各期應繳款項者，於本契約停車位所有權移轉登記完成前，如欲將本契約轉讓他人時，必須事先以書面徵求賣方同意，賣方非有正當理由不得拒絕。

二、前款之轉讓，除配偶、直系血親間之轉讓免手續費外，賣方得向買方收取本契約停車位總價款千分之__（最高以千分之一爲限）之手續費。

第十五條　地價稅、房屋稅之分擔比例

一、地價稅以賣方通知書所載之點交日爲準，該日期前由賣方負擔，該日期後由買方負擔，其稅期已開始而尚未開徵者，則依前一年度地價稅單所載該宗基地課稅之基本稅額，按持分比例及年度日數比例分算賣方應負擔之稅額，由買方應給付賣方之買賣尾款中扣除，俟地價稅開徵時由買方自行繳納。

二、房屋稅以賣方通知書所載之點交日為準，該日期前由賣方負擔，該日期後由買方負擔，並依法定稅率及年度月份比例分算稅額。

第十六條　稅費負擔之約定

一、土地增值稅應於使用執照核發後申報，並以使用執照核發日之當年度公告現值計算增值稅，其逾三十日申報者，以提出申報日當期之公告現值計算增值稅，由賣方負擔，但買方未依第九條規定備妥申辦文件，其增加之增值稅，由買方負擔。

二、所有權移轉登記規費、印花稅、契稅、代辦手續費、貸款保險費及各項附加稅捐由買方負擔。但起造人為賣方時，建物所有權第一次登記規費及代辦手續費由賣方負擔。

三、公證費由買賣雙方各負擔二分之一。但另有約定者從其約定。

四、應由買方繳交之稅費，買方應於辦理所有權移轉登記時，應將此等費用全額預繳，並於點交時結清，多退少補。

第十七條　規格誤差之處理

停車位竣工規格之尺寸產生誤差，買方得就減少部分請求減少價金。

雙方未達成前項協議者，買受人得主張解除契約，但依情形，解除契約顯失公平者，買方僅得請求減少價金。

第十八條　賣方之瑕疵擔保責任

一、賣方保證產權清楚，絕無一物數賣、無權占有他人土地、承攬人依民法第五百十三條行使法定抵押權或設定他項權利等情事之一；如有上述情形，賣方應於本停車位點交日或其他約定之期日__前負責排除、塗銷之。但本契約有利於買方者，從其約定。

二、有關本契約標的物之瑕疵擔保責任，悉依民法及其他有關法令規定辦理。

第十九條　不可抗力因素之處理

如因天災、地變、政府法令變更或不可抗力之事由，致本契約停車位不能繼續興建時，雙方同意解約。解約時賣方應將所收價款按法定利息計算退還買方。

第二十條　違約之處罰

一、賣方違反「主要建材及其廠牌、規格」、「開工及取得使用執照期限」之規定者，買方得解除本契約。

二、賣方違反「賣方之瑕疵擔保責任」之規定者，即為賣方違約，買方得依法解除契約。

三、買方依第一款或第二款解除契約時，賣方除應將買方已繳之停車位價款退還予買方，如有遲延利息應一併退還，並應同時賠償停車位總價款百分之__（不得低於百分之十五）之違約金。但該賠償之金額超過已繳價款者，則以已繳價款為限。

四、買方違反有關「付款條件」之規定者，賣方得沒收依停車位總價款百分之__（最高不得超過百分之十五）計算之金額。但該沒收之金額超過已繳價款者，則以已繳價款為限，買賣雙方並得解除本契約。

五、買賣雙方當事人除依前二款之請求外，不得另行請求其他損害賠償。

第二十一條　疑義之處理

本契約各條款如有疑義時，應依消費者保護法第十一條第二項規定，為有利於買方之解釋。

第二十二條　合意管轄法院

因本契約發生之消費訴訟，雙方同意以本契約第二條土地所在地之地方法院為第一審管轄法院。但不影響消費者依其他法律所得主張之管轄。

第二十三條　附件效力及契約分存

本契約自簽約日起生效，賣方應將契約正本交付予買方。

本契約之相關附件視為本契約之一部分。

第二十四條　未盡事宜之處置

本契約如有未盡事宜，依相關法令、習慣及平等互惠與誠實信用原則公平解決之。
附件：
一、停車空間該樓層平面圖影本乙份。
二、建造執照影本乙份。
三、付款明細表乙份。
四、建材設備表。
五、停車位種類及產權登記說明書。
六、規約草約及停車場管理規章各乙份。
立契約書人
買方（姓名或公司名稱）：
國民身分證統一編號：
戶籍地址：
通訊地址：
連絡電話：
賣方（姓名或公司名稱）：
法定代理人：
公司（或商號）統一編號：
公司（或商號）地址：
公司（或商號）電話：
不動產經紀業：
名稱：（公司或商號）
公司（或商號）統一編號：
負責人：
國民身分證統一編號：
公司（或商號）地址：
公司（或商號）電話：
不動產經紀人：　　　　　　　　（簽章）
國民身分證統一編號：
電話：
地址：
經紀人證書字號：
中　華　民　國　年　月　日

附件五

停車位種類及產權登記說明書

項次	內容	選項	備註
1	種類	□停車塔＿＿＿＿＿＿＿＿位 □自行增設停車空間＿＿＿＿位 □獎勵增設停車空間＿＿＿＿位	編號第＿＿號 編號第＿＿號 編號第＿＿號
2	位置	□室內：□地上＿層□地面□地下＿層 □室外：□地上□地面	
3	型式	□平面式　　　　□立體式 □機械式：□垂直循環式□平面往復式□升降機式 □水平循環式□多層循環式 □方向轉換裝置□汽車用升降機 □簡易升降式□多段式□升降滑動式 □塔臺式	
4	規格	長：□5.5公尺□5.75公尺□6.0公尺 □12.15公尺□12.4公尺□其他＿公尺 寬：□2.2公尺□2.25公尺□2.5公尺 □3.75公尺□4.0公尺□其他＿公尺 淨高：□1.6公尺□1.8公尺□2.1公尺□其他＿公尺	
5	登記方式	□以主建物持分編號登記 □以主建物持分登記 □其他＿＿＿＿＿＿	
6	使用性質	□標準型車停車位□小型車停車位 □機械設備停車位□大型客車停車位 □小貨車裝卸位□大貨車裝卸位 □機車停車位□其他＿＿＿	
7	使用方式	□須供公眾使用 □須簽立分管協議書□租用□其他＿＿＿ □所有權人自用（約定專用）	
8	車道寬度	□3.5公尺□5.5公尺□10.0公尺 □其他＿＿公尺	
9	出入口高度	□1.6公尺□1.8公尺□2.0公尺□2.2公尺 □其他＿＿＿公尺	

賣方保證以上記載屬實，如有虛僞不實，願負一切法律責任。

賣方簽章＿＿＿＿＿＿＿＿＿＿＿＿＿＿＿＿＿＿＿＿＿＿＿＿

預售停車位買賣契約書範本簽約注意事項

一、適用範圍

建築物之室內停車位可分三種，即法定停車位、自行增設停車位及獎勵增設停車位。

㈠所謂法定停車位，係指依都市計畫書、建築技術規則建築設計施工編第五十九條及其他有關法令規定所應附設之停車位，無獨立權狀，以共用部分持分分配給承購戶，須隨主建物一併移轉或設定負擔，但經約定專用或依分管協議，得交由某一戶或某些住戶使用。自行增設停車位指法定停車位以外由建商自行增設之停車位；獎勵增設停車位指依「台北市建築物增設室內公用停車空間鼓勵要點」、「高雄市鼓勵建築物增設停車空間實施要點」或當地縣（市）政府訂定之鼓勵建築物增設停車空間有關法令規定增設之停車位。

㈡自行增設停車位與獎勵增設停車位得以獨立產權單獨移轉。

㈢前揭各種停車位如何區分？地方主管建築機關於核准建築執照之設計圖說時，在每一停車位上均有明確標示為法定、自行增設或獎勵增設。為避免糾紛，消費大眾在購買前最好先查閱設計圖說，以瞭解所購買停車位之類別。

㈣本契約範本僅適用於自行增設停車位、獎勵增設停車位或停車塔等其他可做為獨立產權登記之停車位預售買賣時之參考，買賣雙方參考本範本訂立契約時，仍可依民法第一百五十三條規定意旨，就個別情況磋商合意而訂定之。

㈤至有關法定停車位，請參考適用內政部一百年三月二十四日函頒「預售屋買賣契約書範本」第二條房地標示及停車位規格第三款及第九條地下層共有部分權屬。

二、契約審閱

關於契約審閱，按預售停車位買賣契約屬消費者契約之一種，買賣雙方對於契約內容之主客觀認知頗有差異，是以建築投資業者所提供之定型化契約應給予消費者合理期間以瞭解契約條款之內容，此於消費者保護法第十一條之一已有明定。

三、停車位基地權利範圍之計算

關於第二條第二款，停車位於公寓大廈中應分攤之基地權利比例，係以全部主建物及停車位面積之總和爲分母，個別之停車位面積爲分子，計算其應分攤之基地比例；其停車位面積依建築技術規則第六十條規定之規格計算之。

四、買方自行辦理貸款或火險之規定

買方如欲自行辦理貸款或火險，除於訂約時明示自行辦理外，並預立貸款撥款委託書予賣方，賣方則須配合買方貸款需要提供土地、建物權狀或配合辦理貸款手續，賣方如因而增加之費用支出得向買方求償。

五、轉讓條件

按預售停車位賣方會同買方辦理轉讓時，需說明契約內容及提供相關資料，俾辦理契約簽訂等其他相關事宜，其所需成本似得准收手續費。本契約範本爰例示約定手續費不超過停車位總價款千分之一，以供參考。

六、違約罰則

按違約金數額多寡之約定，係視簽約時社會經濟及停車位產景氣狀況而定，是以買賣雙方簽約時，就違約金數額之約定，仍應考量上開狀況磋商而定。

七、消費爭議之申訴與調解

因本契約所發生之消費爭議，依消費者保護法第四十三條及第四十四條規定，買方得向賣方、消費者保護團體或消費者服務中心申訴；未獲妥適處理時，得向停車位所在地之直轄市或縣（市）政府消費者保護官申訴；再未獲妥適處理時得向直轄市或縣（市）消費爭議調解委員會申請調解。

住宅租賃契約書範本

中華民國91年1月30日內政部台內中地字第0910083141號公告頒行（行政院消費者保護委員會第86次委員會議通過）
中華民國105年6月23日內政部內授中辦地字第1051305386號公告修正（行政院消費者保護會第47次會議通過）
中華民國109年8月26日內政部台內地字第1090264511號函修正
中華民國113年7月8日內政部台內地字第11302639334號函修正

契約審閱權
住宅租賃契約（以下簡稱本契約）於民國____年____月____日經承租人攜回審閱（契約審閱期間至少三日）
出租人簽章：
承租人簽章：

立契約書人承租人______，出租人______【爲□所有權人□轉租人（應提示經原所有權人同意轉租之證明文件）】茲爲住宅租賃事宜，雙方同意本契約條款如下：

第一條▲租賃標的

㈠租賃住宅標示：

1. 門牌__縣（市）__鄉（鎮、市、區）__街（路）__段__

巷__弄__號__樓之__（基地坐落__段__小段__地號）。無門牌者，其房屋稅籍編號：　或其位置略圖。

2. 專有部分建號__，權利範圍__，面積共計__平方公尺。

⑴主建物面積：

__層__平方公尺，__層__平方公尺，__層__平方公尺共計__平方公尺，用途__。

⑵附屬建物用途__，面積__平方公尺。

3. 共有部分建號__，權利範圍__，持分面積__平方公尺。

4. 車位：□有（汽車停車位__個、機車停車位__個）□無。

5. □有□無設定他項權利，若有，權利種類：______。

6. □有□無查封登記。

㈡租賃範圍：

1. 租賃住宅□全部□部分：第__層□房間__間□第__室，面積平方公尺（如「租賃住宅位置格局示意圖」標註之租賃範圍）。

2. 車位（如無則免填）：

⑴汽車停車位種類及編號：

地上（下）第__層□平面式停車位□機械式停車位，編號第__號。

⑵機車停車位：地上（下）第__層編號第__號或其位置示意圖。

⑶使用時間：

□全日□日間□夜間□其他____。

3. 租賃附屬設備：

□有□無附屬設備，若有，詳如附件一租賃標的現況確認書。

第二條▲租賃期間

租賃期間自民國__年__月__日起至民國__年__月__日止。

（租賃期間至少三十日以上）

第三條▲租金約定及支付

承租人每月租金為新臺幣（下同）______元整，每期應繳納

______個月租金，並於□每月__日□每期__前支付，不得藉任何理由拖延或拒絕；出租人於租賃期間亦不得藉任何理由要求調漲租金。

租金支付方式：□現金繳付□轉帳繳付：金融機構：__，戶名：__，帳號：__。□其他：__。

第四條▲押金約定及返還

押金由租賃雙方約定為　　　個月租金，金額為　　　元　整（最高不得超過二個月租金之總額）。承租人應於簽訂本契約之同時給付出租人。

前項押金，除有第十一條第四項、第十三條第三項、第十四條第四項及第十八條第二項得抵充之情形外，出租人應於租期屆滿或租賃契約終止，承租人返還租賃住宅時，返還押金或抵充本契約所生債務後之賸餘押金。

第五條▲租賃期間相關費用之約定

租賃期間，使用租賃住宅所生之相關費用，依下列約定辦理：

㈠管理費：

□由出租人負擔。

□由承租人負擔。

租賃住宅每月____元整。

停車位每月____元整。

租賃期間因不可歸責於租賃雙方之事由，致本費用增加者，承租人就增加部分之金額，以負擔百分之十為限；如本費用減少者，承租人負擔減少後之金額。

□其他：______。

㈡水費：

□由出租人負擔。

□由承租人負擔。

□其他：______。

㈢電費：

□由出租人負擔。

□由承租人負擔。

□以用電度數計費：

□每期依電費單之「當期每度平均電價」計收。

□每期每度____元。但每度電費如有超過電費單之「當期每度平均電價」，應於結算時退還溢收電費。

（備註：公共設施電費未向台灣電力股份有限公司申辦分攤併入租賃標的電費內者，出租人不得額外收取。）

□非以用電度數計費：

約定計費方式______。

（備註：出租人所收取之每期電費總金額，不得超過該租賃標的電費單之每期電費總額。）

㈣瓦斯費：

□由出租人負擔。

□由承租人負擔。

□其他：______。

㈤網路費：

□由出租人負擔。

□由承租人負擔。

□其他：______。

㈥其他費用及其支付方式：______。

第六條▲稅費負擔之約定

本契約有關稅費，依下列約定辦理：

㈠租賃住宅之房屋稅、地價稅由出租人負擔。

㈡本契約租賃雙方同意辦理公證者，其公證費____元整。

□由出租人負擔。

□由承租人負擔。

□由租賃雙方平均負擔。

□其他：______。

㈢其他稅費及其支付方式：______。

第七條▲使用租賃住宅之限制

本租賃住宅係供居住使用，承租人不得變更用途。

承租人同意遵守公寓大廈規約或其他住戶應遵行事項，不得違法使用、存放有爆炸性或易燃性物品。

承租人應經出租人同意始得將本租賃住宅之全部或一部分轉租、出借或以其他方式供他人使用，或將租賃權轉讓於他人。

前項出租人同意轉租者，應出具同意書（如附件二）載明同意轉租之範圍、期間及得終止本契約之事由，供承租人轉租時向次承租人提示。

第八條▲修繕

租賃住宅或附屬設備損壞時，應由出租人負責修繕。但租賃雙方另有約定、習慣或其損壞係可歸責於承租人之事由者，不在此限。

前項由出租人負責修繕者，承租人得定相當期限催告修繕，如出租人未於承租人所定相當期限內修繕時，承租人得自行修繕，並請求出租人償還其費用或於第三條約定之租金中扣除。

出租人為修繕租賃住宅所為之必要行為，應於相當期間先期通知，承租人無正當理由不得拒絕。

前項出租人於修繕期間，致租賃住宅全部或一部不能居住使用者，承租人得請求出租人扣除該期間全部或一部之租金。

第九條▲室內裝修

承租人有室內裝修之需要，應經出租人同意並依相關法令規定辦理，且不得損害原有建築結構之安全。

承租人經出租人同意裝修者，其裝修增設部分若有損壞，由承租人負責修繕。

第一項情形，承租人返還租賃住宅時，應□負責回復原狀□現況返還□其他____。

第十條▲出租人之義務及責任

出租人應出示有權出租本租賃住宅之證明文件及國民身分證或其他足資證明身分之文件，供承租人核對。

出租人應以合於所約定居住使用之租賃住宅，交付承租人，並應於租賃期間保持其合於居住使用之狀態。

出租人與承租人簽訂本契約前，租賃住宅有由承租人負責修繕之項目及範圍者，出租人應先向承租人說明並經承租人確認（如附件三），未經約明確認者，出租人應負責修繕，並提供有修繕必要時之聯絡方式。

依第五條規定約定電費由承租人負擔者，出租人應提供承租人租賃標的之電費資訊。承租人亦得逕向台灣電力股份有限公司申辦查詢租賃期間之有關電費資訊。

第十一條▲承租人之義務及責任

承租人應於簽訂本契約時，出示國民身分證或其他足資證明身分之文件，供出租人核對。

承租人應以善良管理人之注意，保管、使用租賃住宅。

承租人違反前項義務，致租賃住宅毀損或滅失者，應負損害賠償責任。但依約定之方法或依租賃住宅之性質使用、收益，致有變更或毀損者，不在此限。

前項承租人應賠償之金額，得由第四條第一項規定之押金中抵充，如有不足，並得向承租人請求給付不足之金額。

承租人經出租人同意轉租者，與次承租人簽訂轉租契約時，應不得逾出租人同意轉租之範圍及期間，並應於簽訂轉租契約後三十日 內，以書面將轉租範圍、期間、次承租人之姓名及通訊住址等相關資料通知出租人。

第十二條▲租賃住宅部分滅失

租賃關係存續中，因不可歸責於承租人之事由，致租賃住宅之一部滅失者，承租人得按滅失之部分，請求減少租金。

第十三條▲任意終止租約之約定

本契約於期限屆滿前，除依第十六條及第十七條規定得提前終止租約外，租賃雙方□得□不得任意終止租約。

依前項約定得終止租約者，租賃之一方應至少於終止前一個月通知他方。一方未爲先期通知而逕行終止租約者，應賠償他方最高不得超過一個月租金額之違約金。

前項承租人應賠償之違約金，得由第四條第一項規定之押金中抵充，如有不足，並得向承租人請求給付不足之金額。

租期屆滿前，依第一項終止租約者，出租人已預收之租金應返還予承租人。

第十四條▲租賃住宅之返還

租賃關係消滅時，出租人應即結算租金及第五條約定之相關費 用，並會同承租人共同完成屋況及附屬設備之點交手續，承租人應將租賃住宅返還出租人並遷出戶籍或其他登記。

前項租賃之一方未會同點交，經他方定相當期限催告仍不會同者，視爲完成點交。

承租人未依第一項規定返還租賃住宅時，出租人應即明示不以不定期限繼續契約，並得向承租人請求未返還租賃住宅期間之相當月租金額，及相當月租金額計算之違約金（未足一個月者，以日租金折算）至返還爲止。

前項金額與承租人未繳清之租金及第五條約定之相關費用，出租人得由第四條第一項規定之押金中抵充，如有不足，並得向承租人請求給付不足之金額或費用。

第十五條▲租賃住宅所有權之讓與

出租人於租賃住宅交付後，承租人占有中，縱將其所有權讓與第三人，本契約對於受讓人仍繼續存在。

前項情形，出租人應移交押金及已預收之租金與受讓人，並以書面通知承租人。

本契約如未經公證，其期限逾五年者，不適用前二項之規定。

第十六條▲出租人提前終止租約

租賃期間有下列情形之一者，出租人得提前終止租約，且承租人不得要求任何賠償：

㈠出租人爲重新建築而必要收回。

㈡承租人遲付租金之總額達二個月之租金額，經出租人定相當期限催告，仍不爲支付。

㈢承租人積欠管理費或其他應負擔之費用達二個月之租金額，經出租人定相當期限催告，仍不爲支付。

㈣承租人違反第七條第一項規定，擅自變更用途，經出租人阻止仍繼續爲之。

㈤承租人違反第七條第二項規定，違法使用、存放有爆炸性或易燃性物品，經出租人阻止仍繼續為之。

㈥承租人違反第七條第三項規定，擅自將租賃住宅轉租或轉讓租賃權予他人。

㈦承租人毀損租賃住宅或附屬設備，經出租人定相當期限催告修繕仍不為修繕或相當之賠償。

㈧承租人違反第九條第一項規定，未經出租人同意，擅自進行室內裝修，經出租人阻止仍繼續為之。

㈨承租人違反第九條第一項規定，未依相關法令規定進行室內裝修， 經出租人阻止仍繼續為之。

㈩承租人違反第九條第一項規定，進行室內裝修，損害原有建築結構之安全。

出租人依前項規定提前終止租約者，應依下列規定期限，檢附相關事證，以書面通知承租人。但依前項第五款及第十款規定終止者， 得不先期通知：

㈠依前項第一款規定終止者，於終止前三個月。

㈡依前項第二款至第四款、第六款至第九款規定終止者，於終止前三十日。

第十七條▲承租人提前終止租約

租賃期間有下列情形之一，承租人得提前終止租約，出租人不得要求任何賠償：

㈠租賃住宅未合於所約定居住使用，並有修繕之必要，經承租人定相當期限催告，仍不於期限內修繕。

㈡租賃住宅因不可歸責承租人之事由致一部滅失，且其存餘部分不能達租賃之目的。

㈢租賃住宅有危及承租人或其同居人之安全或健康之瑕疵；承租人於簽約時已明知該瑕疵或拋棄終止租約權利者，亦同。

㈣承租人因疾病、意外產生有長期療養之需要。

㈤因第三人就租賃住宅主張其權利，致承租人不能為約定之居住使用。

承租人依前項各款規定提前終止租約者，應於終止前三十日， 檢附相關事證，以書面通知出租人。但前項第三款前段

其情況危 急者，得不先期通知。

承租人死亡，其繼承人得主張終止租約，其通知期限及方式，準用前項規定。

第十八條▲遺留物之處理

租賃關係消滅，依第十四條完成點交或視為完成點交之手續後， 承租人仍於租賃住宅有遺留物者，除租賃雙方另有約定外，經出租人定相當期限向承租人催告，屆期仍不取回時，視為拋棄其所有權。

出租人處理前項遺留物所生費用，得由第四條第一項規定之押金中抵充，如有不足，並得向承租人請求給付不足之費用。

第十九條▲履行本契約之通知

除本契約另有約定外，租賃雙方相互間之通知，以郵寄為之者， 應以本契約所記載之地址為準。

如因地址變更未告知他方，致通知無法到達時，以第一次郵遞之日期推定為到達日。

第一項之通知得經租賃雙方約定以□電子郵件信箱：______
□手機簡訊□即時通訊軟體以文字顯示方式為之。

第二十條▲條款疑義處理

本契約各條款如有疑義時，應為有利於承租人之解釋。

第二十一條▲其他約定

本契約租賃雙方□同意□不同意辦理公證。

本契約經辦理公證者，租賃雙方□不同意；□同意公證書載明下列事項應逕受強制執行：

□一、承租人如於租期屆滿後不返還租賃住宅。

□二、承租人未依約給付之欠繳租金、費用及出租人或租賃住宅所有權人代繳之管理費，或違約時應支付之金額。

□三、出租人如於租期屆滿或本契約終止時，應返還承租人之全部或一部押金。

公證書載明金錢債務逕受強制執行時，如有保證人者，前項後段第____款之效力及於保證人。

第二十二條▲契約及其相關附件效力

本契約自簽約日起生效，租賃雙方各執一份契約正本。本契約廣告及相關附件視為本契約之一部分。

第二十三條▲未盡事宜之處置

本契約如有未盡事宜，依有關法令、習慣、平等互惠及誠實信用原則公平解決之。

附件

□建物所有權狀影本或其他有權出租之證明文件

□使用執照影本

□雙方身分證明文件影本

□保證人身分證影本

□授權代理人簽約同意書

□租賃標的現況確認書

□出租人同意轉租範圍、租賃期間及終止租約事由確認書

□承租人負責修繕項目及範圍確認書

□附屬設備清單

□租賃住宅位置格局示意圖

□其他（測量成果圖、室內空間現狀照片、稅籍證明等）

立契約書人

出租人：

姓名（名稱）：　　　　　簽章

統一編號（身分證明文件編號）：

戶籍地址（營業登記地址）：

通訊地址：聯絡電話：

承租人：

姓名（名稱）：　　　　　簽章

統一編號（身分證明文件編號）：

戶籍地址（營業登記地址）：

通訊地址：

聯絡電話：

保證人：
姓名（名稱）：　　　　　　簽章
統一編號（身分證明文件編號）：
戶籍地址：
通訊地址：
聯絡電話：

不動產經紀業：
名稱（公司或商號）：
地址：
電話：
統一編號：
負責人：　　　　　　簽章
統一編號：
電子郵件信箱：

不動產經紀人：
姓名：　　　　　　簽章
統一編號（身分證明文件編號）：
通訊地址：
聯絡電話：
證書字號：
電子郵件信箱：

民國　　　　年　　月　　日

附件一
租賃標的現況確認書

填表日期　　年　　月　　日

項次	內容	備註説明
1	□有□無包括未登記之改建、增建、加建、違建部分： □壹樓__平方公尺 □__樓__平方公尺。 □頂樓__平方公尺。 □其他處所：____平方公尺。	若爲違建（未依法申請增、加建之建物），出租人應確實加以説明，使承租人得以充分認知此範圍之建物隨時有被拆除之虞或其他危險。
2	建物型態：________。 建物現況格局：__房（間、室）__廳__衛□有□無隔間。 建物出租型態：____。	一、建物型態： (一)一般建物：單獨所有權無共有部分（包括獨棟、連棟、雙併等）。 (二)區分所有建物：公寓（無電梯）、透天厝、店面（店鋪）、辦公商業大樓、住宅大樓（十一層含以上有電梯）、華廈（十層含以下有電梯）等。 (三)其他特殊建物：如工廠、廠辦、農舍、倉庫等型態。 二、現況格局（例如：房間、廳、衛浴數，有無隔間）。 三、建物出租型態： (一)整棟（戶）出租：指將一個門牌或建號之整棟（戶）住宅出租。 (二)分層出租：指一棟多層建物，以樓層爲單位分別出租，例如三層樓之透天厝住宅，將第二層樓出租。 (三)獨立套房：指有獨立權狀，一房（一廳）一衛之整户住宅出租。 (四)分租套房：指無獨立權狀，爲建物内具獨立衛浴之房間出租。 (五)分租雅房：指無獨立權狀，爲建物内未具獨立衛浴之房間出租。

項次	內容	備註說明
3	汽車停車位種類及編號： 地上（下）第__層□平面式停車位□ 機械式停車位□其他 。 編號：第__號停車位__個，□有□無獨立權狀。 □有□無檢附分管協議及圖說。 機車停車位：地上（下）第__層，編號第__號車位__個或其位置示意圖。	
4	□有□無住宅用火災警報器。 □有□無其他消防設施，若有，項目： (1)____(2)____(3)____ 。 □有□無定期辦理消防安全檢查。	非屬應設置火警自動警報設備之住宅所有權人應依消防法第六條第五項規定設置及維護住宅用火災警報器。
5	□有□無滲漏水之情形，若有，滲漏水處：__ 。 滲漏水處之處理： □由出租人修繕後交屋。 □由承租人修繕。 □以現況交屋。 □其他______ 。	
6	□有□無曾經做過輻射屋檢測？若有，請檢附檢測證明文件。 檢測結果□有□無輻射異常，若有異常之處理： □由出租人改善後交屋。 □由承租人改善。 □以現況交屋。 □其他______ 。	七十一年至七十三年領得使用執照之建築物，應特別留意檢測。行政院原子能委員會網站已提供「現年劑量達1 毫西弗以上輻射屋查詢系統」供民眾查詢輻射屋資訊，如欲進行改善，應向行政院原子能委員會洽詢技術協助。
7	□有□無曾經做過鋼筋混凝土中水溶性氯離子含量檢測(例如海砂屋檢測事項)；若有，檢測結果：______ 。 □有□無超過容許值含量，若有超過之處理： □由出租人修繕後交屋。 □由承租人修繕。 □以現況交屋。 □其他_____ 。	一、八十三年七月二十一日以前，CNS3090無訂定鋼筋混凝土中最大水溶性氯離子含量（依水溶法）容許值。 二、八十三年七月二十二日至八十七年六月二十四日依建築法規申報施工勘驗之建築物，參照八十三年七月二十二日修訂公布之CNS3090檢測標準，鋼筋混凝土中最大

項次	內容	備註說明
		水溶性氯離子含量（依水溶法）容許值爲0.6kg/m³。 三、八十七年六月二十五日至一百零四年一月十二日依建築法規申報施工勘驗之建築物，鋼筋混凝土中最大水溶性氯離子含量參照八十七年六月二十五日修訂公布之CNS3090檢測標準，容許值含量爲0.3kg/m³。 四、一百零四年一月十三日（含）以後依建築法規申報施工勘驗之建築物，鋼筋混凝土中最大水溶性氯離子含量參照一百零四年一月十三日修訂公布之 CNS 3090檢測標準，容許值含量爲0.15 kg/m³。 五、上開檢測資料可向建築主管機關申請，不同時期之檢測標準，互有差異，租賃雙方應自行注意。
8	本租賃住宅（專有部分）是否曾發生兇殺、自殺、一氧化碳中毒或其他非自然死亡之情事： ⑴於產權持有期間 □有□無曾發生上列情事。 ⑵於產權持有前 □無上列情事。 □知道曾發生上列情事。 □不知道曾否發生上列情事。	
9	供水及排水□是□否正常，若不正常， □由出租人修繕後交屋。 □由承租人修繕。 □以現況交屋。 □其他_____。	

項次	內容	備註說明
10	□有□無公寓大廈規約或其他住戶應遵行事項；若有，□有□無檢附規約 或其他住戶應遵行事項。	
11	□有□無管理委員會統一管理，若有租賃住宅管理費爲□月繳新臺幣____元 □季繳新臺幣____元□年繳新臺幣____元□其他______。 停車位管理費爲□月繳新臺幣____元□季繳新臺幣____元□年繳新臺幣____元 □其他______。 □有□無積欠租賃住宅、停車位管理費；若有，新臺幣____元。	停車位管理費以清潔費名義收取者亦同。
12	附屬設備項目如下： □電視__臺□電視櫃__件□沙發__組□茶几__件□餐桌（椅）__組□鞋櫃__件□窗簾__組□燈飾__件□冰箱__臺□洗衣機__臺□書櫃__件□床組（頭）__件□衣櫃__組□梳妝台__件□書桌椅__組□餐桌椅__組□置物櫃__件□電話__具□保全設施__組□微波爐__臺□洗碗機__臺□冷氣__臺□排油煙機__件□流理台__件□瓦斯爐__臺□熱水器__臺□天然瓦斯□其他。	
出租人：__________（簽章） 承租人：__________（簽章） 簽章日期：民國______年______月______日		

附件二

出租人同意轉租範圍、租賃期間及終止租約事由確認書

出租人＿＿＿＿＿將後列住宅出租予承租人＿＿＿＿＿，並於民國＿＿年＿＿月＿＿日簽訂住宅租賃契約書在案，茲同意承租人得於租賃期間將住宅轉租，同意轉租範圍及租賃相關事項如附明細表。但承租人應於簽訂轉租契約後三十日內，將轉租範圍、期間、次承租人之姓名及通訊住址等相關資料告知本人。

出租人：＿＿＿＿＿＿（簽章）

承租人：＿＿＿＿＿＿（簽章）

民國　　　年　　　月　　　日

出租人同意轉租範圍、租賃期間及終止租約事由確認書

租賃住宅標的									轉租之範圍	租賃起迄期間	有無提前終止租約之約定	備註
縣市	鄉鎮市區	街路	段	巷	弄	號	樓	室				
									□全部 □一部	民國__年__月__日起至 民國__年__月__日止	□有□無 （若有，請註明）	同意轉租範圍如爲一部者，應檢附該部分位置示意圖
									□全部 □一部	民國__年__月__日起至 民國__年__月__日止	□有□無 （若有，請註明）	

附註：原住宅租賃契約於租賃期間，除有第十六條及第十七條得提前終止租約之事由外，其他得提前終止租約之事由如下：＿＿＿＿＿＿＿＿＿。（由租賃雙方自行約定）

附件三

承租人負責修繕項目及範圍確認書

承租人＿＿＿＿＿向出租人＿＿＿＿＿承租住宅，並於民國＿＿年＿＿月＿＿日簽訂住宅租賃契約書在案，茲依本契約第＿＿條第＿＿項約定本租賃住宅由承租人負責修繕項目及範圍之確認書如附明細表。（以下僅爲例示，應由租賃雙方依實際情形自行約定後確認之）

出租人：＿＿＿＿＿＿（簽章）

承租人：＿＿＿＿＿＿（簽章）

民國　　年　　月　　日

承租人負責修繕項目及範圍明細表

租賃住宅範圍	設備或設施項目	數量	備註
室外			
客餐廳及臥室			
廚房及衛浴設備			
其他			

附註：

1. 以上修繕項目及範圍請出租人逐項說明填載，並由承租人確認；如附屬設備或設施有不及填載時，得於其他欄填載。
2. 設備或設施未經租賃雙方約明確認由承租人負責修繕者，除其損壞係可歸責於承租人之事由外，由出租人負責修繕。
3. 修繕聯絡方式：

□同本契約第　條出租人基本資料。

□租賃住宅代管業：(1)名稱：

(2)營業地址：

(3)聯絡電話：

(4)電子郵件信箱：

□其他聯絡方式：（如有，請另行填載）

簽約注意事項

一、適用範圍

㈠本契約書範本之租賃標的用途，係由承租人供作居住使用，並提供租賃雙方簽訂住宅租賃契約（以下簡稱本契約）時參考使用。

㈡按一百十二年二月八日總統修正公布「租賃住宅市場發展及管理條例」第五條第一項規定：「租賃契約出租人及承租人間視爲具消費關係，適用消費者保護法相關規定。」出租人將住宅出租予承租人供作居住使用，與承租人間即具有消費關係，從而有消費者保護法之適用。

二、契約審閱權

住宅出租人爲企業經營者，其與承租人訂立定型化契約前，應有三十日以內之合理期間，供承租人審閱全部條款內容。本契約爲使承租人有充分且合理之時間詳閱契約條款內容，其契約審閱期間至少三日。

出租人與承租人訂立定型化契約未提供第一項之契約審閱期間者，其條款不構成契約之內容。但承租人得主張該條款仍構成契約之內容。

（消費者保護法第十一條之一第一項至第三項）

三、租賃意義

稱租賃者，謂當事人約定，一方以物租與他方使用收益，他方支付租金之契約（民法第四百二十一條）。當事人就標的物及租金爲同意時，租賃契約即爲成立。爲使租賃當事人清楚了解自己所處之立場與權利義務關係，乃簡稱支付租金之人爲承租人，交付租賃住宅之人爲出租人。

四、租賃標的

㈠租賃住宅係以出租供居住使用之建築物，非以合法建築物爲限。

㈡租賃住宅範圍屬已登記者，以登記簿記載爲準；未登記者以房屋稅籍證明或實際測繪結果爲準。

㈢租賃住宅範圍非屬全部者（如部分樓層之套房或雅房出

租），應由出租人出具「租賃住宅位置格局示意圖」標註租賃範圍，以確認實際住宅租賃位置或範圍。

(四)為避免租賃雙方對於租賃住宅是否包含未登記之改建、增建、加 建及違建部分，或冷氣、傢俱等其他附屬設備認知差異，得參依 本契約書範本附件「租賃標的現況確認書」，由租賃雙方互為確認， 以杜糾紛。

(五)承租人遷入租賃住宅時，可請出租人會同檢查住宅設備現況並拍照存證，如有附屬設備，並得以清單列明，以供返還租賃住宅回復原狀之參考。

五、租賃期間及契約方式

為舉證方便並保障租賃當事人之權益，租賃雙方宜以書面簽訂租賃契約書並明定租賃期間，且所訂期間不得少於三十日。（租賃住宅市場發展及管理條例第四條第四款）

六、租金約定及支付

(一)租金係以月租金額為計算基準，並應約定每期（次）支付月租金之月數、時間及方式，以杜爭議。

(二)承租人應依約定時間支付租金，不得藉任何理由拖延或拒付，出租人於租賃期間亦不得藉任何理由要求調漲租金。

(三)租賃住宅之租金，由出租人與承租人約定，不適用土地法第九十七條規定。（租賃住宅市場發展及管理條例第六條）

七、押金約定及返還

(一)押金具有擔保承租人因租賃所衍生之債務，主要用於擔保損害賠償及處理遺留物責任，而預為支付之金錢，其金額最高不得超過二個月租金之總額，承租人應於簽訂本契約之同時給付出租人。

(二)出租人應於租期屆滿或租賃契約終止，承租人返還租賃住宅時返還押金或抵充本契約所生債務後之賸餘押金。

(三)承租人於支付押金或租金時，出租人應簽寫收據或於承租人所持有之租賃契約書上註明收訖；若以轉帳方式支付，應保留轉帳收據。同時出租人返還押金予承租人時，亦應要求承租人簽寫收據或於所持有之租賃契約書上記明收訖。

八、租賃期間相關費用之約定

㈠有關使用租賃住宅而連帶產生之相關費用（如水、電、瓦斯、網路及管理費等），實務上有不同類型，部分契約係包含於租金中，部分則約定由承租人另行支付，亦有係由租賃雙方共同分擔等情形， 宜事先於契約中明訂數額或雙方分擔之方式，以免日後產生爭議。

㈡租賃住宅範圍非屬全部者（如部分樓層之套房或雅房出租），相關費用及其支付方式，宜由租賃雙方依實際租賃情形事先於契約中明訂數額、雙方分擔方式或短溢收處理方式等。

㈢租屋電費約定由承租人負擔者，有關電費收取頻率、每次收取金額、屋內公共電費分攤方式等，得由租賃雙方本契約自由原則自行協議 約定。倘以房間用電度數計算電費者，其每度電得約定依電費單的「當期每度平均電價」計費；如預先約定每度電以固定價格計費收取，致收取費用有超過以電費單的「當期每度平均電價」計費情形者，應於約定結算時退還溢收電費。至於「每期」用電度數之計算週期，亦參依每期電費單所載之「計費期間」及「下次抄表日」資訊，避免因抄表與計費期間不一致衍生爭議。至於非以房間分度表數計算者，應於契約中明訂各房間電費分攤方式，但仍應以該租賃標的電費單之每期電費總金額為限。

㈣租賃標的之電費單若未包含公共設施電費者，出租人欲收取該部分電費，應先向台灣電力股份有限公司申辦公共設施電費分攤至用戶電費後，始得據以向承租人收取該電費。

九、使用租賃住宅之限制

㈠承租人應依約定方法，為租賃住宅之使用、收益，並應遵守公寓大廈規約所定之一切權利義務及其他住戶應遵行事項。

㈡承租人應經出租人書面同意，始得將本租賃住宅之全部或一部轉租他人。出租人如同意承租人轉租，宜參考本契約書範本附件二出具同意書，載明同意轉租之範圍、期間及得終止本契約之事由，供承租人轉租時向次承租人提示，以避免產生爭議並兼顧出租人及次承租人權益。（租賃住宅市場發展及管理條例第九條第一項及第二項）

㈢承租人將本租賃住宅之全部或一部轉租者，因其未就所承租之住宅為居住使用，非屬最終消費之消費者，如有契約條款或租賃爭議疑義，尚無消費者保護法之適用。

㈣本契約書範本之租賃住宅，不得供營業使用，故出租人得不同意承租人為公司登記、商業登記及營業（稅籍）登記。

十、修繕

㈠租賃住宅或附屬設備之修繕，除契約另有約定、習慣或其損壞係可歸責於承租人之事由者外，由出租人負擔；出租人為修繕租賃住宅所為之必要行為時，承租人不得拒絕。

㈡出租人之修繕義務，在使承租人就租賃住宅能為約定之居住使用， 如承租人就租賃住宅以外有所增設時，該增設物即不在出租人修繕義務範圍。（最高法院六十三年台上字第九九號判例參照）

㈢租賃住宅或附屬設備由出租人負責修繕者，如出租人未於承租人所定相當期限內修繕時，承租人得自行修繕，並請求出租人償還其費用或於本契約書範本第三條約定之租金中扣除。

㈣租賃住宅有無滲漏水之情形，租賃雙方宜於交屋前確認，若有滲漏水，宜約定其處理方式（如由出租人修繕後交屋、以現況交屋、減租或由承租人自行修繕等）。

十一、室內裝修

㈠承租人對租賃住宅有室內裝修之需要，應經出租人同意，始得依相關法令自行裝修，但不得損害原有建築結構之安全。租賃雙方並應約明返還租賃住宅時，承租人應負責回復之狀況，以避免爭議。

㈡出租人同意承租人進行室內裝修者，承租人應依相關法令規定並由經內政部登記許可之室內裝修業者辦理。所指「相關法令」，包括都市計畫法、消防法及建築法等。例如將舊租賃住宅進行室內裝修，應依建築法第七十七條之二規定辦理，並遵守下列事項：

1. 供公眾使用建築物之室內裝修應申請審查許可。但中央主管機關得授權建築師公會或其他相關專業技術團體審查。
2. 裝修材料應合於建築技術規則之規定。
3. 不得妨害或破壞防火避難設施、消防設備、防火區劃及主要構造。
4. 不得妨害或破壞保護民眾隱私權設施。

㈢集合住宅、住宅、任一住宅單位（戶）之任一樓層分間為六個以上使用單元（不含客廳及餐廳）或設置十個以上床位之居室者，其使用類組歸屬建築物使用類組及變更使用辦法第二條所定 H-1組，並屬建築法所稱供公眾使用之建築物。（內政部一百零七年四月二十四日台內營字第一〇七〇八〇三九六九號令）

十二、任意終止租約之約定

㈠租賃定有期限者，其租賃關係，於期限屆滿時消滅。故契約當事人於簽訂契約時，應約定得否於租賃期間提前終止租約及違約金之賠償額度，以保障自身權益。

㈡定有期限之租賃契約，如約定租賃之一方於期限屆滿前，得終止契約者，其終止契約，應按照本契約書範本第十三條約定先期通知他方。如租賃之一方未依約定期間先期通知他方而逕行終止租約者，最高賠償他方一個月租金額之違約金。

㈢租賃雙方雖約定不得終止租約，但如有本契約書範本第十六條或第 十七條得終止租約之情形，因係屬法律規定或事實無法履行契約， 仍得終止租約。如無第十六條或

第十七條得終止租約之情形者，租賃雙方當事人則得本於契約自由原則，自行約定違約金。

十三、出租人提前終止租約

爲確保租賃住宅適居性及安全性，出租人爲收回租賃住宅重新建築時，應按照本契約書範本第十六條，於終止前三個月，以書面通知承租人，並提出具體事證（如主管建築機關核發之拆除執照或屬建築法第七十八條但書規定得免請領拆除執照之證明文件），以確保承租人居住權益。

十四、承租人提前終止租約

(一)承租人如於租賃期間發生疾病或意外，有長期療養需求並提出具體事證（如設立有案醫療機構出具療養時程需六個月以上之診斷證明），得依照本契約書範本第十七條第一項提前終止租賃契約。

(二)依民法第六條規定，承租人死亡時，喪失權利能力，其繼承人如無使用租賃住宅需求，得按照本契約書範本第十七條第三項提前終止租賃契約。

(三)第二款情形，其繼承人應於終止前三十日，檢附相關事證，以書面通知出租人。

十五、租賃住宅之返還

(一)承租人返還租賃住宅時，如有附屬設備清單或拍照存證相片，宜由租賃雙方會同逐一檢視點交返還。

(二)承租人返還租賃住宅時，如未將原設籍之戶籍及其他法人或團體等登記遷出，住宅所有權人得依戶籍法第十六條等相關規定，證明無租借住宅情事，向住宅所在地戶政事務所或主管機關申請遷離或廢止。

十六、條款疑義處理

(一)本契約書範本所訂之條款，均不影響承租人依消費者保護法規定之權利。

(二)本契約各條款如有疑義時，依消費者保護法第十一條第二項規定，應爲有利於承租人之解釋。惟承租人再轉租者，因其未就所承租之住宅爲居住使用，非屬最終消費之消費者，如有契約條款或租賃爭議疑義，尙無消費者保護法有利於承租人解釋之適用。

十七、消費爭議處理

㈠因本契約發生之消費爭議，租賃雙方得依下列方式處理：

1. 依直轄市縣（市）不動產糾紛調處委員會設置及調處辦法規定申請調處。
2. 依消費者保護法第四十三條及第四十四條規定，承租人得向出租人、消費者保護團體或消費者服務中心申訴；未獲妥適處理時，得向直轄市或縣（市）政府消費者保護官申訴；再未獲妥適處理時，得向直轄市或縣（市）消費爭議調解委員會申請調解。
3. 依鄉鎮市調解條例規定，向鄉、鎮、市（區）調解委員會聲請調解。
4. 依民事訴訟法第四百零三條及第四百零四條規定，向法院聲請調解。
5. 依仲裁法規定，向仲裁機構聲請仲裁。

㈡鄉、鎮、市（區）調解委員會調解成立之調解書經法院核定後與民事確定判決有同一效力；仲裁人作成之調解書，與仲裁判斷有同一 效力；仲裁判斷，於當事人間，與法院之確定判決，有同一效力。訴訟外紛爭處理方式相關網址：

1. 行政院消費者保護會申訴及調解系統：https://appeal.cpc.ey.gov.tw/WWW/Default.aspx/。
2. 司法院訴訟外紛爭解決機構查詢平台：http://adrmap.judicial.gov.tw/。

十八、租賃契約之效力

爲確保私權及避免爭議，簽訂住宅租賃契約時不宜輕率，宜請求公證人就法律行爲或私權事實作成公證書或認證文書。

十九、契約分存

㈠訂約時務必詳審契約條文，由租賃雙方簽章或按手印，寫明戶籍、通訊住址及身分證統一編號或身分證明文件編號，契約應一式二 份，由租賃雙方各自留存一份契約正本。如有保證人，契約應一 式三份，由租賃雙方及保證人各自留存一份契約正本。

㈡若租約超過二頁以上，租賃雙方宜加蓋騎縫章，以避免被抽換； 若契約內容有任何塗改，亦必須於更改處簽名或蓋章，以保障自身權益。

二十、確定訂約者之身分

㈠簽約時，應先確定簽訂人之身分，例如國民身分證、駕駛執照或健保卡等身分證明文件之提示。若非租賃雙方本人簽約時，應請簽約人出具授權簽約同意書。

㈡出租人是否為屋主或二房東，可要求出租人提示產權證明如所有權狀、登記謄本或原租賃契約書（應注意其租賃期間有無禁止轉租之約定）。

二十一、不動產經紀人簽章

住宅租賃若透過不動產經紀業辦理者，應由該經紀業指派經紀人於本契約簽章。

二十二、租賃雙方不得簽訂下列契約條款。如有簽訂者，該條款無效：

㈠承租人拋棄審閱期間。

㈡廣告僅供參考。

㈢承租人不得申報租賃費用支出。

㈣承租人不得遷入戶籍。

㈤應由出租人負擔之稅賦，若較出租前增加時，其增加部分由承租人負擔。

㈥免除或限制民法上出租人故意不告知之瑕疵擔保責任。

㈦承租人須繳回契約書。

㈧本契約之通知，僅以電話方式為之。

㈨違反強制或禁止規定。

㈩承租人不得申請租金補貼。

附錄四

- 化不可能為可能，一次考上不動產經紀人！㈠
- 再接再勵考上台灣「不動產經紀人」心得㈡
- 一次考上不動產經紀人的心得㈢
- 一次考上不動產經紀人的心得㈣
- 56歲一次考上26名！㈤

化不可能爲可能，
一次考上不動產經紀人！

曾文龍主任您好：

很意外的考上不動產經紀人，我應該是非典通過的代表，回過頭來分析考上的原因應該是：

一、107年6月考不動產經紀營業員時，花了近一週的時間，將相關法條遛過一次，已有整體概念。

二、邊唸書，邊重點整理，將法條與過去之經驗做連結。

三、原本對相關稅法就有興趣及涉獵。

四、不動產經紀人選擇題100分。

五、最後三週，閉關清大圖書館。

來說說我有太多考不上的條件：

一、年齡60歲了，加上從小就不擅長記憶。

二、現職南山人壽，達成107年上半年及下半年競賽，沒什麼時間。且不在下班回家後，頭腦不清楚時讀書，會沒有效果。只能利用偶爾的假日，趕些進度。

三、還沒開始執行曾主任說的，申論題要寫20支筆。

四、參加總複習班時，讀完不動產估價，土地法規與稅法在進行中，只剩下三週的時間。不動產經紀法規一週搞定，民法法條配合不動產經紀人選擇題100分，四天讀完。最後幾天，將整理的筆記及選擇題100分錯誤的部分再看一次，短時間眞的無法熟記這麼多的資料。

五、因爲沒有練習申論題，臨考時，短時間很難完整整合，一邊寫，一邊立可帶塗，弄得答案卷很亂，最後乾脆不寫了。

在此感謝民法老師（鄒永禎律師）將民法架構講得非常清楚，這次民法第一題申論題，是老師在上課時不斷重複的例子，只是被題意誤導，臨場判斷錯誤，亂寫一通，殊爲可惜。

交大資工研究所背景的我，記憶力不行，邏輯推理還不錯，不動產估價的相關計算方法，用理解的就可以。申論題第一題，考定率法，爲了湊篇幅，我從定義加公式推導再來解題，居然拿到23分，謝謝黃國保老師。

更要謝謝曾主任及百寶箱田老師的叮嚀，上課多有得罪，又沒有太多時間念書，對不起也謝謝你們呀！

還有班長寶哥、錚怡、雨祥、德儒在我有問題時重要觀念的釐清及幫忙，有你們眞好。

張美姝

2019年2月

2018年新竹大日不動產經紀人考照班

再接再勵考上台灣「不動產經紀人」心得

一、個人背景：

我是北科大的博士候選人，非地政相關科系，於學校修讀完估價師學分班後，開始投入國家考試，並加入大日不動產研究中心的考照班，依照老師指導的考試策略，各個考試都有去參與，在還未考取不動產估價師前，就先考上了不動產經紀人。

二、歷年成績：

106年：

1. 國文：58分
2. 民法概要：47.25分
3. 不動產估價概要：56.5分
4. 土地法與土地相關稅法概要：44.25分
5. 不動產經紀相關法規概要：56.75分

總成績51.87分（不及格）

107年：

1. 國文：49分
2. 民法概要：60分
3. 不動產估價概要：66分
4. 土地法與土地相關稅法概要：59分
5. 不動產經紀相關法規概要：74分

總成績63.18分（及格）

三、準備方式及考試過程：

1. 在剛開始準備考不動產經紀人這張證照時，我參加了大日的不動產考照班。在考照班得到大量的講義與書籍，並聽取了老師講解，對於如何考取這張證照有了初步的了解與認識。

2. 在課後就拿考古題進行抄寫，雖然沒有達到老師所說的抄寫十次，但應該也有抄了五次。這之後對寫申論題就不感到畏懼，即使不懂題目要考生寫什麼，也是可以隨意的寫滿答案紙。
3. 然後進行了的第一次考試，發現成績不是很理想，選擇題部分雖有三十多至四十多分，但是申論題部分卻只有十多分。
4. 這之後又繼續練考古題，並開始背法條，再加上除不動經紀人外的各個考試我都有去參加考試，如不動產估價師、地政士、地政高考、地政普考等，增加了不少參加國家考試的經驗。
5. 在107年與各學長姊參加中國房地產經紀人的考試，約有三個多月未準備不動產經紀人的考試，因此考前認爲今年上榜機會應該不大，但考試當下看到題目發現都很簡單，甚至有名詞解釋，心中大喜，心想今年應該有機會上榜，果眞申論題都有拿了一半的分數，分數進步了十多分，因此獲得了及格的上榜分數。

四、心得

1. 考古題出現的題目會再出現。
2. 法條很重要，一定要看。
3. 有考試都要參加，才能獲取最新的出題方向。

最後 祝大家都能夠金榜題名！

莊昀儒 敬上

2018年2月21日

2018年台北大日不動產經紀人考照班

挺著大肚子而能高分錄取「不動產經紀人」，一次考上的心得！

95年6月我挺著5個月的身孕，參加大日不動產研究中心所舉辦的不動產經紀人考照班（台中班），準備考試期間，經歷了懷孕、生產、坐月子、育兒等人生大事，每一個階段對我而言，不僅陌生而且充滿挑戰，包括：課程還沒上完就臨盆、坐月子期間無法看書、產後小孩照料等問題，都大大壓縮我準備考試的時間，因讀書時間非常有限，如何做最有效的運用就變得非常重要。我將準備考試的過程分成三點來做經驗分享，並勉勵同學，只要善用時間，堅持到考完，人人都有機會上榜。

1.補習班輔導：

儘量不要缺課，這樣除了能跟上進度、鞭策自己不要放棄外，亦可利用此機會跟老師請教，釐清不懂的地方。

2.準備考試：

《第一個步驟：讀通》一次徹底的讀通有其必要，此時若有不懂，應立即詢問老師或用其他方法找出答案，理解了，自然能輕鬆背起來，也才能活用。

《第二個步驟：做考古題》做考古題的好處是可得知

命題重點，進而推估未來可能的出題方向。

《第三個步驟：重點整理》找出最合適自己的方式，將重點及容易遺忘的部份整理出來，以利考前衝刺之用。

3.驗收成果：

《考前》：務必將重點部份加以複習，加深記憶。

《考試》：須掌握好考試時間，即使遇到不會的題目也不可慌張，應力求鎮定盡量作答，不要讓不好的情緒影響到下一科的考試。

最後感謝大日不動產研究中心的輔導及曾文龍教授的引領。

詹素萍　敬啓

96年4月

曾文龍老師按：

詹素萍小姐第一次參加考試即錄取，分數70.83分，在676名錄取生中排名65名，其中不動產經紀相關法規選擇題滿分50分，土地法與土地相關稅法選擇題48.75分，只錯一題。另外，其同班同學黃宜幸小姐，考取分數74.88分，排名12名

淨化生活，專心讀書

準備考試眞的是一段很煎熬的路途，而且是一場殘酷的心理戰，常常是最大的敵人不是別人，而是自己。在這過程中，一定會遇到很多外在誘惑，一定會有壓力很大、情緒不穩及心情低落，讓你唸不下書的時候，當你可以完全抗拒這些誘惑，懂得適時地調適自己的心情，隨時靜下心來唸書，將生活淨化到只剩讀書考試這件事，並且堅持到最後，我相信離成功的路就會越來越近，而且既然決定，確定了目標，就要全力以赴，相信自己！

以下是我的考前準備考試的方法，和大家分享：

1.訂定讀書計劃表，找出適合自己的讀書方法

階段性訂定讀書計劃表，做好完善的讀書規劃，妥善運用讀書計畫的策略和方法，不但可以不定時檢視各科準備進度，適度配置各科比重，靈活調配所剩時間外，在這過程中穩紮穩打奠定基礎。

2.上課專心聽講，細讀課本內容

讀書最重要的不是一天要唸多久，而是能不能清楚弄懂所有的觀念，找到最適合自己的讀書策略和方法，每次上課前，應將該次要上的課程，預習一次並將不懂的地方記下，以便上課或休息時間提出問題和老師討論。回家看書時要把考試的範圍細讀多次，因爲『讀過』還不足以參加考試，「精熟」才是根本條件！

3.勤加練習考題，把握考試時間

考古題練習是必要的，除了檢視對進度課程的熟悉度外，勤作考古題能讓自己的觀念融會貫通且確保考出來的時候能夠得分，而且練習考題也會讓自己上站場考試面對考題比較不會陌生也可以累積自己的實力。若和我一樣平日沒有時間寫考古題，也一定要在腦中思考答題的架構和內容，考試時適度的引用法條，可增加答題的深度。

在此感謝大日所有師群，有充實的教材及老師用心的教導，讓我在短時間對考試的法規有完整的概念，也希望現在在準備考試的同學們能堅持到底，祝大家金榜題名！

桃園班學生　盧惠貞

曾文龍老師按：

盧惠貞小姐第一次參加考試即錄取，分數73.92分，其中民法概要選擇題45分，不動產經紀相關法規、不動產估價、土地法規與土地相關稅法三科選擇題皆為滿分50分。

在980名錄取生中，名列前茅排名第53名！

國家圖書館出版品預行編目資料

不動產經紀法規要論 / 曾文龍編著. --第7版 .
-- 臺北市：大日出版有限公司, 2025.07
面：　公分. --（房地產叢書；73）

ISBN 978-626-99324-5-0（平裝）

1. CST: 不動產經紀業　2. CST: 房地產法規

554.89023　　114008287

房地產叢書73

不動產經紀法規要論

編　　著 / 曾文龍
發 行 人 / 曾文龍
編　　輯 / 曾存秀
出 版 者 / 大日出版有限公司
台北市106大安區忠孝東路4段60號8樓
網　　址：http://www.bigsun.com.tw
出版登記：行政院新聞局局版北市業字第159號
匯款銀行：永豐銀行忠孝東路分行（代碼807）
帳　　號：101001-0050329-5
電　　話：（02）2721-9527
傳　　眞：（02）2781-3202
排　　版 / 龍虎電腦排版（股）公司
製版印刷 / 龍虎電腦排版（股）公司
總 經 銷 / 旭昇圖書有限公司
電話：（02）2245-1480
定　　價 / 平裝590元

2025年7月第7版